销售精英实战手册

销售技巧+数据处理与分析

杨小丽◎编著

中国铁道出版社有限公司
CHINA RAILWAY PUBLISHING HOUSE CO., LTD.

内 容 简 介

本书是一本介绍销售实战技能的工具书。全书共 10 章，包括做好销售服务工作、读懂顾客的心理、学习销售心理学、提升销售的语言表达能力、掌握销售沟通与谈判要点、借助表格规范管理资料、库存数据的自动化管理与分析、销售市场的可视化分析、销量数据的管理与统计预测和销售额的呈现与透视分析等内容。通过对本书的学习，销售人员可以快速提升自身的销售技能。

无论是即将从事销售工作的职场新人，还是具有一定工作经历的一线销售人员，都可以从本书中获益。此外，本书也特别适合高校相关专业和相关培训机构师生学习。

图书在版编目（CIP）数据

销售精英实战手册：销售技巧+数据处理与分析/杨小丽编著.—北京：中国铁道出版社有限公司，2024.1
ISBN 978-7-113-30548-2

I.①销… II.①杨… III.①销售-手册 IV.①F713.3-62

中国国家版本馆CIP数据核字（2023）第170496号

书　　名：**销售精英实战手册——销售技巧＋数据处理与分析**
　　　　　XIAOSHOU JINGYING SHIZHAN SHOUCE:XIAOSHOU JIQIAO+SHUJU CHULI YU FENXI
作　　者：杨小丽

责任编辑：张　丹　　　编辑部电话：（010）51873028　　　电子邮箱：232262382@qq.com
封面设计：宿　萌
责任校对：安海燕
责任印制：赵星辰

出版发行：中国铁道出版社有限公司（100054，北京市西城区右安门西街8号）
网　　址：http://www.tdpress.com
印　　刷：河北宝昌佳彩印刷有限公司
版　　次：2024 年 1 月第 1 版　　2024 年 1 月第 1 次印刷
开　　本：710 mm×1 000 mm 1/16　印张：15.75　字数：300 千
书　　号：ISBN 978-7-113-30548-2
定　　价：79.80 元

前言 ◐

在很多人眼中，销售就是卖商品，没有什么技术含量，任何人都可以做。如果有这种认识的人去从事销售，一定做不好这个工作，因为销售并不像我们想象中的那么简单，它是一项非常具有挑战性的工作。

要想成为一名优秀的销售人员，掌握正确的销售技巧是必然的。所以市面上越来越多有关销售服务、销售心理学、销售沟通学内容的工具书，这些软技能不是每个人与生俱来的，需要销售人员通过不断的学习和实践来提高和磨炼。

然而，在市场竞争激烈的今天，数据也已成为一种竞争优势，这就对做好销售工作提出了更高的要求。只有懂得利用工具处理和分析数据，借助数据分析结果来开展工作的人员，才可以高效完成工作、不加班，并且更具有发展潜力。

基于此，我们编著了这本软硬技能兼备的工具书。本书立足于销售工作，结合大量的实例分析和实例演示，让销售人员切实掌握相关技能，有效提升自己的竞争力。

主要内容

本书共10章，主要包括销售人员需要掌握的软技能与硬技能两个方面的内容：

第一部分	销售软技能掌握
	该部分为本书的第1~5章，主要从销售服务、销售心理学和销售沟通学等三个角度介绍了如何做好销售服务工作、如何读懂顾客心理、怎么提高应变能力、怎么说话才能促进订单成交，以及销售谈判的重点如何把握等内容，让销售人员从容面对工作中的各种问题，顺利开展工作。

| 第二部分 | 销售硬技能掌握 |

该部分为本书的第6~10章，主要从数据管理、数据计算、数据分析和可视化展示等四个角度介绍了销售资料的规范管理、库存数据的自动化管理与结构分析、销售市场的可视化分析、销量数据的管理与统计预测，以及销售额的直观呈现与透视分析。通过对这部分内容的学习，有助于销售人员得心应手地处理销售工作中的各种数据。

内容特点

内容实用
本书按照销售人员需要掌握的各种软技能与硬技能来安排书中内容，更利于提升销售竞争力。

指导性强
始终贯彻"理论＋实例"的写作结构，将各种理论知识赋予实际用法，更能达到学以致用的目的。

上手容易
书中的硬技能知识采用图解步骤的方式进行全程演示，没有任何工具使用基础的读者也能快速掌握。

读者对象

本书内容精选，实例丰富，指导性和可操作性强，适合想要提升销售能力的一线人员。对于即将从事销售工作的职场新人也是一本不错的指导书。此外，本书也特别适合高校营销相关专业的师生或者培训机构的学员使用。

附赠资源

为了方便不同网络环境的读者学习，也为了提升图书的附加价值，本书素材和效果文件，请读者在电脑端打开链接下载获取。

下载网址：http://www.m.crphdm.com/2023/0911/14636.shtml

编　者

2023年11月

目录

第1章 多方面考虑做好销售服务工作

第2章　读懂顾客的心理促成成交

第3章　学习销售心理学提高应变能力

第4章　说好话才能促成订单成交

第5章　销售沟通与谈判要把握好重点

第6章 借助表格规范管理销售相关资料

第7章　库存数据的自动化管理与结构分析

第8章 销售市场的可视化分析

第9章 销量数据的管理与统计预测

第1章
多方面考虑做好销售服务工作

　　销售工作是一项展现综合能力的工作，销售人员需要培养自己各方面的能力，才能在该领域找到自己的一席之地。销售人员不仅要对行业、产品等有深刻的了解，还要掌握各种基本的销售技巧，以便在面对不同状况时能够沉着应对。

1.1 专业是迈出销售的第一步

一名销售人员主要的工作就是将东西卖出去，顾客不会听到销售人员将产品夸得天花乱坠便出钱购买，所以销售人员需要从内到外精进自己，让自己更加专业，让顾客产生信任感。

1.1.1 写好广告文案利于营销

为了销售商品，做广告宣传早已是经典手段了，一句好的广告文案能给广告本身带来灵魂，甚至引起爆炸式的宣传效果，有效覆盖相关消费群体，提高销售业绩。

不过，没有经验的或是不够专业的销售人员只会想出又假又空的宣传文案，没有营销的价值。其实销售人员要明白一个关键点，即广告文案并不仅仅是介绍产品，而是代替销售人员与顾客沟通，目标对象不同，沟通的形式与风格也不同。

所以在构思广告文案时，销售人员要先想 3 个问题，如下所示。

我是谁？

对方是谁？

销售场所如何？

首先，"我是谁"指的是销售人员对自身产品的了解，包括产品走低端路线还是高端路线，产品市场在哪儿，产品优势在哪儿等。

其次，"对方是谁"指消费人群有哪些，是年轻人还是老年人，是女性还是男性，是小孩或是大人，是低消费人群或是高消费人群等。

最后，考虑销售场所的属性，是地摊卖货，还是在大商场销售。若是文案与场所不符，只会让人错愕，比如路边摊，写"每个 10 元"比"半折是品牌的承诺"效果好多了。

在对相关销售信息有所了解后，销售人员还应该了解制作广告文案的基本步骤，按流程理清思路，才能保证文案制作的一贯水准。

文案核心目的：虽说销售文案是为了促进销量而存在，但细化下来还有各种目的，比如提高品牌形象、宣传促销活动、宣传新产品等。目的唯一，文案主题明显，也就更容易构思。

分析目标人群：每个产品都有其对应的购买人群，这可以决定文案的语言风格。

确定投放渠道：有的广告文案印在传单上，有的投放在电梯、商场的电子屏上，有的投放在电视上，媒体不同，字数、风格和内容都会有所变化。

总结要点：根据主要的信息，对文案进行基本"描绘"，让其有大概框架，如风格新潮接地气、产品卖点为香甜或者销售对象为年轻人。

定稿：编辑文案，审核后定稿，交给广告设计人员设计，运用在销售活动中。

在销售人员构思广告文案的时候，有哪些技巧可以运用，使文案更具吸引力呢？

展示侧面视角：正常情况下，大家都会告诉消费者产品有多好，功能有多全，不过这样的方式太直接太普通了，通过制作过程、使用心情等角度来侧面展示产品的好，或许更有意思。

整理竞品的差评：这样可以明确地找出自己的优势，使自己的产品有非常精准的卖点。

文案图形化、场景化：这样可以让人更直观地感受到产品的形象或是使用场景，消费者更好代入，更能产生共鸣。

摒弃普通的形容词：尤其是高端、前卫等使用频率过高的形容词，要想引起消费者注意没那么容易了，可以用名词的形容词化来替代，比如"你的文青范儿"。

考虑阅读时间：广告若是投放在高速路上，文案只有几个字就足够看了，毕竟车辆都是一瞬而过，所以精炼很重要。

1.1.2 遵守营销策划的原则

营销策划是根据企业的营销目标，通过设计和规划企业产品、服务、创意、价格、渠道、促销，从而实现销售的行为。在日常的销售过程中，销售人员做好各种准备工作之后，再开展销售工作会事半功倍。

营销策划的原则有以下 5 点，需要销售人员了解。

全局性： 营销策划要具有整体意识，从企业发展出发，明确重点，统筹兼顾，处理好局部利益与整体利益的关系，酌情制订出正确的营销策划方案。

战略性： 营销策划是一种战略决策，将对未来一段时间的企业营销活动起指导作用。

稳定性： 营销策划作为一种战略行为，应具有相对稳定性，一般情况下不能随意变动。如果策划方案缺乏稳定性，朝令夕改，不仅会导致企业营销资源的巨大浪费，而且会严重影响企业的发展。

权宜性： 任何一个营销策划方案都是在一定的市场环境下制订的，因而营销方案与市场环境存在一定的相互对应关系。当市场环境发生了变化，原来的营销方案的适用条件也许就不复存在了。

可行性： 无法在实际中操作执行的营销策划方案没有任何价值。营销策划首先要满足经济性，即执行营销方案得到的收益大于方案本身所要求的成本；其次，营销策划方案必须与企业的实力相适应，即企业能够正确地执行营销方案，使其具有实现的可能性。

如表 1-1 为某公司营销策划方案包含的内容。

表 1-1　某公司营销策划方案内容结构

序号	结构	具体内容
1	消费者调研	①消费者的地区差异。 ②消费者的使用需求。 ③消费者的消费心理。 ④目标消费群体
2	市场调研	SWOT 分析，即优势与劣势分析、机会与风险分析

序号	结构	具体内容
3	定位策略	改变传统习惯和饮食结构
4	产品策略	①以"主推＋辅助产品"的模式进行推销，做成系列产品。 ②包装容量分为 500 mL、1 000 mL。 ③精包装，有手提袋、礼盒
5	价格策略	①批发价。 ②零售价
6	渠道策略	①商业渠道：一是跨省市直营，二是寻找当地经销商合作。 ②终端促销
7	推广策略	①外部环境处理。 ②售后咨询服务
8	市场策略	建立北京、成都、上海三地市场，加强同经销商的联系，做好终端工作，将宣传工作变为现实

从表中内容可以看到，有了清晰的销售计划，各项销售活动才能不断推进，销售人员对此需要有正确的认知。

1.1.3　要知道产品卖给谁

销售人员要把东西卖出去，不知道卖给谁是非常致命的。很多推销员不肯动脑，就采用广撒网的方式作为销售策略，这样的方式其实是大海捞针，愿意消费的人少之又少。

要实现产品的精准投放，首先要绘制有针对性的顾客画像，即用各种标签来标识实际存在的消费者，而标签的产生需要各项数据的综合分析。一般我们将复杂且繁多的数据转化成生活化的用语来描述顾客，给顾客贴标签。

为了更好地定义顾客，我们会对顾客数据信息进行分类，大致划分为四大类：基本属性、行为偏好、消费习惯和用户价值属性。对顾客的喜好和习惯有充分的了解，就能对其行为进行大致预测，也能更了解其心理，方便销售策略的制定。

（1）基本属性

顾客的基本属性就是对个人信息和社会属性进行的描述，内容包括性别、年龄、学历、职业、收入、地域属性、家庭成员、婚姻状况以及住房车辆等。这些信息的收集都要依靠前期调研，从各种渠道收集信息，如传统的问卷调查、公司会员系统和用户访谈等，下面一起来了解一下。

◆ 问卷调查

调研问卷是销售人员常用的一种用户调研方法，具有成本低、门槛低、执行简单和数据广泛的特点。如表 1-2 为某公司用户调研问卷设计思路。

表 1-2　用户调研问卷设计思路

序号	结构	具体内容
1	调研目的	①了解用户对爽肤水的消费行为。 ②为后续产品更新提供数据支持
2	调研范围	①用户对爽肤水的偏好、消费频率。 ②用户的购买途径。 ③用户看重的产品功能
3	调研模式	①目标调研对象：线上女性用户。 ②目标样本量：10 000 份。 ③调研发布方式：线上邮箱发布、App 对话框发布。 ④问卷完成时间：5 分钟以内

按照上表所示的内容进行设计，能够更精准地找到销售人员想要的数据，如下所示为某化妆品品牌对女性购买习惯的调研问卷。

亲爱的用户：

您好！本次调查活动是由公司发起，以便为用户提供更好的服务，只需占用您 3 分钟的时间，完成调查，您可以获得 5 元的优惠券，感谢您的配合。

1.您的年龄：

□ 25 岁以下　　□ 26 ～ 35 岁　　□ 36 ～ 45 岁　　□ 45 岁以上

2.您的最高学历：

□高中 / 中专及以下　　□大专　　□本科　　□硕士及以上

3. 您的皮肤状况：

☐干性　　☐油性　　☐中性　　☐混合性

4. 您对自己的皮肤状况了解吗？

☐了解　　☐不是很了解　　☐不了解

5. 您经常使用的化妆品有哪些？（多选题）

☐洗面奶　　☐基础护肤　　☐防晒霜、喷雾

☐隔离霜、BB霜、粉底液、气垫

☐眼影、眼线笔、睫毛膏、口红、腮红

☐卸妆水、膏、油　　☐面膜

6. 您所购买的化妆品在什么价位？

☐50元以下　　☐50～200元　　☐200～500元　　☐500元以上

7. 您购买化妆品时看重品牌吗？

☐会　　☐不会

8. 是否经常换化妆品的牌子呢？

☐是　　☐否

9. 您购买化妆品一般买国产还是进口的？

☐国产　　☐进口　　☐两者都有

10. 您现在使用的化妆品主要功效是？

☐补水　　☐保湿　　☐防晒　　☐美白

☐控油　　☐治痘　　☐缩小毛孔　　☐其他

11. 您购买化妆品的渠道？

☐商场　　☐化妆品专卖店　　☐网购　　☐其他

12. 您希望品牌提供哪种售后服务？

☐产品回馈　　☐美容讲座　　☐信件回访　　☐促销活动　　☐其他

13. 您经常使用化妆品吗？

□经常用　　□偶尔用　　□从来不用

14. 您使用的化妆品、护肤品一般产自：

□中国　　□韩国　　□日本　　□美国　　□欧洲　　□泰国　　□其他

15. 您通常多久购买一次化妆品 / 护肤品？

□ 3 个月以下　　□ 4 ~ 6 个月　　□ 7 ~ 9 个月　　□ 10 个月以上

16. 您购买化妆品的考虑因素：

□功效　　□价格　　□质量　　□时尚　　□品牌　　□其他

17. 您认为通过化妆品可以带来的好处有哪些？（多选题）

□增加个人魅力　　□放松心情、缓解压力

□延缓衰老　　□体现积极的人生观　　□其他

通过调研问卷的数据收集、提炼，该品牌得到了以下数据。

用户年龄分布：26 ~ 35 岁占比最多，达到 50%，其余分别是 18%（25 岁以下）、25%（36 ~ 45 岁）以及 7%（45 岁以上）。

用户学历情况：本科和大专最多，占比分别是 31% 和 33%，其余分别是 20%（硕士及以上）和 16%（高中 / 中专及以下）。

接下来，品牌就可以通过明显的用户群体特征，制订针对性的销售策略。如大多数用户对自己的肌肤状况不了解，品牌可以免费赠送肌肤状况检测服务；如果大多数顾客对某产地的产品信赖颇深，品牌可以请该产地的专家研发产品，并大力宣传。

◆ 公司会员系统

很多品牌或企业都有自己的会员系统，可以有效管理用户资料。一般来说，用户在购买产品后，就能在线填写注册表，经系统审核后实时成为系统会员，如图 1-1 所示。

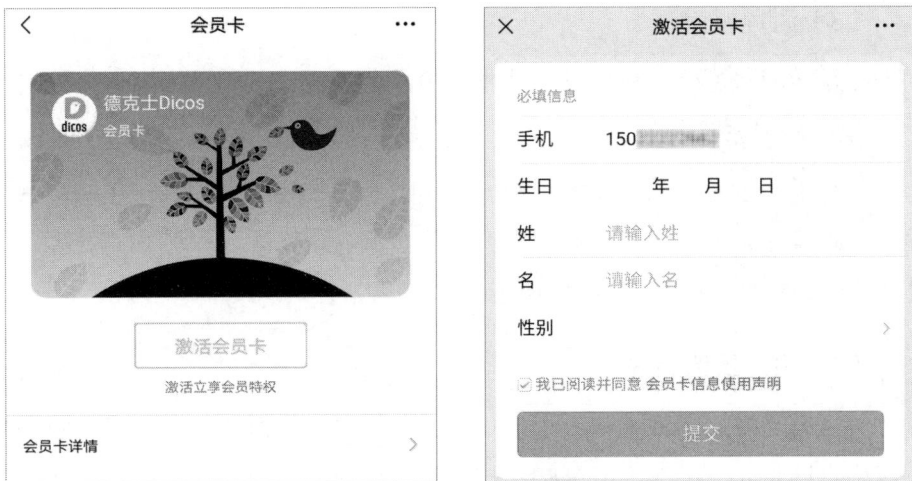

图1-1 会员激活页面

这是微信小程序中的会员注册系统，通过网络可以与其他注册渠道一并关联起来，这样系统能够捕捉到所有用户的基本资料和购买信息。为了让顾客对注册会员有兴趣，企业大多会提供积分或打折的会员优惠。

◆ 用户访谈

用户访谈就是通过销售人员与客户一对一的交谈，全方位地了解顾客，但这种方法费时费力，很多企业都不会选择。不过美容店、游乐场和家用电器等销售服务场所，销售人员可以有更多的时间与顾客接触，采用该方法能够获得更直接、真实的顾客反应。

（2）行为偏好

顾客的行为偏好即指日常生活轨迹和习惯，包括基本的兴趣爱好、饮食起居习惯和追求、搜索偏好、APP 使用偏好等内容，从这些日常生活习惯，可以大致了解消费者是什么样的人。

如某消费者喜欢运动、追求简单舒适的生活，平时爱"逛"微博，那么销售人员可以知道其大概率会买各种运动产品，追求性价比，对流行元素不会趋之若鹜，这样就方便向其推荐适合的产品了。

（3）消费习惯

顾客的消费习惯是在日常消费生活中积久形成的某种较为定型化的消费行为模式，表现为消费者对某种商品、商品品牌以及消费行为方式的偏好。

要想了解顾客的消费习惯，销售人员就必须收集有关信息，包括消费属性、品牌偏好、下单习惯、周期购、销售金额、购物区域和购物偏好等，这样在进行销售时，就知道该利用价格打动顾客，还是从功能入手。

（4）用户价值属性

从营销升级的角度来讲，用户能为企业带来的价值和利润各有不同，企业应该将目光放在潜在价值高的用户身上，获得的回报更为丰厚。但如何确定用户的价值呢？可以从用户价值属性进行分析。

用户消费档次： 根据消费金额、产品档次高低可将顾客划分为不同等级，如一般消费用户和高端消费用户，普通用户、白金用户和钻石用户等。

积分等级： 可根据用户的积分数或积分获取方式进行等级评比。

用户反馈活跃度： 用户对品牌和产品感兴趣才会有反馈，可根据用户投诉次数、评论数、线上沟通次数确定用户的活跃度。

用户信用等级： 从无理由退货次数、付款时间、恶意消费行为等记录来考核用户的信用等级。

根据以上 4 个用户画像维度，便可以进行用户画像的建模。如表 1-3 为某城市青年的人物画像。

表 1-3　人物画像建模

基本属性	行为偏好	消费习惯	用户价值属性
性别：女	爱好：追剧	消费意向：饮食与出游	用户消费档次：每次消费金额200 元上下；产品为平价产品
年龄：27	交通：地铁	消费意识：分期消费和花呗	积分等级：积分有 1 400 分，属于中等偏下

续表

基本属性	行为偏好	消费习惯	用户价值属性
学历：本科	饮食：外卖、喜欢甜点	消费心理：性价比高	用户反馈活跃度：投诉两次；每次购买都进行评论；每次购买前都与客服、销售人员沟通
职业：会计	住房：租房	品牌偏好：平价	用户信用等级：未有退货现象；按时划账，信用等级高
地域：成都	搜索偏好：综艺节目、韩剧、零食	下单习惯：周末和晚上8点下单次数多；多通过支付宝和花呗付款	
收入：4 000 ~ 6 000 元	App 使用偏好：腾讯、知乎	周期购：每月消费次数不多	
婚姻：未婚			
财产状况：无房、无车			
有无贷款：无			

对用户画像进行建模后，我们可以从信息中提取关键点，总结出用户属性，即标签，如图 1-2 所示为该用户基本标签，也就是用户画像。

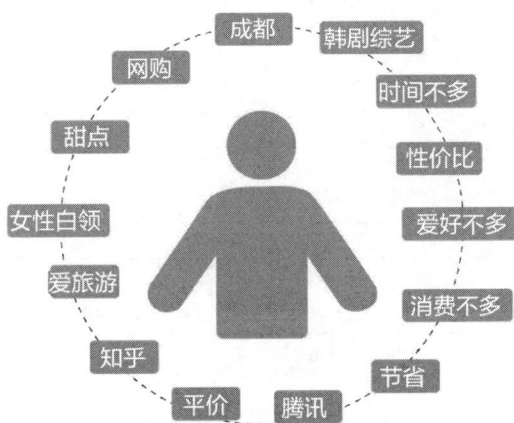

图 1-2　用户基本标签

针对用户标签，销售人员可以得到明显的指向，做出相应营销方案。如该用户喜欢追剧，爱使用腾讯 App，可以附送腾讯 App 会员来引起其兴趣，或是附赠旅游景区的门票等。总之，越了解客户，销售人员就越有优势。

而当用户画像的整理具有一定规模后，便可对用户群像进行总结，可通过表 1-4 的模板来完成工作。

表 1-4　客户群像模板

客户年龄	例：18 ～ 28 岁为主，28 ～ 35 岁为辅
客户职业	例：学生 / 刚毕业白领
客户性别	例：女性为主
消费层次	例：层次较弱 / 忠诚度低 / 内衣价格区间 39 元～ 69 元
主要成交关键词	例：内衣女薄款 / 内衣无钢圈 / 无痕内衣
核心需求	例：超薄 / 防下垂 / 无钢圈 / 无痕
未被满足的需求	例：超薄
附加需求	例：蜂窝理念 / 透气 / 超薄
反馈痛点	例：不透气
整理来源	例：标签 / 聊天

1.1.4　知己知彼百战不殆

销售产品就是在一定的市场环境中抢占属于自己的地盘，毕竟买家只有那么多，买了别人的产品就不会买自己的产品了。所以一个合格的销售人员应该知己知彼，了解自身产品，也了解竞品，两相对比，明白双方的优势和劣势，才能在销售时扬长避短，获得顾客的信任。

首先，销售人员要认真学习自家产品的有关知识，具体如图1-3所示。

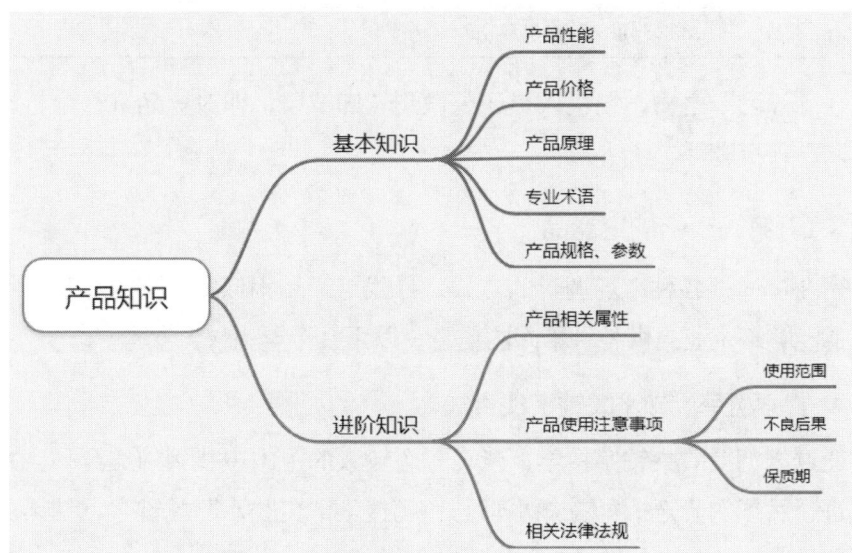

图1-3　产品知识

那么销售人员应该如何展开学习呢？如表1-5主要从理论和实践两个方面入手。

表1-5　产品学习方式

分类	具体方式		
理论知识	书籍、资料、产品手册		
	网络	网络论坛、贴吧	
		网络课程	
		网络数据库	

分类	具体方式	
理论知识	培训	公司统一培训
		专业机构培训
实际运用	向销售标兵、销售组长、销售经理等有经验的人士学习	
	总结顾客反馈	
	个人试用感受	
	在公司内部观摩学习	

在"知己"之后，销售人员还要做到"知彼"，即对竞品进行分析，主要按以下几步进行。

（1）第一步：确定竞品

企业可通过各种市场调查的方式，寻找与产品相似度较高的竞品，不同的渠道能够给企业提供各种不同的信息，以下几个渠道仅供参考。

◆ 搜索引擎、知乎关键字搜索

通过浏览器的关键字搜索，能在一个较大的范围中找到同类产品，方便企业进行后续的筛选。如在知乎话题广场搜索"爽肤水"关键字，结果页便会出现很多爽肤水推荐帖子，如图1-4所示。

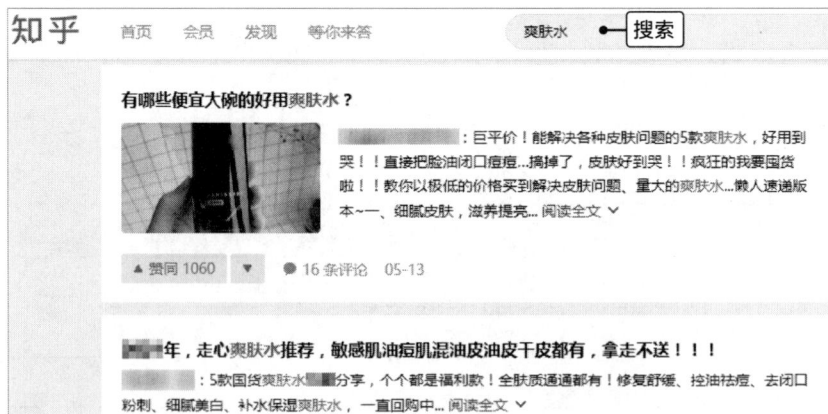

图1-4 搜索结果页

从结果页来看，几乎囊括了市面上大多数的爽肤水，若企业想要缩小产品范围，可以利用组合关键字来搜索，如搜索"爽肤水"+"敏感肌"+品牌名，便可以得到主打抗过敏的爽肤水品牌的推荐，且能看到与本品牌类似的替代产品，如图1-5所示。

图1-5 推荐内容

◆ 专业网站、行业调查报告

现在有很多网站平台致力于提供行业及品牌大数据服务，帮助经营者做出符合行业发展规律的决策，对于企业了解市场环境和竞品数据同样有用，如下例所示为利用"品牌网"查询爽肤水相关品牌。

实例分析

查询爽肤水相关品牌

在浏览器地址栏中输入品牌网网址，按【Enter】键就能打开首页，如图1-6所示。

图1-6 打开首页

在首页搜索框中输入"爽肤水"关键字，单击"搜索"按钮，就会自动跳转到行业分类页面，可以查看"爽肤水行业品牌排行榜""资讯专区"等栏目提供的品牌信息，如图1-7所示。

图1-7　查看提供的品牌信息

除了行业资讯网站，还有一些网站专门做产业市场研究咨询，提供各种行业研究报告，帮助企业了解市场环境、各品牌市场占比以及销售渠道分析等讯息，如下例所示为利用情报网查询爽肤水有关行业报告。

实例分析

查询爽肤水有关行业报告

在浏览器地址栏中输入中商情报网网址，按【Enter】键就能打开首页，如图1-8所示。

图1-8　打开首页

在首页搜索框中输入"爽肤水"关键字进行搜索，在搜索结果页可以看到各种行业分析报告，单击行业报告标题链接可进入详情页，如图 1-9 所示。

图 1-9　行业报告

在"内容概括"和"报告目录"栏可以看到该报告的监测范围和大纲，方便浏览者了解报告的大致内容。若需要阅读全部内容，单击"立即购买"按钮即可，如图 1-10 所示。

图 1-10　报告的监测范围和大纲

除此之外，市面上还有很多提供品牌信息及行业数据的平台，好好利用，销售人员能更多了解行业及产品所处的位置。

◆　购物网站

在大型购物网站如淘宝、京东、拼多多上用关键字搜索或进行相似产品搜索，能够得到很多同行业产品信息。就拿淘宝来说，其搜索筛选功能使用起来非常方便，直接为销售人员提供了非常多的品牌选项，不同的品牌都有可能是潜在的竞品。而且其筛选条件非常细致，能够最大限度缩小同类产品的范围。如在淘宝 App 上搜索羽绒服，其筛选条件有品牌、分类、填充物、风格、价格区间、材质、含绒量、工艺和领型等，如图 1-11 所示。

图 1-11　筛选条件

◆　客户渠道

在与客户密切、频繁的接触中，销售人员可以与其沟通，了解对方的其他选择，多数客户提到的产品很有可能就是竞品，顾客选择竞品的原因，就是销售人员未来需要扬长避短的地方。

（2）第二步：竞品分析

确定了竞品后，接下来要做的就是竞品分析，销售人员必须对竞品进行全面了解，包括竞品的属性、性价比、销量、市场规模和受众体验等，可使用 SWOT 分析法，将其优势、劣势、机会、风险梳理出来，作为销售策划的依据。

1.1.5 销售人员常遇到的问题

作为一个合格的销售员，在面临常见的工作问题时，应该有相应的解决办法，这是销售人员应具备的基本素质。而销售工作中常见的业务问题有哪些呢？下面一起来了解一下。

◆ 拜访客户前准备些什么

这个问题可分为两个方面，一是硬件准备，即个人衣着、产品资料、客户资料、产品样品等必须要备齐的物件，最好自己制作一个物品清单，以免不小心漏带。

二是软件准备，即个人的修养素质和礼仪，以及沟通谈判的技巧。针对不同的客户应该有不同的准备，不能千篇一律，销售人员可以提前预演沟通场景，想好自己要说哪些话。

◆ 冷场怎么办

销售人员的基本素养就是把握谈话的节奏，让客户按照自己设定的节奏来交流，若出现冷场的情况，对整个谈话节奏都是很大的影响，也会让顾客觉得无聊，失去沟通的兴趣。

最好的办法是销售人员提前做好谈话的提纲，计划好谈话的时间以及每个部分大概耗费多少时间，这样即使客户跑题，销售人员也能按着主线拉回来。谈话提纲如下：

①自我介绍＋寒暄（不超过 1 分钟）。

②展现对对方的了解，重点讲需求（3 分钟左右）。

③展现对客户本人的了解（以其职责和工作难处入手，寒暄 5 ~ 6 分钟）。

④产品介绍（趁势推出自己的产品，引起对方的兴趣，控制在两分钟内）。

⑤产品优势（讲重点，讲价格，时间视情况而定）。

⑥向客户提供订单选项（时间不长）。

⑦结束语（尽快结束，以免惹人厌烦）。

◆ 业务禁忌语有哪些

销售人员要向客户展示自己的专业，首先要避免模糊性的词语以及态度，如"一般""可能""基本上""不一定"等，表现得胸有成竹、自信满满才能让客户信服。

然后要忌脏话，要把自己当作专业人士来要求，重视自己的形象。另外，一听就非常浮夸、不真实的话，一定不要说，一来没人会信，二来显得自己轻浮，很难打动客户。

◆ 新客户怎么开发

开发客户是所有销售人员都会面临的一项难题，客户很难平白无故地接受一款新的产品，这时就要求销售人员做好充分准备了，具体如下：

第一，要多联系几家客户方便拓展。

第二，重视客户的利益，若是有利可图，客户怎么会不对产品感兴趣呢。重点介绍产品的盈利模式、推广计划以及过往的成功案例。

第三，与客户的第一次接触一定要选好时间、地点，提前打听客户的个人习惯，约在其常去的地方，对方比较容易答应。

第四，注意个人心态的调整，开发新客户不会如想象般顺利，销售人员要做好长期攻克的准备，不要轻易气馁。

1.2 服务态度决定你能走多远

销售工作也具备服务性质，销售人员的服务态度决定了整个销售过程的氛围，不能营造一个好的氛围是难以将产品销售出去的，所以销售人员应该认识到良好的态度对工作的影响。

1.2.1 售后服务好带来回头客

很多销售人员都没有售后服务的意识，只要订单签约后就万事大吉，这是对销售工作没有清晰认识的表现，要知道好的售后服务可以延续到之后的销售中，对未来的工作有很大的影响。

售后服务就是在商品出售以后提供的各种服务活动，从推销工作来看，售后服务本身也是一种促销手段。在追踪跟进阶段，推销人员要采取各种形式的配合，通过售后服务来提高企业的信誉，扩大产品的市场占有率，提高推销工作的效率及收益。

常见的售后服务包括以下内容。

◆ 代消费者安装、调试产品。

◆ 根据消费者要求，进行有关使用等方面的技术指导。

◆ 保证维修零配件的供应。

◆ 负责维修服务，并提供定期维护、定期保养。

◆ 为消费者提供定期电话回访或上门回访。

◆ 对产品实行"三包"，即包修、包换、包退。

◆ 处理消费者的来信、来访以及电话投诉意见，解答消费者的咨询。同时用各种方式征集消费者对产品质量的意见，并根据情况及时改进。

由于售后服务包含的面非常多，所以企业应该建立完整的售后服务体系，如提供给客户售后电话、售后网站、售后小程序等，客户可以选择最方便的一种售后渠道。当然，如果消费者直接联系销售人员，销售人员应多一点耐心，不要立即推脱责任，注意以下要点。

耐心聆听： 接到顾客的投诉或来电，销售人员第一步要做的就是聆听，这是对客户基本的尊重，而不是打断或让客户直接拨打售后电话。可以告诉客户自己会尽快查明原因，给客户一个满意的解决方案，然后告诉客户还可以选择拨打售后服务电话解决各种问题，更加便捷，能节约更多时间。

听出真正的用意： 与顾客交流的过程中了解其需求和用意，不要将注意力放在客户的不满和抱怨上，客户无法表达清楚，销售人员要试着引导，抓住重点向顾客提问。

勇于认错： 如果由于自己这方的问题导致客户的使用效果不佳，销售人员要勇于道歉，缓和顾客的情绪，不要想着辩解。先拿出一个诚恳的态度，再进行解释，不要搞错了处理顺序。

提供解决方案： 售后服务是解决顾客的问题，提出一个对方可接受的处理方案，才算完成了售后服务。

小贴士 | *常见的售后处理方式*

若是常见的产品质量问题，首先要诚恳地向客户表示歉意，然后做以下处理。

①退货：销售人员一般不推荐该方式，如果客人执意要求如此，可与上级交流后再行回复。

②换货：更换质量有问题的产品，保证客户的正常使用。

③维修：如果问题不大，可以为顾客提供上门维修服务，解决客户的使用隐患。

④优惠补偿：为了弥补客人的损失，可以提供物质补偿，或是向客户提供下次购买的优惠，安抚客人的不满情绪。

若是因为服务问题，客人产生不满，可做以下处理。

①赔送赠品：为了表达企业的诚意，向客人赔送一批赠品，与产品使用相关联；或是提高产品的基本功能，对顾客来说有使用价值。

②处罚决定：按公司章程对相关人员进行处理。

③登门道歉：准备精美礼品，从态度上解决此事。

引导顾客提出解决方案： 若是客户对提出的解决方案不满意，而销售人员一时又想不出别的处理方式，可以征询客人的意见，试着提问对方该如何解决比较好，这样也不算失礼于对方。

1.2.2 让顾客看到好的服务态度

为了与客户建立良好的关系，销售人员一要满足对方对产品的质量要求，二要满足被尊重的心理需求，使其不但看到合格满意的产品，而且心情也很舒畅，这样才能心甘情愿做交易，并建立长期的合作关系。

如表 1-6 为销售人员应该具备的基本的工作及服务态度。

表 1-6　销售工作服务态度

服务态度	具体介绍
认真负责	对工作认真负责是一个基本的标准，任何行业的工作人员都应该做到这一点。销售就要急顾客所需，想顾客之所求，尽量满足对方的要求，解决对方的疑惑，对方安心才能促成交易
积极主动	要想卖出产品，积极主动是最起码的自我要求，不然一不小心客户就会与其他公司签约，那么前期所做的工作就功亏一篑了。交易之前要经常联系客户，一天没签约就一天不能放松。在签约之后，也不能毫无联系，遇到节假日还要进行问候，以便向对方提出下一次的交易
热情耐心	为了让客户感受到自己的特殊性和重要性，销售人员要既热情又有耐心，无论是说话的语气还是表情，都要充满活力，这样客户才能充分感受到，死气沉沉的销售不会受欢迎
细致周到	销售人员不仅要重视自己的表达，还应注意观察和分析顾客的态度和心理，从其神情、举止发现顾客的需要。将客户的一点小事都放在心上，做到体贴入微，面面俱到，这样能给客户留下非常好的印象，加深顾客对自己的信任
文明礼貌	文明礼貌是作为社会人的基本素养，在工作场所中要尤其注意，不要将自己的一些不好习惯带到客户面前，这样不仅容易冒犯客户，也容易暴露自己的短处，尤其是谈吐，一定要加强训练

1.3　巧用销售技巧加把油

销售人员在进行自己的工作时，不仅要具备基本的工作素养，还要学习和总结一些销售技巧，这样在面对客户的时候才能更加从容镇定，花更少的时间获得更大的利润。

1.3.1　怎样选择潜在客户

潜在客户是指对某类产品（或服务）存在需求且具备购买能力的待开发客户，这类客户与企业存在着购销合作机会。经过企业及销售人员的努力，可以把潜在客户转变为现实客户。

将潜在客户变成现实客户的前提，就是想办法寻找潜在客户，并与之建立联系。销售人员可选择的渠道有很多，一起来了解一下。

◆ 报纸、杂志、电话黄页

这种寻找方式比较传统，通过当地的商业杂志、报纸，能够查到不少公司的信息或采购广告，销售人员可进行利用，不过这样的收集效率会很低。所以很多销售人员都会利用黄页获得大量的企业信息，一下子就扩大了寻找的范围。

一般来讲，每个城市都有专门的电话黄页，企业可以进行购买，能多次循环使用。不过现在也有网站免费提供企业黄页，囊括了各个行业的企业，准确率也挺高。如图 1-12 所示为商牛网首页，其中提供了不少商业信息。

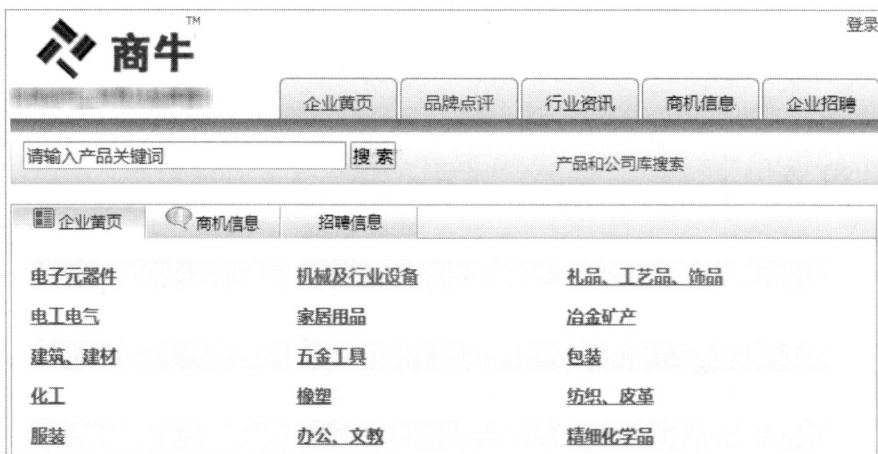

图 1-12　网站首页

小贴士　*什么是黄页*

黄页是国际通用的按企业性质和产品类别编排的工商企业电话号码簿，以刊登企业名称、地址、电话号码为主体内容，相当于一个城市或地区的工商企业的户口本，国际惯例用黄色纸张印制，故称黄页。互联网上流行的免费中国黄页、企业名录、工商指南和消费指南等，也可以算是黄页的各种表现形式。

◆ **数据公司**

随着大数据的运用越来越受到重视，现在专门做数据收集和分析的公司也多了起来，很多大型数据公司都有自己的数据库，可以为销售人员提供大量的客户数据。往往这些公司提供的数据精准而利用率高，但唯一的缺点就是并非无偿，销售人员可以根据实际情况衡量是否值得。如图 1-13 所示为探迹官网，从中可以看到该公司提供的客户查找服务。

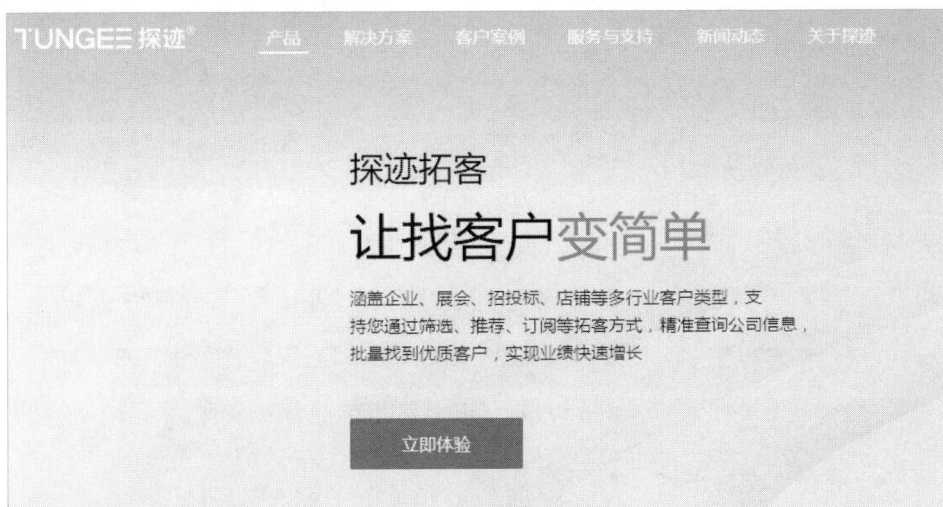

图 1-13　官网首页

◆ **政府机构**

政府机构对商业数据的收集是最全面的，能提供大量企业数据，现在政府机构也在逐渐开放这些数据的商业用途。

◆ **行业协会**

行业协会是指介于政府与企业之间，商品生产者与经营者之间，并为其提供服务、咨询、沟通、监督的公正、自律、协调的社会中介组织。行业协会是一种民间性组织，它不属于政府的管理机构系列，而是政府与企业的桥梁和纽带。

通常，每个城市都会有不同的行业协会，且每个行业协会都有自己的会员名单，上面有企业的基本联系方式。销售人员可与协会的工作人员联系获得有关数据，或是在行业协会的官网搜索，如图 1-14 所示为中国仪器仪表行业协会的会员名录页面。

图1-14　会员名录页面

◆ 展会、交易市场

行业展会和交易市场为企业间的交易提供了场所和机会，销售人员可以与客户面对面交流，互留联系方式，是一个寻找和拓展客户的好渠道，尤其是展会，可以收集到大量的客户资料。

◆ 采购网

网络是从事商业活动不可或缺的工具，不同类型的网站能提供各种行业信息，包括采购网、行业网、B2B 网站（如阿里巴巴）等。下面以采购网为例，介绍获得客户信息的方式。

实例分析

利用采购网获得客户信息

在浏览器地址栏中输入企企通采购网网址，按【Enter】键就能打开首页，如图 1-15 所示。

图 1-15　进入首页

官网首页对全部商品进行了分类，销售人员可以按类目寻找客户，非常便捷。而在首页"热门采购"栏，可以看到近期询价或招标的企业，单击相关招标信息链接即可进入详情页面，如图 1-16 所示。

图 1-16　热门采购相关内容

跳转到询价页面，可查看采购方、物料明细信息，报价后就能获得联系人、联系电话等信息，如图 1-17 所示。

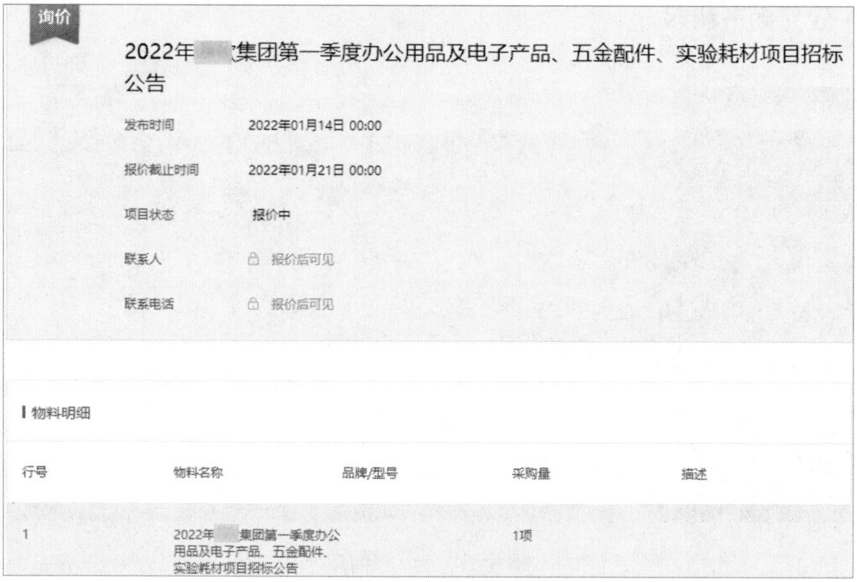

图 1-17　询价页面

1.3.2　懂得利用锚定效应

锚定效应又称为沉锚效应，指的是人们在对某人某事做出判断时，易受第一印象或第一信息支配，就像沉入海底的锚一样把人们的思想固定在某处。这种心理现象在销售工作中非常常见。

一般而言，"锚"只要受到人们的注意，那么无论其数据是否夸张、前例是否有实际参考效用或对决策者是否有提醒或奖励，该沉锚效应都会起作用。要想让锚定效应起作用，需要满足哪些条件呢？

第一，参考物是否能够引起决策者的足够注意，所以利用锚定效应要分两步走，先比较后估计，这样能让对方注意到"锚"（参照物）。

第二，参照物与目标之间要有相似性，即参照物与目标的属性相同，要么同为百分比，要么同为价格，要么同为数量，这样更易对比，消费者也能清楚什么是"锚"。

第三，参照物与目标的差异不能过大，差异过于夸张，消费者就不会产生"锚"概念。

锚定效应在销售工作中的应用非常广泛，如下例。

实例分析

贵价矿泉水

星巴克门店为了提高咖啡的销售量，一般都会在店内显眼处设一个销售点（如收银台、大门旁），销售矿泉水。一瓶矿泉水售价大概在 20 元左右，几乎所有客人都会觉得太贵了，所以矿泉水很难售卖出去。

不过，这并不是门店售卖的意义，其实星巴克是为了更好地销售咖啡。一杯咖啡的价格在 30 元左右，如何让消费者更爽快地付账呢？有了 20 元的矿泉水做对比，咖啡的价格就不那么难以接受了。

比起 20 元的矿泉水，30 元的咖啡是非常划算的，星巴克利用锚定效应，将咖啡销量显著提高了。

除了上例之外，锚定效应还有哪些应用呢？

（1）原价与折扣价，原价为"锚"

店铺打折时，商家总是将"原价××元"划掉，然后标上"折扣价××元"，有了原价的衬托，顾客就会觉得自己获得了好处，如图 1-18 所示。

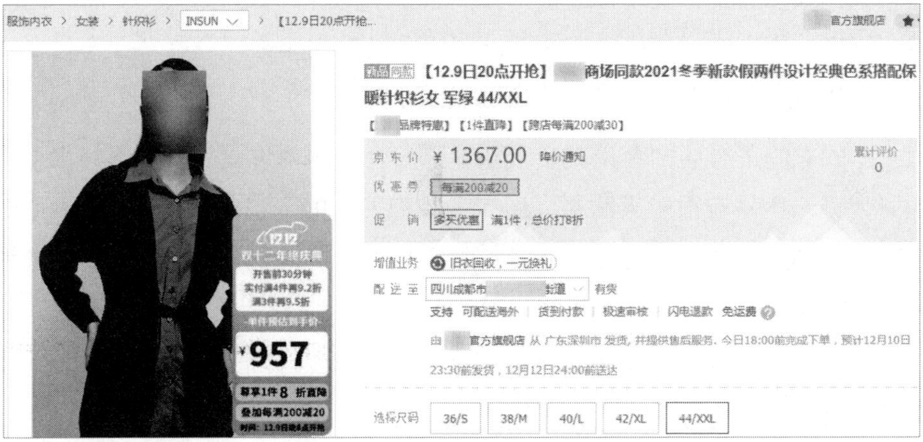

图 1-18　折扣信息

上图的针织衫原价 1 367 元，在优惠期间将最终折扣价"957 元"放大展示，这样明显的对比，很难不让人动心。

（2）优惠券

优惠券与折扣一样，都是利用数字锚定的心理差距诱使顾客下单。如图 1-19 所示为使用优惠券的付款界面，前后价格的对比让消费者有"赚到"的心理。

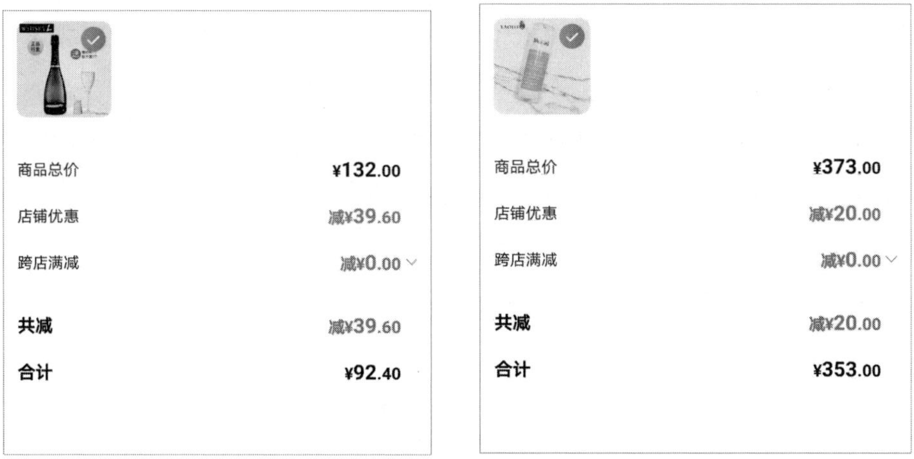

图 1-19　使用优惠券付款界面

（3）会员价格

现在很多商铺、网站都会推出会员服务，为客户提供更周到的服务的同时，能有效绑定客户，稳定客户群。而为了长期与客户建立联系，会员卡的价格也会不同，互为参照。

比如有的美容店，会设置金卡和银卡，金卡的单价更高，但因其优惠更大更划算，还是有很多人购买。还有一些理发店的充值卡，按"充 1 000 送 1 000，充 500 送 500"的规定推出，很多客户为了得到更多的优惠，会选择充更多的钱。

就连现在的视频网站也是如此推销的，如图 1-20 所示为某视频网站的会员充值界面，将会员模式分为连续包年首年、连续包季、连续包月、年度大会员、季度大会员和月度大会员等优惠模式，从价格的对比可以看出时间越长每月付出钱的越少，连续模式比单月模式更划算。

图1-20 会员充值界面

（4）功能对比

为了让客户更快地下定决心，很多网站会将两个价格相差不多的产品的功能进行对比，消费者一般都会选择性价比更高的。功能对比一般用表格的形式展现，一条一条对比，效果更加明显，很难不让人动心。如图1-21所示为某视频网站会员权益比较，连续包季的权益会比连续包年少4项。

图1-21 会员权益比较项

（5）联名销售，名牌为"锚"

如果销售的产品能与知名品牌联名，即使价格比市价高一些，也有销售的空间，毕竟消费者不可避免地会受名牌效应的影响，愿意为品牌多支付一些钱，因此一些联名款应运而生。如图1-22所示为某服饰品牌推出的迪士尼联名款。

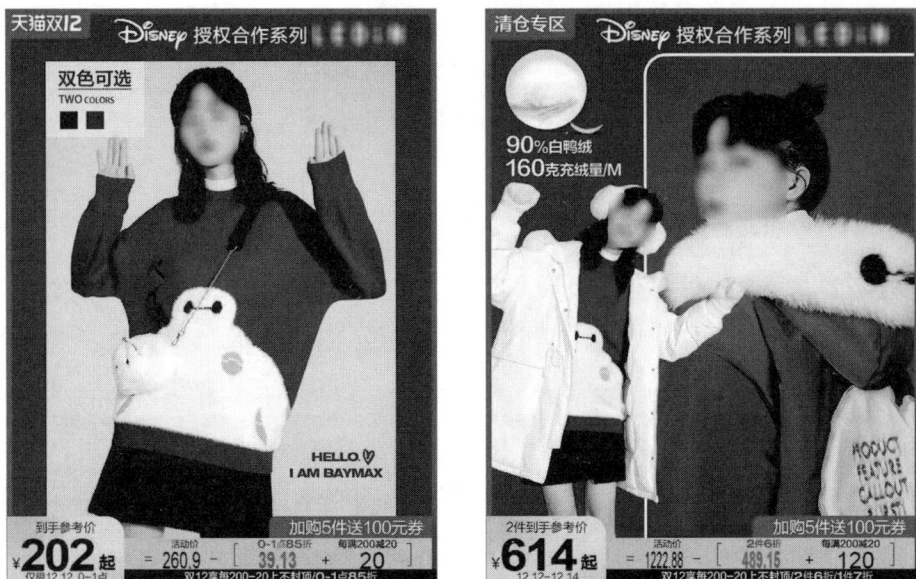

图1-22　某品牌推出的联名款

（6）限购

限购，顾名思义就是限制购买，一般来说是限制购买产品的数量，给消费者一个心理落差，如下例所示。

实例分析

限购化妆品，销量不降反增

某品牌的修复乳一直致力于敏感肌的修复，效果还不错，已经有了自己的客户群。在元旦节促销期间，该品牌的修复乳降价了10%，让利于客户以感谢客户的支持，但同时规定了每位客户限购5件。

结果，在促销期间每位消费者平均购买了4件修复乳，是平时的销售数据的4倍，因为平时每位消费者的平均购买数量都是一件，并没有屯购的消费习惯。

限购作为一种心理暗示，让消费者产生了存货不多和让利颇多的错觉，反而能增加销售量。

（7）建议零售价和实际零售价

商品吊牌上有时会标两个价格——建议零售价和实际零售价，商家将建议零售价标得比较高，将实际零售价标得低一些，将建议零售价当作锚，大大提高了下单的概率。

（8）质量对比

商家将重点推出的产品放在显眼位置，然后将质量一般的产品放在旁边，当客户接受了质量高的产品就不会再接受次品了，因为其心理会产生落差，会觉得自己应该用更好的产品。

很多时候人们没有想象中那么理性，而是靠直觉作出决定，尤其是脑中已经有一个接受的观点和物品，很难再做出改变，所以大多数客户都会受锚定效应的影响。

1.3.3 什么是比例偏见

比例偏见是指在很多场合，本来应该考虑数值本身的变化，但是人们更加倾向于考虑比例或者倍率的变化。也就是说人们对比例的感知，比对数值本身的感知更加敏感。

下面来认识一下比例偏见在销售中的运用。

◆ 换购

换购是商家促销的一种方式，主要目的是鼓励消费，消费者可用极低的价格换购更高价格的商品。来看下例。

实例分析

1元换购，让消费者更动心

某家电厨具销售人员为了成功卖出价值 2 000 元的微波炉，采取了"买微波炉送餐具"的促销方式，餐具套装售价 100 元。虽然这种促销方式吸引了一部分客户，但是效果不甚明显，很多客户还是希望销售人员能够直接在原价上再有折扣。

之后，销售人员便改变了促销方式，买微波炉就能 1 元换购价值 100 元的餐具套装，结果换购促销使销量大幅上涨。

案例中的两种促销方式有什么区别呢？

第一种促销方式，消费者会觉得买 2 000 元的微波炉，才优惠 100 元，折扣才 5%。

第二种促销方式，客户花 1 元就买到了 100 元的商品，是 100 倍的差距，改变了消费者的注意点，产生十分划算的错觉。

◆ 打折促销

相信很多销售人员自己购物的时候都会发现，现在商家打折不仅是单一打折，还会做折扣的累加，比如"一件 8 折，2 件 7 折，3 件 6 折"，这样随着折扣比例的增加，产品单价越来越低，这给了很多消费者选择的余地。

以前，一件 1 000 元的服装 9 折，单价为 900 元，是消费者唯一的选择；现在买两件 8 折，每件 800 元，买 3 件 7 折，每件 700 元，折扣这么多，消费者可以与朋友凑单或是多买一件换着穿，以此获得更多折扣，所以大大提高了销量。

◆ 组合套餐

现在很多产品都不是单一售出的，为了方便消费者更好地使用产品功能，同时卖家也能多获利，就推出了套餐的促销模式，如下例所示。

实例分析

投影仪销售，套餐多划算

某品牌投影仪 G9S 款产品在上线销售时，推出了如下的购买套餐。

① G9S 投影仪【新品首发】。

② G9S+ 直立支架。

③ G9S+ 游戏手柄。

④ G9S+ 壁挂吊装支架。

⑤ G9S+ 星球麦克风（无线版）。

⑥ G9S+ 桌面支架。

每个套餐的价格都有一定的变化，如图 1-23 所示，单品投影仪最终售价 2 999 元，而"G9S 投影仪＋游戏手柄"套餐价格 3 268 元。

图 1-23　价格页面

虽然多卖了 269 元，但购买者不会将注意力放在两百多元钱的数字上，而是看重游戏手柄带来的功能价值，游戏玩家往往会选择该套餐。

◆ 抽奖

抽奖是更间接的一种促销方式，比如有的家具城在促销期间，会给消费满一定金额的客户提供抽奖的机会，100 个金蛋里有 10 个有奖，可能是奖品，也可能是优惠。比起 10 个抽一个，消费者心里会觉得前者更容易中奖，其实中奖概率是一样的，但能够参与抽奖客户会更多。

◆ 降价

同样是降价促销，运用比例偏见会让消费者产生折扣很多的错觉，如标价 50 元的商品降价 10 元，标注为优惠 20% 更让消费者觉得优惠力度大。

但是，标价 500 元的商品折扣 20%，不如标注为直降 100 元，虽然最后付账金额一样，但消费者面对 100 元时更能动心。

1.3.4　透露底牌获取信任

销售人员要获取客户的信任是一件不容易的事，很多时候要利用一些方法才能达到目的。在许多销售人员看来，要想把东西卖出去，就要极力展示产品的优点和与众不同，甚至用夸张的手法将产品吹得天花乱坠，但把握不好度，就会让客户产生怀疑。

事实上，适当揭短会让客户有考虑和比较的空间，这个世界又怎么可能有完美无缺的产品呢。有经验的销售人员会适当透露产品的不足，让客户看到自己的诚意。

不过，就算暴露产品的缺点，也是有分寸的，不能毫无遮掩，要让客人觉得有点瑕疵也不会产生大的影响。

比如面对注重功能的专业人士或器材党，还可聊外观的缺陷；面对对功能要求不高或在意外观的人，聊聊功能的缺少，如仅够日常使用。或是说一些使用上不太方便的地方，比如由于衣服材质的特殊性，需要小心保养，不能拉扯，要送干洗店清洁等。

这样不隐瞒缺陷的成交方法，有时反倒增添了产品的魅力。站在客户的角度考虑问题，才能取得客户的信任。

1.3.5　注意销售的细节

销售工作是一个互相交流、有来有往的过程，其间不仅要表现专业，努力把产品卖出去，还要注意行事、说话的一些细节，以免因为细微处不周到而功亏一篑。

不要对客户说"不"：销售人员一定要学会委婉地表达自己的意思，不要直白、生硬地拒绝客户，这在某种程度上会影响其心情和积极性。一般不要在第一时间拒绝，至少要让客人看到自己的诚意，如下所示。

"这个价格对我来说还是太高了，我还是希望你能再优惠一点。"

"这已经是我们提供的最优价，而且看您是老顾客才给出的。不过，我可以向上面申请一下，这个价格我还不能做主。"

"那行，咱们下次再约。"

"上次，您说的那个价格实在是拿不出来，不过我给您争取到了 52 元。您看您能接受吗？我这两天没少跑腿，一直把这事放在心上。"

"既然如此，52 元也不是不行。"

销售人员要在第一天参加展会：想在展会上认识客户、推销产品，一定要抢在第一天。虽然展会通常会举行 3 ~ 5 天，但往往是第一天去的人最多，企业也最全，获得的资料也更多。之后完成订单的企业和客户就开始陆续离开，展会到最后越来越冷清。

资料的整理有时也能给销售人员助力：尤其是那些要给客户过目的资料，如报价单等，要好好填写，注意格式的整齐和书写的干净利落，让客户感受到销售人员在一件小事上也能做得完美、认真，自然也放心合作。

客户的邮件要及时回复：销售人员要对自己的工作有足够的认识，即客户永远不会只联系一家，很有可能是同时考察不同企业的产品，进行比较。若是销售人员不放在心上，哪怕只晚一点，客人可能就和别人签约了，所以保持积极性，主动与客人联系是销售人员的基本素质。

销售员要懂得培养自己的服务意识：有的销售人员刚入职，对行业的性质理解不深，以为只要自己做好销售工作就可以了，却不知道销售与服务是息息相关的。而服务意识也并不是指要给客户端茶送水之类的，而是要看到客人的实际需求，而且不在客户面前表露自己的情绪，不能因为谈判的失败或进展不顺利就态度不佳，改变脸色。

编制一份客户名单：客户名单就是销售人员的业务和经济来源，不论是新开发客户，还是以前接触的客户，都要视为重要的人际关系资源，收集起来就能好好利用。平时与客户多加联系，有新品上市也可通过邮件、短信推销。虽然能带来价值的客人可能不多，但广撒网能方便挑选，这也是成功签约的第一步。表 1-7 为常见客户名单的格式。

表 1-7　客户名单模板

序号	客户名称	单位地址	联系人	电话	开始合作日期

寻找客户感兴趣的话题：很多时候销售人员为了与客户拉近距离，会选择寒暄家常，聊聊对方感兴趣的话题。对此，销售人员一定要把握一个度，就是不能涉及隐私问题，若是不慎让客人感到被冒犯，就得不偿失了。

第2章
读懂顾客的心理促成成交

  顾客在面对销售行为时会产生哪些可能的心理呢？顾客在与销售人员交流时其眼神、动作又传递了什么信息呢？了解这些答案销售人员才能快速做出应对，改变销售策略，满足客户需求，最终提高签订单的概率。

2.1 消费者都有哪些心理

消费者一般在面对推销时会有什么样的心理呢？不同的心理动机会产生不同消费行为，一般来说影响消费者购买心理的主要因素有：商品本身的因素、宣传的影响、服务因素以及外部环境的影响等。销售人员对消费者心理了解越多，越能引导消费、扩大销量，并提高效益。

2.1.1 谁都想被特殊对待

每个人都有想被重视的心理，在业务往来中，客户也会希望得到销售人员的特殊对待，这能从侧面反映销售人员对此次交易的重视程度和诚意。

有些客户平时身处高位，会有所有人围着他转的错觉，可能会要求获得特殊待遇，或是独享最低价格。在与这样的顾客交流时，销售人员就不免要多加称赞。很多时候，销售人员只需在语言上稍加注意，就能让客户感受到独一无二，如下例所示。

实例分析

交谈中让客户觉得独一无二

马上要入冬了，某公司想要推销一批羽绒服，销售人员王某已经联系一家服装店，与老板约好了见面。

"您好，我是××公司的销售员王×，昨天和您约好见面。"

"小王，你好，请坐。"

"谢谢，李总。您业务这么忙还要抽时间出来与我见面，实在是感谢。"

"没事，我都习惯了，一直忙着也没觉得什么。"

"所以说您生意越做越大，听说您又要开分店了，以后肯定越来越忙了。"

"是呀，客户多了起来，开分店也是没有办法。"

"您的客户这么稳定，和您的眼光是分不开的，您看中的东西质量一向很好，我们的产品相信也能让您满意。"

"其实，我们这次想更好地回馈客户，所以才想多进一批鹅绒的羽绒服。不过我一向是很严格的。"

"这是自然，虽然今天是第一次见您，交谈几句就能感受到不同于其他人的气场，我当然不会敷衍了事。您看，这是我们的里料。"

"这是什么鹅绒。"

"这是我们特意从欧洲多瑙河流域进口的高品质鹅绒，比鸭绒更轻更暖。"

"是吗？"

"由于该地的极寒气候，鹅绒的绒朵更加蓬松饱满，蓬松度有 800+，一般都是用来做羽绒被的。您看一下这是其他产品选用的鹅绒，这是鸭绒。"

"不错。"

"您是专家，不是好产品我都不会拿出来贻笑大方的，面对您，我肯定是选最高品质的。这件羽绒服充绒量达到 208 克，含绒量 90％，您肯定也知道鹅是草食动物，鹅绒更洁净清爽，味道更小。"

"那我再看看设计。"

"这是设计图，我们做的是假两件设计，给秋冬的暗沉加点新意，让穿搭更有层次，后襟破缝设计，这样肩背的量感不大，下摆留出弧度，还做了防风袖口，把细节做到位。"

"有样品吗？"

"这是样品，面对您这样的大客户，我们不准备好一切，不会来登门占用您的时间。"

"实话说，你的产品质量还不错。我见这么多羽绒服，你们的产品算中等偏上吧。"

"您能看上眼，就是我们的荣幸。"

"我还想再了解一下价格。"

"好的，这是我们的报价单。"

……

从上面的案例我们可以看出，该名销售人员面对的客户是有经验的老板，对自己也充满自信，所以销售人员以"专家""眼光好""有气场""大客户"等用词来形容对方，让对方感受到重视。

在实际交流中，称赞对方的话可以说，但还需注意以下几点。

◆ **真诚：** 虚伪和做作很容易被对方一眼看出，销售人员要不露声色，表达自己的欣赏，对方一定能感受到。

◆ **真实：** 真诚是一种态度，而真实指的便是一种事实。对方没有的优点，自己也不要一个劲儿地说，无中生有会显得很刻意。挑一些客观存在的事实夸赞对方就不显突兀，如业绩很高、发展规模大、人员管理很好等。

◆ **适度：** 夸赞谁都喜欢，但言过其实就让人觉得谄媚，而且销售人员主要还是说产品的优势，对客户的夸赞一笔带过就可以了，不要把时间浪费在阿谀奉承上。

◆ **细节：** 赞美越是注重细节对方越容易相信，最好提前就对客户有一定了解，这样夸赞起来更有依据，不用凭空编造。

2.1.2 对销售产生不信任感

周某是售卖葡萄酒的销售员，最近接到上级的工作任务，要向酒吧一条街的所有酒吧销售自己的产品。周某联系了几家酒吧上门销售。

"您好，白总，我是××酒公司的周×，昨天约好的。"

"怎么这么早来了。"

"我怕来晚了，让您久等，若您忙，我再等一下。"

"没事，有事你说吧。"

"我是想让您看看我们的新品葡萄酒，这是一款霞多丽半甜葡萄酒。特点是圆润柔和，带有纯净的酸甜味儿。"

"可是我们这儿已经有了霞多丽葡萄酒，客人反馈说还不错，换成你们公司的我还不能保证客人能不能接受呢。"

"您是做生意的，多一种选择对您经营只有好处，没有坏处，您说是吧？"

"……"

"您先尝一尝我们这款酒的口感，您就知道了，您是行家呀，不然也不会开这么大的酒吧了。"

"嗯，好香啊，有柑橘的气味。"

"没错，您太有品位了，这款酒带有柑橘、芒果、菠萝的香气，有非常丰富的层次，入口更是丰腴。"

"价格怎么样啊？"

"这款酒的报价单在这儿，您看一下，375 mL 才售 86 元，我们这款产品刚开始铺市，如果您愿意专柜陈列，一年我们支付 5 000 元的专柜陈列费。"

"你的酒呢，还不错，不过这个价格让我没有换的兴趣，你看我们现用的这款酒和你们的差不多，价格却低很多。"

"这……"

"你的单价再降点，一年一万元的陈列费怎么样？"

"实在不好意思，这事我做不了主。"

"做不了主你来干嘛，对你对我都是浪费时间。"

"那这样，我先回去问问。"

知道上例中为什么周某推销失败了吗？很简单，就是最后的价格没有谈拢，让客户对此次交流很快失去兴趣。虽然在交流前期周某表现得很专业，也很了解产品属性，不过却在价格优惠方面没有优惠权，这很难让客户产生信任感，导致最后谈不下去。

其实，客户对销售人员的不信任感是天生的，双方代表了不同的立场，要维护各自的利益。销售人员向客户索取得越多对方越不信任，所以，在销售时也要适当让利客户。

通常来说，客户对销售人员的不信任感来自两个方面，一是专业性，二是权责，即有多少负责的权力。

第一方面，销售人员的专业性来自对企业、产品、客户的了解，了解得越多，越能体现自己的专业。如果销售人员连产品的基本属性、使用方式、优缺点都说不清楚，客户只怕立即要怀疑产品的性能。

第二方面，销售人员虽然不是领导层，但还应该有一定的处置权力，包括赠品附赠、价格优惠等。这些需要向上级确定后，由自己拿主意，如果客人提出的优惠在权责范围内，便可以直接答应。这样会给客户留下雷厉风行的处事印象，产生多一重的信任，日后也会愿意继续达成交易。

要想获得客户的信任有一些可用的技巧，如表 2-1 所示。

表 2-1　获得客户信任的方法

方法	具体内容
打造专业	销售人员要提升自己的专业性，努力把自己变成这一行的专家，所谓"干一行爱一行"，越是有经验越能对任何产品做到迅速了解，不论新品旧品都能很快掌握。销售员要做到以下几条： ①推销的产品自己要亲自使用，才能全面了解。 ②基本信息非常熟练。 ③原材料信息了解清楚，包括行情、价格、属性。 ④行业信息融入日常，可订阅相关行业杂志，时时了解，不断更新知识库。 ⑤营销知识也要有所涉及，如市场的开发、品牌推广等都要了解
体现正规性	顾客最怕什么？即在三无公司买到三无产品。所以公司的正规和透明很有必要，不仅要有合法的生产资质，必要时还可以直接邀请客户上工厂考察，看看公司的生产流程。 　　所谓眼见为实，将产品带到客户面前让其亲自了解，比起看资料更能卸下客户的防备。另外，不要拒绝客户亲自验证的提议，要给予其充分验证的机会，无论是参观车间、参观公司等都行
介绍其他客户	如果一家企业连基本的客户群都没有，很难不让人怀疑，若是有其他的客户可以介绍给对方，告诉对方自己的产品已经有公司投入使用了，这样客户的担忧就会少一层。尤其是客户之间有所耳闻的，更容易获得信任

2.1.3　追求品牌效应

品牌效应是指由品牌为企业带来的效应，是商业社会中企业的价值延续。树立企业品牌需要有很强的资源统合能力，将企业本质的一面通过品牌展示给消费者。

最初品牌的使用是为了便于识别产品，到后期也能为品牌成立者带来效益和影响。一旦形成品牌效应，对商品促销有很大的帮助，很多客户都会受品牌效应影响。

很多品牌的商品就算质量不是顶尖，都能卖出好价钱，消费者也乐意买单，这就是因为其品牌被社会大众认可了，而不是单一的产品。若是销售人员能利用品牌效应进行推销，一定能顺利许多。推销时，要注意以下几点。

品牌在产品宣传中： 无论是产品宣传册、产品包装还是销售员服饰，都要将品牌标识作为展示重点，让对方一看就熟悉，简单而集中，印象深刻，有利于在产品销售中激发消费者购买愿望。

强调网络营销： 向客户介绍品牌产品的营销力度和渠道，让其了解到产品有很高的市场认可度。尤其是在网络上的营销，可通过资料、截图展示给客户，客户能够节省很大一笔宣传费用。

强调品牌的附加价值： 除了产品本身的质量，销售人员还可以强调品牌的附加价值，比如精神上的满足、高质量的服务、引导消费行为等，让客户觉得自己能得到更多的利益。

大量的用户体验数据： 由于具备品牌效应，所以使用者一定很多，销售员可以收集大量的用户使用体验来佐证产品的性能，更能让客户信服。

不过，对于没有品牌效应的公司来说，销售人员如何抵抗品牌效应带来的巨大优势呢？只能从性价比上打动客户了，来了解一下常见的推销技巧。

与同类产品品牌货比较： 找到公司产品更好的地方，在与客户交流时，作为依据和底气，让品牌效应给自己做"嫁衣"，烘托自己销售的产品，还让客户多一层信服。

"张总，您看这是我们的产品，这是××品牌的同类产品，我们轧线更紧更密，绝对不跑绒。"

"技术的确不错。"

"还有您看我们的充绒量是全量填充，再看这件是90%填充，我们付出的成本更多，相信会有更多消费者喜欢。"

"全量填充目前还没有人做过。"

"的确，市面上都是90%填充的，我们也是这件产品才升级的。而且我们的里料与该品牌用的是同一种，一点儿都不差。"

"那你……让我看看报价单。"

让利客户： 既然是品牌产品，肯定经销费不少，进货价也不会让利太多，这样的话，就给了自己的产品很大的利润空间，让客户花更少的钱买质量更好的产品，谁不心动。

提供福利： 除了价格的优惠，销售人员还可以向客户提供赠品、退换货、清洁、更新等福利，福利越多谈判的砝码也越重，向客户表示充分的诚意，塑造好的交易环境。

热情服务： 不是大品牌没关系，销售人员态度热情一点，积极一点，让客户感受到与大品牌的不同，也能加分不少。

2.1.4　有优惠更打动顾客

每一个消费者都有一个共同的心理，就是希望买到物美价廉的产品，希望卖家能够把价格压低一点。销售人员要懂得体谅客户的这种心理，所以销售中的适当让利是十分普遍且正常的，有时候让一小部分利却能获得更多的收益。优惠的方式有很多，先来认识一下。

降价优惠： 即将商品低于正常的定价出售，其运用方式最常见的有库存大清仓、节庆大优惠和每日特价商品等。

小贴士 | *降价优惠运用*

库存大清仓：以大降价的方式促销换季商品或库存较久的商品、滞销品等。

节庆大优惠：新店开张、逢年过节、周年庆时、企业纪念日等给予特别优惠。

每日特价品：门店销售可以推出每日一物或每周一物的特价品，让顾客用低价买到既便宜又好用的商品。

优惠卡优惠：即向顾客赠送或出售优惠卡，顾客在店内购物，凭手中的优惠卡可以享受特别折扣。一般优惠卡的发送对象是熟客。

批量优惠：客户大批量购买商品达到一定数额时，给予价格上的优惠，是薄利多销的另一种形式。

赠送优惠：除了推销的产品之外，还可向客户免费赠送其他型号的商品或配件，让客户能够在零售时用来促销，迅速向顾客介绍和推广商品，争取消费者的认同。

优惠券：优惠券可降低产品的价格，是一种常见的营销推广工具。一般由商家或销售人员向顾客发放，现在在线上还有很多电子优惠券，点击就能领用，如图2-1所示。

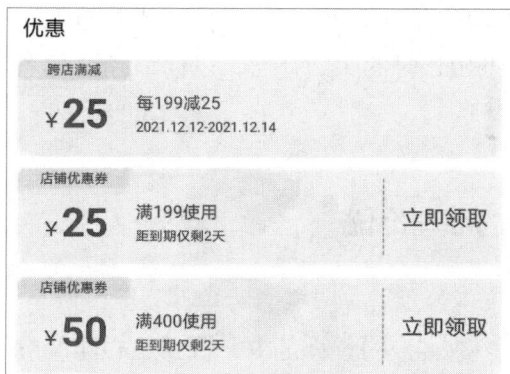

图2-1 电子优惠券

小贴士 | **优惠券种类**

现金券——消费者持券消费可抵用部分现金。

体验券——消费者持券消费可体验部分服务。

礼品券——消费者持券消费可领用指定礼品。

折扣券——消费者持券消费可享受消费折扣。

特价券——消费者持券消费可购买特价商品。

换购券——消费者持换购券可换购指定商品。

折扣优惠： 折扣优惠包括支付价款时对价款总额按一定比例即时予以扣除，以及支付价款总额后再按一定比例予以退还两种形式。一般是打 8 折或 9 折，就意味着实际售价是原来售价的 80% 或 90%。

推广折让： 推广折让即指短期性的补贴合约，以鼓励中间商帮品牌做广告，或把企业的商品放在主要位置进行推销。折让的多少可以依销售的业绩高低而定。

添购折让： 即企业短期内的减价，以刺激经销商购买新品，通常用于新产品上市时鼓励经销商购买并接受新品。

列名广告： 制造商或批发商在广告上列出经销商的名称或地址，告知消费者前去购买，并鼓励经销商购买存货。

买回折让： 企业在第一次劝告经销商添购新产品后，会提供一定的金额供经销商做无法如期出售时的买回补偿，以保证经销商不会因新产品的滞销而受损失。

2.1.5　确定客户的心理价位

每一个消费者面对一项产品时都有一个"心理价格"，高于"心理价格"太多也就超出了大多数客户的预算范围，低于"心理价格"太多会让客户对产品的品质产生疑问。因此，了解消费者的心理价位，有助于市场人员为产品制定合适的价格，有助于销售人员达成产品的销售。

一般来讲，企业的定价都经过市场部人员考量，与市价相差不大，客户要求的优惠价也不会太夸张。在与客户交流时，销售人员应该随机应变，只要有谈判的余地，就要以促成成交为重，更重要的是销售人员自己心里要有一把尺。

对于有经验的销售人员，每一次成交的价格都是一个基数，有助于销售人员了解平均成交价，将其当作自己的尺码，来衡量客户的要价是否合理。

如同类产品，有的客户以单价 50 元成交，有的客户以单价 56 元成交，有的客户以单价 49 元成交……最后得出该产品的平均成交价为 51 元，比起售价 59 元，有 8 元的降价跌幅。这个价格是大多数客户都能接受的价格，所以销售人员可以将此价格作为参照，比如不能接受比平均价格低 3 元以上，即 48 元是销售的底线。

而在交流中，客户可能会不断讨价还价，刺探底线，销售人员也要根据客户的言谈猜测对方的心理价位。具体可以做哪些工作呢？下面来逐一了解。

◆ 客户关注点

客户的关注点不一样，销售人员着眼点也应不一样。若是客户追求高品质，购买的是高端产品，走高端路线，那么质量的优势一定要体现出来。

而若是客户经销的渠道、产品都属于普通路线，且对价格斤斤计较、翻来覆去强调，说明其一点利润都不想放过，这时销售人员可以把自己的底线放低一点。

◆ 直接询问

虽然议价不宜直接挑明，不过相互拉扯的过程太长，销售人员不如拿出一点魄力和诚意，直接询问客户的心理价位，可拉快谈判进度。如下例所示。

"李总，其实我也来找您几次了，诚意您是看得见的，您对我们的产品也有信心，早点签约，我们都好开展后面的工作啊，我给您的真的是优惠价了。"

"你的确很尽心，不过这个价格我还是想要再看看。"

"其实，交流这么久，您都知道别家是拿不出我们这种价格的，我已经在原价的基础上少了 10 元了，要不您直说您的心理价位是多少？"

"……"

"您直说，我来衡量，如果实在谈不拢也没事。"

"我还是觉得 89 元合适。"

"92 元，您看可以吗？我们没有再退的余地了。实在不行，下次再交易，或者您再参考一下别人的价格。"

"那就 92 元吧。"

直接询问客户的心理价位要注意时间的把握，最好在谈判尾声，快要谈崩的情况下提问，算是孤注一掷，成与不成的最后努力。

◆ 阶梯报价

阶梯报价指按照不同的方案给出不同的单价，价格从低到高或从高到低给出，给了顾客各种选择，是一种比较灵活的交易形式，而单价一般受数量、运输费用等条件影响。

销售人员向顾客展示不同的单价，更容易从顾客的表现和反应中看出其对哪个单价更加认同。如下例所示。

"杨总，我们这次为了回馈客户，价格压得很便宜，一定能让您满意。"

"我看看。"

"这是报价单，您要是一次订100个，单价是5元；要是订200个，单价是4.8元；要是订300个，单价是4.5元；要是订500个，单价4.3元；要是订1 000个以上，可以拿到我们的最低价，4元。"

"我们这次想订一批进行试卖，所以先订100个就可以了。不过单价……"

"杨总，单价5元已经是优惠后的价格了，您知道的，这在业内算便宜的了。"

"我订100个，单价4.5元如何？"

"这……我们没有可以获利的空间了，要不您多订一些，我可以做主为您再优惠一点。"

"可我们暂时不需要那么多的产品，不过试卖后，会陆续订购的，你可以提前给我优惠，以后我们就在你这儿订购了。"

"这样吧，我将单价降到4.8元如何，这是订购200个才拿得到的优惠。或是您订购150个，我给您4.7元的优惠。"

"这样啊，我再考虑一下。"

从上例可以看出，顾客的心理价位在4.5元左右，所以销售人员可以围绕4.5元做出谈判，争取有所提高。

◆ 框定价格范围

销售人员有时也会遇到顾客对所购产品并不清楚的情况，可能顾客本人也没有确切的心理价位。这时需要销售人员给出产品的价格范围，引导顾客给出他们的需求，为其制定可行的购买方案，如下例。

"您好，请问您想选购哪类产品呢？"

"嗯，我也不太清楚，我也是第一次购买电脑。"

"是这样啊，我们店里的品类很全，定价一般在 2 000 元～ 10 000 元，一定有适合您的，您自己的预算大概是多少呢？"

"预算啊，我还没有想好啊，我不知道哪种适合我。"

"那您买电脑是做什么用呢？"

"做资料，写文件、做 PPT 之类的……"

"那平时做画图设计吗？"

"我不是设计师。"

"那平时有打网游的兴趣吗？"

"我倒是蛮喜欢打游戏的，尤其是英雄联盟这类的。"

"如果您喜欢打游戏，我推荐您 × 牌的 FX50JK4200，还有 × 牌的 Y700-ISE，配置都是比较高的。价格都在 5 000 元左右。"

"嗯，那还有没有其他款呢？"

"当然，其实您的需求普通电脑都能满足，不过要玩游戏的话，需要配置一个好的显卡和 CPU，内存也要足够大。这款，这款，还有这款都是酷睿 i5 的处理器，M350 独显，1TB 大硬盘，现在优惠价都不超过 4 000 元，满足您的需求绰绰有余了。"

"那我看看这款。"

"好的。"

该例中，顾客对产品了解不够，没有明确的目标和心理价位，那么就需要销售人员多提问，掌握较多的信息后，才能向顾客推荐合适的产品。在价位的选择上，先以中等价位"投石问路"。顾客一般有两个反应，一是觉得贵，二是可以接受，销售人员可根据客户的表现做出合理的应对。

2.1.6　心理定价策略

心理定价策略也是促销的一种方式，有技巧的定价能让客户觉得产品有价格上的优势。不同的企业有不同的定价目标，不同的消费群有不同的消费心理，因此也有不同的心理定价策略，如价值定价、招徕定价、差别定价、习惯定价以及尾数定价等。

（1）价值定价

价值定价指将产品单价订得高于市价，迎合了消费者的高价认同心理。有些消费者会因为自身职业、学历、收入的因素，对产品品质要求很高，觉得"便宜没好货"，该种定价方式能让他们更安心。

（2）招徕定价

招徕定价指企业通过对某些商品的低定价以吸引顾客，目的是招徕顾客在购买低价商品时也购买其他商品，从而提高企业的销售额。这种定价策略在超市中使用比较普遍。在实际运用时要注意以下 3 点。

◆ 廉价商品对顾客要有吸引力，最好是其日常使用频繁的东西，且本身价值不高，就算低价卖出也不会造成较大的损失。

◆ 既然是吸引顾客的产品，那么数量要充足，保证供应，否则达不到目的。

◆ 分散顾客注意力，不要让其注意力仅停留在廉价商品上，最好不要将特价商品放在门口，这样顾客连进店的必要都没有了。

（3）差别定价

差别定价是指对同一产品针对不同的顾客、不同的市场制定不同的价格的策略。如有的航空公司对持旧机票来购买机票的顾客给予非常优惠的价格，是对老顾客的一种鼓励。

还有，在销售满一定金额后便给予折扣，也是一种差别定价。

（4）习惯定价

习惯价格就是在长期的市场交换中某些商品已经形成了消费者所适应的

价格。对于日常且大量消费的商品，如酱油、醋、卫生纸等，要考虑到消费者对这类商品价格变动较为敏感，所以不能忽略消费者的习惯倾向。

对消费者已经习惯了的价格，不宜轻易变动，在不得不提价时，应采取改换包装或品牌等措施，减少抵触心理。

（5）尾数定价

尾数定价是指在确定零售价格时，以零头数结尾，使用户在心理上有一种便宜的感觉；或是按照风俗习惯，价格尾数取吉利数字，以扩大销售。如标价 99.95 元的商品和 100.05 元的商品，虽仅相差 0.1 元，但前者给购买者的感觉是还不到 100 元，后者却使人感觉有 100 多元。如图 2-2 所示为常见的尾数定价方式。

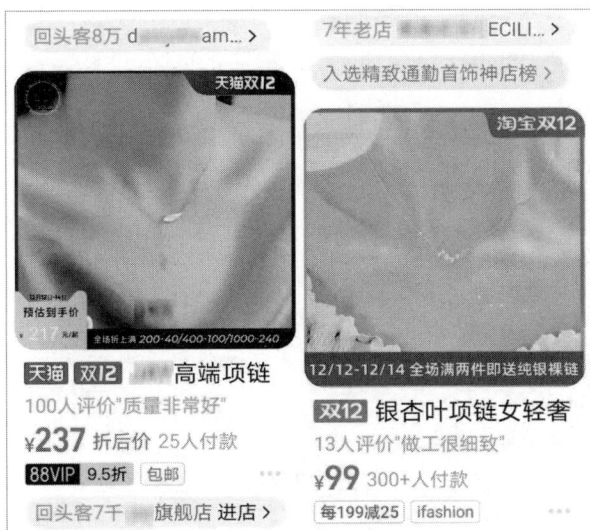

图 2-2　尾数定价方式

小贴士　定价因素有哪些

一个企业或品牌的定价策略一般要考虑行业环境、销售人员的一线建议、产品成本、公司附加价值和所在城市等因素，不能仅仅考虑单一因素，这样很可能不被市场和消费者接受。

2.1.7 利用顾客的光环心理效应

光环心理效应又称晕轮效应，指对他人直觉的一种偏差倾向，当一个人对另一个人的某些主要品质有一个良好的印象之后，就会认为这个人的一切都良好，这个人就被一种积极的光环所笼罩。反之，则被赋予其他不好的品质。

光环心理效应是一种以偏概全的主观心理臆测，很多人都会受此心理效应的影响作出自己的行为决定。在购买产品时，消费者其实也会产生这种心理效应，如果消费者认可某品牌，那么对其旗下的所有产品都会带有好感度。

销售人员要想利用顾客的光环心理效应来卖出产品，就要抛弃面面俱到的想法，也不要想着将产品介绍得完美无缺，而是突出产品其中一个功能和特质，以此为点，获得客户的认同，让品牌产品在客户心中有一席之地，这样以后有新品问世，也更易推销了。如下例所示。

实例分析

推销保暖衣靠核心发热技术

某保暖衣生产企业今年冬天推出了新款，现正在推销阶段，销售员李某为了尽快拿下订单，先与去年达成订单的一些客户进行联络，展开销售活动。

"曹总，您好，我是李×，好久不见了，您风采如旧。"

"谢谢。"

"今天约您是想向您介绍我们公司新推出的这款保暖衣，这是核心材料。"

"这个和去年有什么不一样吗？"

"核心材料与去年是一样的，都是腈纶的，然后与绵羊毛、桑蚕丝科学混纺，做到吸湿发热。您看这里是面料的纤维含量。"

"好的。"

"您也知道我们公司为了保证品质，一直以腈纶作为核心材料，能够有效发热锁温，再利用其他材质的不同特性，发挥不同的效果。"

"这个最高升温有多少度？"

"最高升温有 8.2 ℃，比去年还高出了 1 ℃，那是因为我们用羊毛材质替代了棉料，将发热纤维混纺。"

"看起来质量的确不错，去年你们的德绒衣卖得也不错。我看看报价单。"

"好的，这是报价单，请您过目。"

以上案例中，销售人员主打"德国腈纶"这一核心面料，加大客户的认可度，将公司的招牌推了出去，销售任何新品都更游刃有余。

2.2　从肢体语言看到客户内心

肢体语言又称身体语言，经由身体的各种动作和表情，能够传递出语言之外的隐藏意思，如人焦虑时会搓手，紧张时会结巴等。销售人员在了解肢体语言的同时也能看到客户的内心。

2.2.1　顾客的眼神暴露什么

都说眼睛是心灵的窗户，一个人的眼神中往往能透露其真实的心理活动。有经验的销售人员对客户的一举一动都非常关注，并能立即理解，并做出对应的举措。

下面来了解一下各种眼神代表的含义。

①谈话中，客户的眼神突然发光，表明其对当下交谈的点非常感兴趣，销售人员应做详细介绍，与客户积极讨论。

②若是客户的眼神呆滞、无光，说明客户觉得当前的话题无趣，没有了解的意愿，销售人员要立即结束这个话题，或是与客户产生互动，向客户提问等。

③若客户眼神飘忽不定，说明其可能在想其他事，注意力不在此次交流中，这时销售人员就要考虑客户是不是还有其他的工作，需不需要结束此次交流，下次再约。

④若是客户的眼神凝结，可能是在思考，销售人员可以为客户补充更多的信息。

⑤若是销售人员上门推销，与客户交流时，对方全程没有眼神接触，说明其内心有些抵触，这可能是一种变相地回避与拒绝，销售人员面临的难度会更大。

⑥客户注视某个地方或某个内容，说明这是客户的兴趣点，销售人员应该以此开始，展开相关的介绍。比如客户对产品包装比较感兴趣，一直在观察，销售人员便可仔细介绍包装的设计、材质、理念，获取客户认可。

⑦客户若是东张西望，表明客户现在的内心比较焦虑，可能有其他的事要做，或是时间不够，所以销售人员不要介绍太过繁复的内容，介绍关键信息，尽快结束为好，并将资料留给客户翻阅，约定下次拜访的时间。

2.2.2 了解顾客的各种坐姿

坐姿是一种常见的行为习惯，不同的坐姿展现了其个人习惯和心理，销售人员应该懂得分辨不同坐姿背后的含义。

起跑坐姿：客户收脚，身体前倾，双手置于膝上或抓住座椅两侧扶手，给人一种动势或等待起跑的感觉，表明客户已经坐不住了，想要立即结束此次对话，销售人员应该有眼力快速结束，不要浪费客户的时间。

正襟危坐：双腿并拢、背部挺直，这类客户比较理性，注重程序，看重自己的仪态，销售人员也应该模仿对方的姿势，表示自己的尊重，向客户介绍有关数据、参数类的信息。若是客户正襟危坐，继而双臂交叉，很有可能是在抗拒此次谈话，销售人员很有可能被拒绝，除非找到客户的弱点。

靠近桌子坐着：客户的身体前倾，双手放在桌子上，并让身体尽量贴着桌子，说明其对此次交流和公司的产品很有兴趣，想要了解，销售人员应该拿出自己的干劲，满足客户的需求，达成订单。

不断变化坐姿：若是在交谈中，客户不断地变化自己的坐姿，说明在整个过程中，其有些不耐烦，对产品内容不感兴趣，想要尽快离开，若销售人员不在短时间内找到客户的兴趣点，很有可能以失败告终。

小贴士 不同的表情类型

欺骗型表情：①下意识地摸下巴；②眼睛向右上方看；③眼神闪烁，不直视对方。

隐藏型表情：①面无表情；②脸部肌肉僵硬。

厌烦型表情：①叹气；②打呵欠；③东张西望；④嘴角下撇。

兴奋型表情：①瞳孔放大；②双颊泛红；③嘴角向上。

第3章
学习销售心理学提高应变能力

　　在商品销售过程中，销售人员与购买者的心理变化是有规律的，了解这其中的规律能让销售人员科学调整销售策略不断满足消费者的心理需求。

3.1　灵活运用心理学定律

人的心理都具有规律性，符合人们日常生活的本能反应。不少心理学家总结了各种心理学定律来归纳和总结人的行为，销售人员可以充分利用这些定律来帮助自己判定客户的行为，指导下一步的行动，针对不同的心理效应做出有效营销。

3.1.1　三分之一效应

一位社会心理学家曾做了一个小实验，用抓阄的方式来测验人的选择习惯。他做了 3 张纸条，其中两张纸条上写"有"，一张纸条空白，然后折叠起来一字排开，摆放顺序为"有"字条在两边，空白条在中间，然后不同的测试者从中抽取一个纸条。

虽然每个纸条抽中的概率是均等的，但绝大多数人都会从心理上抗拒第 1 个和第 3 个，总认为不可能那么巧，两个"有"字条正好排在最前和最后，因此绝大多数人都抽取第 2 个。

这就是典型的三分之一效应，属于决策中的心理偏差，在面对选择时，选择对象越多，人就会越迷茫，而在心理上一般偏向选择中间的。如很多人购物，一般不会在一条街的巷头和巷尾购买商品，而会在中间三分之一处选购，一来消费者都有货比三家的心态，不会在头一家店就选准；二来在最后一家店容易产生后悔心理，因为前方没有可供选择的店铺，觉得之前看过的似乎更好一些。

当客户有所参考后，通常会在两头三分之一处的店铺进行成交，所以很多经营者会参考三分之一效应来为店铺选址。

不过，价格几乎相同的日用小摊，如青菜摊、凉茶摊、日用品店等，就与三分之一效应几乎无关，且恰恰相反，离顾客越近、越方便的摊位越好。

三分之一效应不仅适用于店铺选址，在产品的质量对比和价格对比上也会发生作用，很多销售人员会注意商品的展示顺序，以达到更好的效果。如下例所示。

实例分析

房产销售的房源顺序

张先生最近想买一套公司附近的房子，减低通勤的时间和压力，于是四处看房，在某售楼处向销售人员罗某介绍了自己的需求后，便被销售人员推荐了好几处房源。不过张先生对户型的要求比较挑剔，且预算也有限，所以一直没有看中合适的。

最近，罗某选好了几处房源，并约好时间带张先生一一考察。罗某为了提高成功率，先带张先生去了一处各方面将就的房源，在带张先生看房时，发生了如下对话。

"这个就是按照您上次要求的两室一厅，84平方米的，您先进来慢慢看。"

"这个房型是向东吗？"

"对，坐北朝南的一般都定得比较快，而且价格也高些，可能会超出您的预算。"

"这样啊。"

"虽然朝向一般，不过房型还是不错的，所有房厅都是方方正正的，方便家具摆放，只是现在都是10层以下的，采光可能会受影响。"

"我个人对采光非常看重，尤其是成都常年都是阴天。这里交通怎么样？"

"离地铁站比较远，不过这边已经规划了，过几年会修到这里的，楼下有公交站，虽然不如地铁方便，也能满足日常出行。"

......

罗某为张先生介绍了房屋的各种缺点，提醒张先生应该注意的地方，加深了张先生对其的信任。张先生表示要看看其他房源，两人看了几处后，罗某带张先生去了一处各方面都不错的楼盘。

有了一定的铺垫和对比后，张先生一下就看中了该套户型，罗某提醒张先生尽快付定金交房，这样的房源很容易被看中，很快张先生便考虑好，最终成交。

该例中，销售员罗某没有一开始就将最好的房源给张先生看，而是先带其看了几处缺点比较明显的房源，拉低了客户的心理预期，然后再展示还不错的房源，将成功的概率一下子提升了许多。

3.1.2 伯内特定理

伯内特定理是指只有占领头脑，才会占有市场，它是美国广告专家利奥·伯内特提出的。只有先占领消费者的头脑，产品才会激起消费者的购买欲望。而广告可以做到这一点，有创意的广告能够很好地抓住消费者的心理特点和规律，通过自己的创意与这些特点、规律产生一种共鸣。如下例所示。

实例分析

创意广告引起大众注意

某服饰品牌为了在市场上推出自己的产品，打算在同城投放广告，但对于广告内容十分犹豫。这时财务人员向经营者提出了自己的建议，建议分成 3 次刊登广告。

第一次，在最大的城市生活报上刊登一个大问号，下面写一行小字：欲知详情，请见明日本报栏。

第二次，在报上刊登了企业的标志，并照旧写上"欲知详情，请见明日本报栏"。

第三次，刊登上企业的新品，下面写上广告语。

广告刊登后得到了极大的关注，也引起了不小的讨论，新品销量超出了预期。

该例中，企业经营者并没有开门见山宣传自己的产品，而是将一种概念植入大众的脑中，先引起大众注意力，再推出品牌标志，最后告诉大众品牌制造的是什么。有了铺垫后，企业再要推出什么都是比较易被接受的。

所以说，创意广告能充分发挥伯内特定理，给消费者留下深刻的印象，促进销售。销售人员也可以学习广告创意，线上线下配合，产品的特点能够让客户难以忘怀。这里列举几个创意广告的形式。

（1）加大对比

要给消费者深刻的视觉体验，对比是非常有效的方式，包括颜色对比、效果对比和形式对比。

颜色对比： 通过颜色的深与浅、冷与暖给人强烈的视觉冲突，如图 3-1 所示为创意广告。

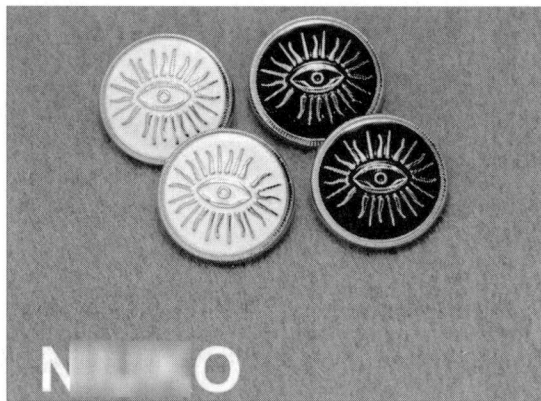

图 3-1　颜色对比广告

效果对比： 对比产品使用前后效果，突出不同，打造大众视觉点，自然可以吸引消费者，如图 3-2 所示为眼镜产品广告。

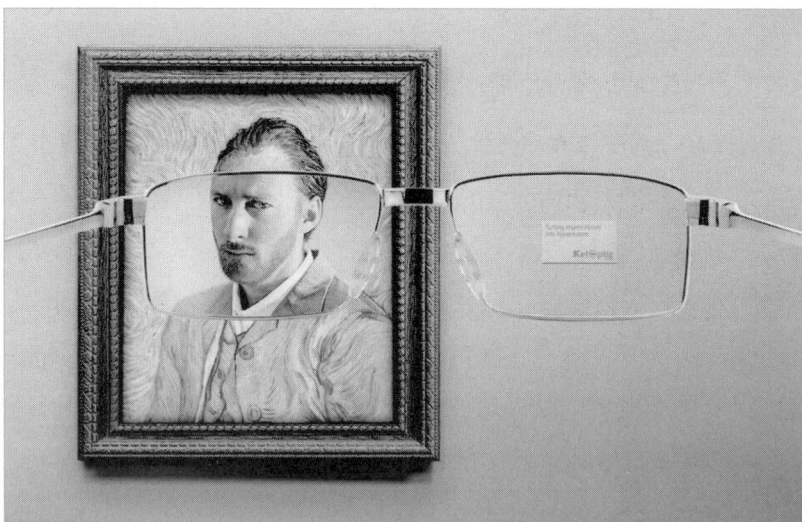

图 3-2　效果对比广告

形式对比： 将广告看作一种形式和载体，将载体一分为二进行对比，比起直白地展示产品特点，这种独特的形式更吸引大众。无论是经营者还是销售人员，都需要认识到一个概念，即形式有时候比内容更重要，有的时候人们接受了形式便会接受内容。如图 3-3 所示为一分为二的广告效果图。

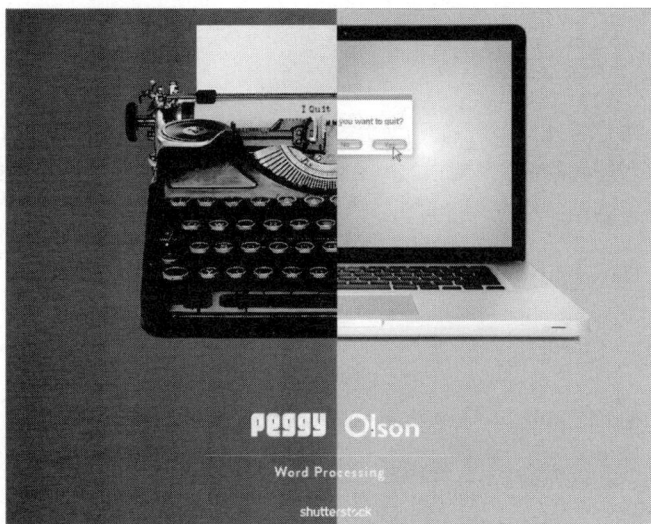

图 3-3　形式对比广告

（2）精简的广告语

我们在日常生活中就可以感受到，凡是传播率高的广告词都是非常精简的，通常只有一句话，而且要反复传播，就会给人留下深刻的印象。

（3）有概念

广告其实是在传递一种概念，有概念的广告才有被接受的空间。因为人们不会接受和反对"无概念"，一张产品图贴在电梯内，消费者不会接受或反对，同时也不会产生印象而将广告信息装进脑内。

就像耐克的广告语"Just Do It"，可以理解为想做就做、坚持不懈等，突出年轻人的自我意识，强调运动本身，从不同人的角度都会有不同的意思，几乎是无形之间就"入侵"消费者的大脑，进而使消费者认可品牌的产品。

（4）引起情感共鸣

广告应该针对目标消费者的情感体验来设计，以此引起消费者的情感共鸣。消费者先接受了这样的情感渲染，然后自然而然对产品有了滤镜，也会接受附带的产品，且有助于品牌建立联系。

小贴士 **追求产品独特性**

除了创意广告外，想要占领消费者的大脑，销售人员还要找出产品的独特之处。客户购买某种产品的前提是对该类产品有印象，只有找到产品的独特之处才能加深客户的印象，这是突破的第一步。

3.1.3 二选一法则

二选一法则也被称为二选一成交法，是一种经典的销售手法，其本质是一种封闭式的提问思维，为客户框定了选项，更能把控当下的对话走向。客户在犹豫不决时，销售人员作为说服者，只提供两种选择给对方，那么对方很容易顺着这个思路作出决定。而无论客户选择哪一种，销售人员都能获利。

这样的提问技巧虽然经典简单，但要在日常生活中熟练应用，还需要销售人员不断练习，积累经验，并理解核心问题。

销售人员要明白二选一法则的重点不是提问，而是提供的选项。一般来说是两个（可以有 3 个或 4 个）——A 或 B，且无论 A 还是 B 都是不会落空的选项，无论客户选 A 还是 B，都对销售没有影响。

下面来看一个常见的销售案例。

"您好，您想要看烤盘吗？"

"嗯。"

"您喜欢 ×× 的吗？"

"嗯，朋友推荐，说质量还不错。"

"×× 的烤盘我们这儿卖得一直不错，这款 M1 电烤盘原价 3 499 元，现在刚好在做活动只要2 699元您就可以带走。"

"价格还蛮贵的，功能怎么样？"

"这是一款多功能的烤盘，绝对物超所值，不止能用来煎烤，还能当电磁炉使用涮火锅，您可以随意选择烹饪模式。而且这款烤盘是分区料理，左右独立控温的。"

"烟味大吗？"

"当然不会，您看这里烤盘上正在烤虾呢，几乎没有油烟的，您日常也好打理。"

"嗯……"

"其实我们这里还有一款××的多功能烤盘，与这款功能类似，同样是两种烤盘，一机多用，双炉独立控温，同样是无明火，轻油烟。"

"这款也不错。"

"而且这款对火候进行分档，有4种模式，微火保温、小火慢熬、中火炖煮、大火爆炒，适合不同的料理，而且价格方面也会让您满意的。"

"这个怎么卖的？"

"原价是2 599元，今天我们是店庆打折，所以您1 999元就可以拿到手，连2 000都不到，这种多功能烤盘您就能带回家了。"

"……"

"其实这两款烤盘都是市面上性价比非常高的了，功能差不多，看您喜欢哪一款，当然外观上，这边这一款要简约一些。"

"……"

"如果您没决定好，可再看看这些烤盘。"

"这不用了，看起来档次都低很多了。"

"的确，这边的功能都很普通，只能满足基本的烤制需求。如果您追求品质的话，选择这两款准没错，看您是喜欢哪个……"

"嗯，我还是要这款吧。"

"好的，您现在下单，我们还送价值699的料理工具套装。"

该例中，销售人员根据客户的需求，快速锁定产品，并且推荐了功能类似的产品，供客户参考、选择，且对比了低档次的产品，让客户对质量有了基本的要求，将目光和注意力集中在销售人员介绍的两种产品上，诱使客户做出选择。

当然，在应用二选一法则时，还要考虑以下几点内容。

①顺着客户的思路和需求提出自己的选项，先赞同客户再引导客户。如下所示。

"其实电器用品，颜色太过浮夸看上去会很没有档次。"

"的确，很多有阅历、审美较高的客人都会选香槟色、米白色，看上去有质感，对您来说也是如此。您看，这款大红色我就不建议您考虑了。"

"红色太艳了。"

"没错。"

②销售人员对客户需求有一定了解后，再找准时机提出不同选项，而不是随意提出，这样客户不会对销售人员的推荐产生信任。

③销售中最好不要提及以下句式。

"要不要……？"

"买不买……？"

"明天有没有时间……？"

而应该替代为：

"您要A款还是B款？"

"您买一个还是两个？"

"明天上午来拜访您还是下午？"

3.1.4　老虎钳效应

在与客户交流的过程中，为了不让客户看穿自己的底牌，销售人员要通过谈话技巧避免底牌的泄露。利用老虎钳效应不仅可以避免底牌的透露，还能为己方多争取一些利益。

我们都知道老虎钳是一种杠杆工具，简单理解老虎钳效应就是一句话——"您得再加点"。用一句简单的话就能撬动整个杠杆，为自己加码，这也是老虎钳效应能被接受的原因之一。

下面通过一个案例来感受老虎钳效应的实用技巧。

实例分析

买卖雪地靴要"斤斤计较"

某企业最近新产出了一批羊毛皮雪地靴，为了在城中各大商铺中销售，销售人员开始在各个区寻找客户，争夺市场。这天，销售员周某联系了某商铺的负责人详谈有关买卖事宜。

"您好，王总，我是 ×× 有限公司的周 ×，之前和您约好面谈的。"

"您好，周先生。"

"听说您最近打算上架一批雪地靴，您可以了解一下我们公司的新产品，保质保量，全是真羊毛皮的。您看这块材料，这面是鞋面全磨砂牛皮，这面是内里，是羊毛皮一体材质，是进口的羊毛，这是资料。"

"鞋底是什么材质的？"

"鞋底是 EVA 橡胶底，做了防滑设计。"

"这里容易开胶吗？"

"我们是用胶水粘好后，再进行缝制，不会出现这种低级的质量问题，有质检证书的。"

"是吗？"

"当然，您看，每项都是合格的。"

"你们的售价是怎样的？"

"这是报价单，我们的基础款单价在 98 元，是销量最好的，看上去大气、简约，适合各种年龄层。"

"我们昨天其实也看了一家企业，质量同样不错，不过价格就比你们有优势多了。"

"我们公司为了扩大市场，对新开发的客户和老客户有不同的优惠策略，您的商铺很大，能够上架的空间也足，如果您能购进500双，我们愿意9折优惠，还提供退换货服务。"

"500双对我们来说不是问题，不过我们本来打算多个品牌上架的，如果只订你们一家，就要再降点价格才行。"

"打九折我们已经做了很大让步了。您应该也看得出我们的诚意，您希望出多少呢？"

"如果你们把价格降到78.2元，我们就签约，并即刻上架。"

"这我们几乎没有利润了，您得再加点，否则我就算白忙了，毕竟质量证书您也看了，材质您也摸了，我们成本、工艺都值这个价的。"

"这样吧，我再加两块，如何？"

"您加5元，83.2元成交如何？我们再赠送您防尘刷，可以用于日常促销。"

"我再考虑一下，明日回复你吧。"

"那行，我们明天再联系。"

上例中，客户压价比较狠，这时候为了促进成交，销售人员应用老虎钳策略一点点为自己争取利益，又不至于谈崩。

不过，如果对方运用老虎钳策略，销售人员又该如何应对呢？只需反问对方"您觉得多少合适？"便可以让对方给出信息，如下所示。

"比起别家我们的单价还不到10元，其实我们以前从来没有以这个价格成交过的。"

"我还是希望能再降点，再降一点我就立即签单。"

"那您觉得多少合适呢？"

"再降2%吧。"

"我们只能再降1元，这已经是极限了。"

3.1.5　重视权威的心理

大部分人都有重视权威的心理，这就是权威效应，又称为权威暗示效应，是指一个人如果地位高、有威信、受人敬重，那他所说的话及所做的事就容易引起别人重视，并让大众相信其正确性。

销售人员可以利用这种普遍的心理，来提高客户对自己的信任。与很多客人第一次打交道的时候，其内心都是抱有怀疑态度的，销售人员该如何利用权威效应打破第一次见面的僵局呢？

①利用好专利证书，向客户出示发明创造的专利名称、专利号、发明人以及设计人的姓名、专利权人的姓名、权利保护范围和授予专利的时间等。

②对产品的材质、用料、成分、功能和属性等进行检测，通过权威检测证书精准展示产品，让客户实实在在看到产品质量。

③向客户介绍精良的研究团队，包括团队成员的学历、资历和专业技术等。

④有专家学者的背书。

⑤用科学知识来做产品宣传资料，而不是经不起推敲的。

下面通过一个例子来感受如何利用权威效应？

"您好，赵总，我是××公司的郭×，之前来拜访过您的。"

"我不是说要再考虑一下吗？"

"这次来是想请您看看我们这款面膜的检测报告，您就知道它的安全性了。"

"你坐吧。"

"好的，谢谢。这是××海关技术中心提供的检验报告，经急性眼刺激测试，本产品对口眼鼻无刺激性。"

"……"

"您看结论栏中写的是：该样品在不冲洗条件下属无刺激性。专门针对敏感肌修护的。"

"成分在哪儿可以看？"

"这份是成分检测资料，这款修复贴只有两个成分：水和透明质酸钠，安全风险为 1 级，是最安全的一种。还有这是我们生产车间的质量管理体系认证证书和德国的研发监制证书。"

"我可以拍个照吗？"

"当然可以，上次给您留了一批修复贴，您有没有试用？觉得如何？"

"我暂时还没有使用。"

"您觉得我们的产品如何？"

"从技术上来说，的确有创新性，将成分精简到最少，很适合我们的敏感肌用户，这样，我们会对样品做个检测，并让店内员工都试用，之后再谈后续，好吗？"

"那太好了，这里还有一些试用品，那我下次再来打扰您。"

该例中，销售人员已经上门好几次了，都没有引起客户的重视，所以将产品的检测证书、生产管理的证书和研发证书等资料统统提供给客户，让客户产生了信任，有了了解的意愿，愿意做下一步的沟通。

小贴士 *什么是蚕食效应*

蚕食意为如蚕吃桑叶那样一点一点地吃掉，比喻逐步侵占。蚕食效应运用在销售工作中，即为一点一点争取自己的利益，不要想着一口吃成个胖子，同时将自己的底线分为不同的层次，杜绝客户在最后时刻蚕食自己的可能性。

3.2 心理拉锯更要有章可循

买卖过程就是一个不断拉锯的过程，买方觉得价格过高，卖方觉得利润过少，伴随着各种试探，总是不能干脆地完成谈判过程。为了从心理拉锯中得到更多的好处，销售人员要懂得进退有据，知道在什么时候要进，在什么时候该退，最后得到的效果可能超出想象。

3.2.1 拉近空间距离

人们在社会中来来往往，对于人际交往距离也有共识，知道交往双方的关系以及所处情境决定着相互间自我空间的范围，人与人之间需要保持一定的空间距离。

一般来说，人们的个体空间需求大体上可分为四种距离：公共距离、社交距离、个人距离以及亲密距离，如表 3-1 所示。

表 3-1　人际交往的 4 种距离

人际交往距离	概念
公共距离	公众距离大致在 3 ~ 8 米，指演讲、商务活动、音乐会等各种公共场所中人们维持的距离。这个距离在陌生人之间是比较舒适的，不会过近，在此空间内人们可以选择不予交往，也可以选择缩短距离
社交距离	社交距离大概为 1 ~ 3 米，就像隔一张办公桌那样，一般工作场合人们多采用这种距离交谈，能体现出一种社交性或礼节性的较正式关系。其近范围为 1.2 ~ 2.1 米，远范围为 2.1 ~ 3.7 米，根据合作的关系，人们可选择缩短各自的社交距离
个人距离	个人距离大概为 0.5 ~ 1 米，就像伸手碰到对方那样，虽然认识，但是没有特别的关系。在进行非正式的个人交谈时人们经常保持这样的距离，可以减少直接的身体接触，正好能相互亲切握手，友好交谈，但陌生人进入这个距离会构成对别人的侵犯
亲密距离	亲密距离是人际交往中的最小间隔，彼此间有身体接触，可能表现为挽臂执手、促膝谈心，体现出亲密友好的人际关系。一般是亲人、很熟的朋友、情侣和夫妻才会出现的距离

人际交往的空间距离不是固定不变的，它具有一定的伸缩性，会根据具体情境、交谈双方的关系、社会地位、文化背景、性格特征和心境等发生变化。在正式社交场合一般保持社交距离，不过若是能缩短社交距离，对与客户保持关系很有帮助。

经过研究表明，空间距离与心理距离是息息相关的，销售人员要不断地缩短空间距离。可能第一次与客户见面双方保持 3 米左右的距离，那么第二次、第三次、第四次……就应该慢慢减少，最好在一米左右，这样客户的心里也能卸下防备。

销售人员有哪些办法能够缩短社交距离呢？

更换沟通场所： 在客户的办公室比在会议室交流更好，在棋牌室、咖啡厅、高尔夫球场比在客户的会议室更好。不同的场所有适合的社交距离，改变了社交场所，社交距离也会随之改变，双方也更好沟通。

组织社交活动： 交易场合比较正式，大家聊的都是工作上的事，销售人员组织一些社交活动邀请客户参与，就能与客户有日常联系，发展成个人距离，这样工作中的距离也会逐渐缩短。

多花时间： 这是最简单最普通的方式，所谓"一回生二回熟"，多与客户沟通、联系、见面，互相越熟悉，社交距离自然就短了。

注意寒暄： 与客户的沟通不要仅仅停留在工作上，寒暄一些爱好、旅游和家乡风物等，能让客户更了解自己，也能更了解客户，多方面的了解是改善关系的不二法则。

小贴士 | *拉关系有技巧*

聊地缘：若是客户与自己是同一个地方出身的，那么可以通过聊家乡来拉近彼此关系。

聊从业经历：一般来说，同行业的人从业经历多多少少都会有相似性，尤其是打听了客户的从业经历后，可以与客户聊彼此共同的经历，能很快找到共同语言。

聊爱好：事先打听客户的爱好，就算与自己的不同，也可以提前了解，能够表达对客户的尊重，能以最快的速度与客户及其周围的人打成一片。

3.2.2　用饥饿营销推广商品

饥饿营销运用于商品或服务的商业推广，是指商品提供者有意调低产量，以期达到调控供求关系、制造供不应求"假象"、维护产品形象并维持商品较高售价和利润率的营销策略。

近几年饥饿营销被利用的频率越来越高了，是对稀缺效应进一步的发挥，具体作用如下。

①提高消费者的购买欲望。

②推出主打产品，提高利润。

③扩大品牌知名度和影响力。

而同时利用饥饿营销引起顾客关注也有一些负面影响，具体如下。

客户流失： 若是企业供应量和价格不能满足客户期待，很有可能失去客户。

品牌伤害： 利用品牌进行饥饿营销，可能增加品牌号召力，也有可能造成不好的社会影响，是把双刃剑。

顾客反感： 过火的饥饿营销，会让消费者觉得有被愚弄的感觉，反而对企业和产品有反感之意。

所以企业和销售人员最好不要频繁进行饥饿营销，也不要过度营销，能有效引导客户的消费欲就可以了。要进行饥饿营销分为以下 4 个步骤。

第一步引起关注： 如果客户或消费者对产品一点兴趣都没有，怎么会有"饥饿感"？所以要为客户建立初步的认识，通常"免费"和"赠送"是最能吸引客户的手段。有的时候销售人员上门，如果客户"下逐客令"，可以直接赠送一些样品，请客户先使用，下次再上门推销。

第二步建立需求： 让用户发现自己对产品有需求，若是客户不想拥有，那还是达不到目的，销售人员可以直接通过广告告诉消费者"你需要什么"。

第三步建立期望值： 引起用户关注后，还需要再加一把"火"，帮助用户建立一定的期望值，让用户对产品的兴趣和拥有越越来越强烈。

第四步设立条件： 设立购买产品所需要的条件。

具体内容如下例:

实例分析

香薰品牌的饥饿营销方式

某香薰品牌专注做植物香，如桂花香、橘香、梅香、竹香、茶香，这些香味可以唤醒大多数消费者对古老香味的回忆。所以该品牌在推广之初就受到很多香薰爱好者的追捧，在市场上受关注度极强。

在正式推出后，由于其特殊的营销方式，让该品牌的产品一直处于供不应求的状态，持续获得消费者追捧和关注。

首先，该品牌的香薰产品不在任何商店、网购平台售出，而是在自己的微信公众平台和线下门店推出，很多消费者甚至会在互联网上询问该产品的购买地址。

如图 3-4 所示为在百度浏览器中搜索该品牌香薰的相关推荐。大部分与购买的渠道有关，如"××香氛去哪儿买""××购买渠道""××线下店上海""××香薰实体店""××香氛实体店""××香薰怎么买""××香氛有淘宝店吗"等，可见该品牌购买的渠道少、单一，不过越是这样有时越能吸引消费者。

相关搜索

香氛去哪儿买	购买渠道
香薰多少钱	香薰晶石安全吗
香薰实体店	线下店上海
香氛实体店	香薰怎么买
香氛有淘宝店吗	品牌分析

图 3-4 相关推荐

进入其官方微信售卖平台后，可以看到该品牌通过不同的方式向消费者传递产品的与众不同和"稀缺感"。如图 3-5 所示，是售卖页面的服务寄语，通过下单后定制、数量有限、工作时间外不回复等语句，瞬间提升了产品的购买门槛，让消费者对产品有期待值。

图 3-5 服务寄语

而对于某些特殊品类的产品，该品牌是限定推出。如图 3-6 所示，有一类香薰产品是"周四限定"，即除了每周四上线，其余时间都无法买到。

图 3-6 某类香薰产品限定推出

进入"周四限定"购买页面，可以看到品牌向消费者展示的说明，强调了"品质和体验""下单后定制""专属于""有限的用户"和"每周四"等信息，说明中的用词体现了产品的专属性与稀缺性，充分调动了消费者的积极性。如图 3-7 左所示。

随意选择某款香薰产品进入下单页面，可以看到该产品暂时缺货，无法购买，需要等到合适的时间才能下订单，如图 3-7 右所示。

图 3-7 购买页面

除此之外，店内所有产品都限量购买，如每人限购 20 件，如图 3-8 所示。

图 3-8 限量购买

另外，特殊产品和新品采用预售的形式进行销售。如图 3-9 所示，约定下单后 12 月 21 日发出，给消费者留下先到先得的印象。

图 3-9　预售产品

在该品牌公众号的产品页，可以看到几乎所有产品都打上了"已售罄"的标志，如图 3-10 所示。这样能够给消费者较强的视觉冲击，很多消费者会觉得买到就是一种幸运，产品很有档次，也很有仪式感。

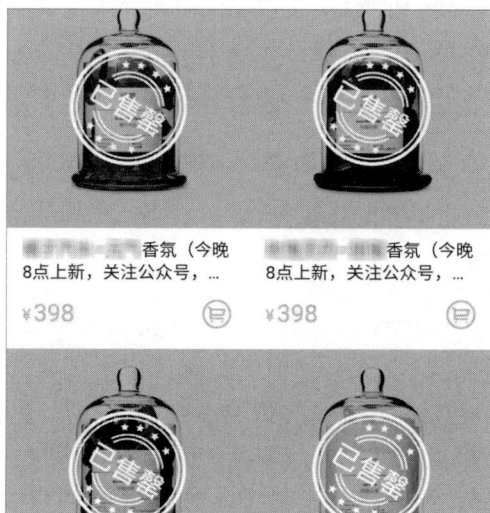

图 3-10　已售罄商品

从该品牌的案例我们可以了解到很多饥饿营销的方式，也知道如何塑造品牌和产品的稀缺性，无论是销售人员还是经营者都可以借鉴。当然，无论何种营销方式都不能过火，否则会起反效果，得不偿失。

3.2.3 趋向折中的心理人人都有

折中效应是指消费者的决策具有非理性倾向，会随着情境的变化而变化，当一个选项集合里新增加一个极端选项后，会使原来的选择方案成为折中选项，那么即使折中选项在选项集合中不存在绝对占优关系，它也会更具吸引力，被选择的概率增大。如下例所示。

假如今天你和朋友逛街，走了很多地方有些口渴，想要买杯咖啡，附近的咖啡店推出了两种咖啡供你选择：

A 咖啡，一杯 25 元；B 咖啡，一杯 35 元。

你会选择哪一杯呢？其实很多人对选择哪一杯并不看重，一般来说，选 A 咖啡和 B 咖啡的，各有 50%。

但若是该咖啡店提供如下的选择：

A 咖啡，一杯 25 元；B 咖啡，一杯 35 元；C 咖啡，一杯 75 元。

你又会如何选呢？此时，选择 B 咖啡的人就会大大增加，大约有 70% 的人会选 B 咖啡，20% 的人会选 A 咖啡，剩下 10% 的人选择 C 咖啡。

这就是人的折中心理带来的消费行为的偏差，当人们在不确定的情况下做选择时，往往更喜欢中间的选项，因为中间的选项看起来更安全，不至于犯下严重的决策错误。

销售人员在向客户推销时，也可以利用这种效应来为自己争取更高的效益。在与客户交流前多做些准备，提供更多可供选择的方案，一来客户可选择性更多，二来客户不会总选最低价位的产品和项目，销售人员的利润也可提高一些。

不过要注意，选项不是越多越好，最好控制在 3 项和 4 项之间，另外，选项间的差距不能过小，要有高价产品的衬托才能激起客户的折中心理。如下例所示。

"周总，我们也谈了好几次了，不知道您对我们公司的产品还有没有问题？"

"我也了解得差不多了，你们的标价如何啊？"

"这是价目单，产品A单价80元，产品B单价90元，产品C单价120元。"

"这几款差别不大，价格倒是有差……"

"使用上来说差别不大，不过工艺制作上产品C更耗费时间，所以价格更高些，不过我们为您提供了几种不同的优惠方案，您看一下。"

"好。"

"方案①，购买产品A达100件，售价7 200元；方案②，购买产品B达100件，售价8 100元；方案③，购买产品C达50件，售价5 400元；方案④，购买产品C达100件，售价10 800元。"

"我们公司对产品B更感兴趣一些，性价比、制造、原材料各方面都还不错，对得起我们的消费者，我们购买100件，还有优惠吗？"

"这个消费策略是总部定的，我们都是执行，如果您现在签单的话，我个人把零头给您抹了，算我私人给您优惠的，如何？这也是我第一次和您合作，表示我的诚意。"

"谢谢，我还需要再开会讨论一下再做决定。"

"可以的，我下次来打扰您就是了，有什么事我们随时交流，我们公司十分看重与您的合作。"

第4章
说好话才能促成订单成交

　　万事开头难，沟通也是如此，无论是普通人还是客户，对于陌生人的搭讪都不会感到舒服，面对销售人员的推销更没有好脸色。销售人员要好好学习沟通搭讪的基本技能，这样才能在工作中提高成功的可能。

4.1　好的开场白是好的开始

销售人员第一次上门推销，如何与不认识的客户建立联系呢？有技巧的开场白和寒暄少不了，很多时候没有经验的销售员还未正式开始就冷场了，后续的销售工作更不用谈。所谓万事开头难，只有熬过了前面尴尬、生疏的时刻，才能进入正题。

4.1.1　沟通前要做足准备

销售并不是与人唠嗑，而是一件专业性较强的业务活动，所以与客户的交流不是随意的、语无伦次的，要有基本的逻辑性和目的性。这需要销售人员做好足够的准备，否则话到嘴边，内容却空无一物，谈不到点子上。那么销售人员该从哪些方面入手准备呢？

◆　基本准备

销售人员要上门拜访客户，首先要塑造自己的职业形象，包括如下内容。

①职业服装，没有工作服可以用西装代替。

②仪容仪表，精明干练、干净自然。

③仪态，销售人员要举止沉稳，抬头挺胸。

④心态，对工作要有耐心，不被一次失败打倒；同时要有热情，笑脸相迎才能卖出东西；要有自信心，对自己和自己卖的产品也要有信心。

◆　内容准备

向客户推销产品主要是利用谈话技巧介绍自己的产品，所以销售人员必须要熟悉自己谈话的内容。需要准备以下 3 个部分，如表 4-1 所示。

表 4-1　谈话内容准备

准备部分	具体介绍
推销要点	该部分是从销售人员自身出发，考虑该用什么来打动客户，比如材质、工艺，比如效能、售价，所以销售人员要对产品知识非常熟悉。思考推销要点应该有主次、有顺序，知道自己先讲什么、后讲什么，以及什么才是最重要的内容

准备部分	具体介绍
预计问题	销售人员对客户可能提出的问题进行预设，并想好该如何回答，事先进行模拟，能够最大程度上避免无法接话的情况
谈话策略	每个销售人员都有一套自己的谈话策略，如何接近客户，如何给客户留下好印象，如何在短时间内展示产品，如何消除客户疑虑，如何与客户议价等，事先考虑好才不会两眼一抹黑

◆ 外部准备

外部准备是内容准备的前提，即是对客户、市场环境和竞争对手的了解，在前面的章节中已经进行介绍，所以不再赘述。

4.1.2　如何向顾客提问

销售人员除了要向客户陈述产品情况，还要根据谈话情景向客户提出问题，以便了解客户的实际想法和要求。而巧妙的提问能够得到有效的答案，并让当下的谈话按照自己的思路走。下面有几种谈话方式需要销售人员掌握，以便适时灵活运用。

（1）封闭式提问

封闭式提问是指提问者提出的问题带有预设的答案，回答者的回答不需要展开，从而使提问者可以确认某些问题。封闭式提问一般在明确问题时使用，用来澄清事实、获取重点、缩小讨论范围。

封闭式提问经常使用"是不是""对不对""要不要""有没有"等词，而回答也是"是""否"式的简单答案。如下所示。

"您好，您买衣服是自己穿还是送人呢？"

"您是喜欢长款还是短款？"

"您下周一有没有空呢？"

"您要不要再看看这款？"

（2）开放式提问

开放式提问是指提出比较概括、广泛、范围较大的问题，对回答的内容限制不严格，给对方以充分且自由发挥的余地。开放式问题常常运用包括"什么""怎么""为什么"等词在内的语句发问。

这样的问题是引起对方话题的一种方式，使对方能更多地讲出有关情况、想法、情绪等。这种提问方式适合外向型的顾客，销售人员能够从回答中得到很多信息，然后据此提供更好的服务。如下所示。

"您喜欢什么风格的衣服？"

"那您最看重什么功能呢？"

"您喜欢什么材质的呢？我们这儿有羊毛、兔毛、貂毛……"

"您挑选的衣服准备在什么场合穿？"

（3）请教式提问

请教式提问是指以请对方赐教的形式，询问对方熟悉且感兴趣的话题，可用于打开对方的话匣，并有效地抬高了对方，让对方感受到尊重，这样客户会很愿意回答，对销售人员接下来的提问也会比较配合。常用句式如下。

"我可以请教您几个问题吗？"

"我可以向您咨询一些情况吗？"

"我可不可以这样理解您的意思？"

"您的皮肤真好啊，平时有什么保养的秘诀吗？"

下面通过一个案例了解具体的运用。

实例分析

用环保打开湿厕纸销售

某湿厕纸销售员张某联系了一处经销商，希望能拿下这个大单。为了更好地交流，张某事先对该公司负责人进行了一番调查，有了足够的了解，与其会面后发生了如下的对话。

"王经理，您好，我是小张，这是我的名片，之前通过电话的。"

"你好，你是来谈湿厕纸分销的事吧。"

"是的，虽然今天是第一次见您，不过之前在你们公司的宣传册上看到您多次提到环保，就知道您是重视环保的人，这和我们公司的生产理念不谋而合。"

"没错，我们是一直想走环保这条路线，把原生态的概念推广出去。"

"您对环保、可生物分解这方面的知识了解得真细致。"

"这没什么。"

"您平时有关注相关书籍或是节目吗？我也想多了解学习一下。"

"我平时有订阅××杂志，还关注了××微信公众号，他们定期会推出相关的栏目，介绍这方面的知识。"

"待会儿我就去关注，平时都只刷微信朋友圈，不比您时时关注环保问题。我们公司最近新出的这款湿厕纸一定能满足您对环保的要求。"

"怎么说？"

"这款厕纸采用 Rapidly Dispersesible 快速分解技术，100％可生物分解基布，您说不定比我还要了解这方面技术。"

"的确是很环保，可以直接冲进马桶，对吧？"

"是的，环保方面您果然是专家。这款厕纸没有任何化学添加剂，没有杀菌剂、色素、香精、酒精和增白剂，非常温和，使用的材料是优选的原生木浆。这是样品。"

"质量还可以。"

"而且您看我们的包装，张张分开，配有盒盖，用多少抽多少，不会滋生细菌，在市场上是非常有竞争力的，绝对值得您入货。"

"质量是不错的，环保技术也很合我心，不过我还要再考虑。"

"没问题，这是资料册，供您参考。"

（4）引导式提问

如果遇到防御心理较强，或是表达能力有限的客户，无法提供更多有效信息，销售人员可采用引导式提问的方式，了解到客户的真实需求和想法。销售人员可以先陈述事实，作为提问的背景，然后据此发问，一步一步得到更细节的信息。如下所示。

"王总，这次你们需要多少清洁宝呢？"

"这个也不一定，我们应该要的不多。"

"王总，这次活动是我们公司的企业周年庆，所以优惠力度很大，您拿得越多越优惠。您工厂有两个办公区是吗？"

"没错，东区和西区。"

"东区一共有几层呢？"

"4 层。"

"那西区呢？"

"6 层。"

"那一共就是 10 层了，每层楼都有卫生间，男厕有 4 个隔间，若是男女隔间一样，每层楼至少有 8 个隔间，全厂每月可消耗清洁宝 80 个，一年差不多得用 1 000 个。正适合我们的 D 方案。"

"D 方案？"

"没错，总共 10 箱，每箱有 100 个，原价每箱 103.5 元，您选 D 方案总价 960 元，每箱才 96 元，非常划算的。一次下单，一整年都足够了。"

"行吧，你也跑了那么多趟了。"

（5）建议式提问

若是在最后关头或是具体交流后，客户还有些犹豫，销售人员可以用建议式的提问给出对方可行的建议，引导对方朝向自己期望的方向思考。不过要注意，提问的口吻要温和，带着商量的语气。常用句式有以下一些。

"如果您买房子是刚需的话，建议您要尽快开始看房了，现在新房不多，二手房也不太好挑，还有涨价的风险，您说呢？"

"以贵公司的规模和实力来看，采购电脑相关的配件，选择 ×× 配置更加合适，性价比最高，价位也能接受，这只是我个人建议。"

"您看，我们是不是应该赶快确定下来？"

"没错，您对护肤品也非常了解，这款保湿效果的确明显一些，这样有利于滋养皮肤，要不就选这款？"

"你们采购这批电脑主要用于绘图业务，我建议选择更为耐用的键盘和鼠标，如×牌和×牌，虽然只是电脑配件，但是在日常使用中却是易损耗品，您认为呢？"

"现在洗发水不但要有养护功能，而且还一定要滋润毛囊，且香气也要合您心意，您说是吧？"

"现在签单更好，您觉得呢？"

（6）探究式提问

销售人员在与客户比较生疏的时候，最好采用探究式提问。此时销售人员对客户的了解不多，可以从简单的问题入手，逐渐深入，探究客户的真正需求，以"6W2H"为模式，内容如下。

- What（什么）：可对想要了解的情况进行提问，如"您的需求是？""您喜欢什么设计？""您看中什么方面呢？"。

- Why（为什么）：可探究客户决定的原因，如"为什么您不考虑带配套的这款呢？性价比更高。"。

- When（何时）：对时间问题进行询问，如"您什么时候有时间，能前来看房子？"。

- Who（谁）：对交易涉及的人员进行提问，如"那么负责人是谁呢？我可以直接与其交流吗？"。

- Where（在哪里）：对地点信息进行询问，如"您公司的详细地址在哪儿呢？方便告知吗？"。

- Which（哪一个）：可对客户的选择进行提问，如"这几样您看中哪一款了呢？"。

- How（如何）：可对产品功能进行介绍，对客户习惯进行了解，如"您平时如何使用呢？""您知道这款怎么使用吗？非常简单的。"。

◆ How much（多少、多久）：可对使用频率、个人习惯进行提问，如"您多长时间进行一次清洁？"。

（7）肯定式提问

肯定式提问是指用肯定的语气提问，引导客户进行正面回答。一般先提自己的看法，结尾时再用"是吧？"等句式，以期得到客户肯定或赞同的回答，可引导客户与自己的观点达成一致。常见句式如下所示。

"您一定很愿意在人才管理方面获取更多的经验与方法，是吧？"

"我们现在正在做传统文化与设计的联合互动，并借机推出产品，您一定愿意参与进来，是吧？"

"您使用这款 App 一定能接触更多的企业家，扩展自己的人脉，您一定愿意吧？"

"美白与抗皱同样重要，不是吗？"

"对于家长来说，子女教育一定是最操心的问题，没错吧？所以选择一款好的教育金保险就很重要。"

"现在智能产品已经全面替代传统家电了，不是吗？"

"您也觉得这款产品做得很精致，对吧？"

"您也想买一款称心如意的产品吧？"

销售人员面临的情况不同，选择的提问方式也不一样，实际运用时注意灵活变通，有了一定经验后，更能游刃有余。

4.1.3 向顾客提出重点问题

作为销售人员向顾客提问的时候，除了要注意提问的形式，更要考虑提问的内容，专业、有价值、顾客感兴趣的内容才有实际的意义，大致包括以下几类。

行业话题： 若是找不到客户的兴趣点，聊行业话题总是没错的。职场人士对自己的行业状态肯定敏感，市场走向、未来发生和行业竞争力都是客户会关心的。如下所示。

"周总，这两年的环境您也清楚，原材料上涨得快，消费者的积极性也不高。您有感觉吗？"

"的确，我们销量都在下跌，也不知道之后怎么开发。"

"我倒是觉得，也就这两年发展吃力点，明年技术一换代，肯定还会起来的。您有听说吗？"

"我之前听说了，现在都开发出 ×× 技术了。"

"所以，您该更有信心才对……"

专业问题： 与产品研发技术、功能使用等有关的专业问题，是展现销售人员工作能力和个人魅力的工具，可以提高自身说服力。常见句式如下。

"您想了解一下我们研发的 ×× 技术吗？"

"这款和 × 品牌的产品是不一样的，您知道为什么吗？"

"这件单品之所以能保持长时间不断电，是有窍门的您知道吗？"

"这两款最大的不同，您有兴趣了解吗？"

决策问题： 很多时候与客户交流总是牵扯过多，容易耗费时间，影响彼此的利益，销售人员可以直接就决策问题（多指明晰的交易条件）进行提问，有一锤定音的效果。常见句式有下面这些。

"我们将单价降到 30.2 元，您能决定签单吗？"

"您要的量能高于 500 件吗？"

"若是这样，我们希望明日就准备签合同，可以吗？"

"不过，这样运费我们就不出了，您看可以吗？"

"这是我们最终的条件，您接受吗？"

4.2 基本的沟通技巧要掌握

有效的沟通能传递彼此的意思，进一步交换意见，可达成最后的目的。在沟通期间，技巧的正确运用能达到简化语言、积极倾听、重视反馈、控制情绪等效果。一个好的销售人员一定不会是一个缺乏沟通技能的人，这样会给自己的工作带来麻烦和障碍。

4.2.1 倾听能得到更多有用的信息

上面提到作为销售人员要有收有放，不仅会表达，还要会倾听。可能很多人会觉得倾听就是听对方讲话，没有什么技术含量，其实不然，倾听是需要技巧的，也是需要学习的。如下一些倾听的注意事项，需要销售人员了解。

◆ 身体前倾，用身体语言表示自己对别人的信息感兴趣。

◆ 要"所答即所问"，这表示自己在与人交流。

◆ 在倾听的过程中，适时加上自己的见解，以使给予和吸收两个方面平衡。

◆ 要注意语言以外的表达手段，以头部动作和面部表情回应说话者。

◆ 目光专注柔和地看着对方，适时给出回应，比如点头和"嗯"，表示自己正在专心倾听。

◆ 没有听懂或弄清楚的地方要及时提出并沟通，以免造成误解。但不要喧宾夺主，更不要把话题扯开。

◆ 在对方说完前不要急于发表自己的观点，也不要提前在心中作出预判，先耐心听完。

◆ 减少不相关的动作，若是小动作太多，容易影响客户的表达，同时显得自己非常浮躁。

◆ 避免出现沉默的情况。

在倾听的时候，销售人员也有自己的工作，具体有下面几项。

抓住主要意思：若是客户表达的内容较多，销售人员要剔除掉细枝末节，将核心内容找出来。注意分析哪些内容是主要的，哪些是次要的，以便抓住对话背后的主要意思，避免造成误解。

进行记录：做记录以备之后参考，但仅需记下说话人的重点内容，若是当时不方便，可以在交谈结束后进行复盘。

保证环境安静：电话铃声、来来往往走动的人、周围的谈话声等都有可能对谈话有所干扰，所以选择一个安静、无人打扰的环境能够保证谈话质量，保持高度的注意力。

总结：交谈结束后，在自己心里对所得到的信息做一个总结。

小贴士　　**不要反驳顾客**

在与客户交流时肯定不会是完全顺顺利利的，当遇到客户对产品或自己产生怀疑时，忙着反驳并不是上策。销售人员要控制自己的情绪，接受客户的意见，提出自己的看法和解决意见，用成熟专业的态度处理对话中的摩擦，带有情绪地反驳对方，只会让双方走向不同的方向。

4.2.2　幽默是缓和气氛的不二法则

交易最终的成功大多是在比较和谐、愉悦的氛围下达成的，所以为了保证谈话的氛围不至于太过紧张，适当的幽默是很有必要的，往往那些"金牌销售员"都具有一定的幽默感。

要想说话方式有幽默感，可通过以下一些方法来达到效果。

◆ **制造反差：**将不相关或相差较大的事物放在一起，就会形成强烈的反差，让人在反差中感受到一种滑稽性，可以娱乐大家。

◆ **夸张效果：**可以将产品的优点或缺点夸张化，引起客户的注意，在不真实中衍生一丝搞笑，客户在一笑之间也容易接受。

◆ **学会自嘲：**在场面有些尴尬的时候，销售人员的自嘲能有效打破僵局，产生幽默的效果。把自己拉到低处，捧着客户，能让客户有良好的感受，利于接下来的谈话。

同时，销售人员还要注意以下要点如表 4-2 所示。

表 4-2 幽默谈话要点

要点	具体内容
适度幽默	幽默可以缓和氛围，不过销售人员要注意分寸，不要拉低自己的档次，讲一些低俗的笑话，或是一直讲笑话。该严肃的时候还是应该严肃，不要给客户留下不可靠、油滑的印象
记住最终目的	开玩笑是为了缓和氛围，不是交谈的主题，更不是交谈的目的，切记不要将话题越扯越远，将客户的注意力分散到其他地方，这样是不能达成交易的
培养自己	幽默的人一定是一个细心的人，对生活有自己的感悟，并且知识面非常广。所以销售人员平时要注意培养自己幽默的能力，这并不是一朝一夕能做到的
区分客户	每一单面临的客户都不一样，销售人员在展现自己的幽默感之前，首先要确定客户的性格，如果对方是一本正经、直来直去的人，可能对幽默这一套并不感兴趣，这时销售人员就不要自讨没趣了。另外，在严肃的场合中，销售人员也要注意开玩笑的频率，不要将工作变得非常娱乐化

4.2.3 打破销售的僵局和沉默

工作中有时候因为交流的对象、时机、话题等可能造成僵局，销售人员该如何打破沉默，开展新一轮谈话？首先，要了解造成僵局的原因有哪些。

①有的客户不善言辞，表达的内容有限，需要销售人员提问、引导。

②双方关系还不熟悉，尤其是第一次上门时，对彼此的说话节奏等都不清楚，容易出现谈话错开的情况。

③双方没有共同语言，在聊产品的间隙没有其他事项可以补充进来，销售人员应该主动多下功夫。

④客户没有兴趣，销售人员的话题乏味，客户就会慢慢没有兴趣，也不愿多开口了，渐渐的话就聊"死"了。

面对不同的情况，销售人员应有不同的应对技巧，首先判断客户沉默的原因，再根据原因做好下面的工作。

◆ 完善提问方式，这在之前的章节中有提到，这里不再详述。

◆ 事先准备话题，这样无论是更改话题还是发起话题，销售人员都有可以选择的内容。

◆ 提起彼此相熟的人或事件，有了共同的联系，就能更好地打开话题。

◆ 拉快进度，若是没有话题，彼此耗着也是难受，耽误双方的时间，还让客户的印象不好。拉快进度，将重点内容都讲了，赶快结束也不会陷入僵局之中。

◆ 顺着客户在意的点展开交流。

◆ 配合客户的节奏，若是慢性子的客户，自己也要尽量将话讲得清楚明白。

◆ 尝试创造问题，如摸索客户的兴趣点。

◆ 不做刻意的事，如刻意的恭维，很有可能冷场。

第5章
销售沟通与谈判要把握好重点

无论是日常的沟通还是商业上的谈判交流，销售人员都应该有自己的一套做法和技巧，才能在面对不同的情况时尽可能地保证己方利益，并稳住客户。

5.1 在谈判时不卑不亢

销售谈判是在双方都有交易意愿的基础上展开的对话、交流，销售者虽然是卖方，但是也不必唯唯诺诺，比对方矮一头，应该拿出自己的专业技巧展开工作，才有可能促成交易。

5.1.1 多用专业性术语介绍产品

专业术语是指特定领域对一些特定事物的统一的业内称谓，能够展现各行各业的不同和特殊性。在谈判时，并不需要销售方大谈特谈非常高精尖的术语，而是通过精炼、有内容的语言来表达自己，并直接简洁地概括产品特性。这是销售人员应该具备的一种能力，如下例所示。

实例分析

烤箱销售进行第二次谈判

周某是某电器商的销售人员，为了推销该公司某款烤箱而拜访某经销商。不过，在上一次拜访时没有什么实质的进展，所以展开了第二次上门拜访工作，希望能够打动经销商。

"杨经理，上次来我们没有谈妥，后来回去我们针对您的需求给您挑选了一款适合销售对象的烤箱。"

"是吗？你先坐。"

"这款性价比非常高，能够满足消费者较高档的需求，价格也很合理，所以在市场上是极具竞争力的。"

"我先看看册子。"

"在这里，给您。比起之前给您推荐的那一款，这款外观变化不大，但内里容量多了 1 L，蒸汽续航有 60 分钟，发酵温度是双挡模式。"

"双挡？"

"没错，有 30 ℃和 40 ℃两挡，可分别用于面包比萨发酵和面团发酵。"

"原来如此，这个设计挺精细的。"

"是的，而且烘烤温度的范围也大大提升了，以前是 100 ℃～ 250 ℃，现在扩大到 50 ℃～ 250 ℃，从低温到高温，可以满足消费者更挑剔的烹饪需求。"

"自动菜单有多少个呢？"

"77 个，可以说是非常巨大的变化，比起之前那款更注重基础功能的烤箱，这款能带给消费者专业化烹饪的体验。"

"的确，我们销售的区域要面对很多较为挑剔的消费者，其消费的标准很高，只做基本的并不能满足对方。"

"我们有足够的信心，能够打动这类消费者。另外，在餐具消毒方面，我们提供了 3 个模式，100 ℃快速、100 ℃标准、130 ℃深度，可以满足不同情况的选择。"

"你们这款烤箱我们多少钱能拿到呢？"

"……"

上面案例，销售人员在与经销商谈判交流时，运用了许多专业化的词语来介绍产品，如性价比、竞争力、蒸汽续航、发酵温度和双挡模式。这些词语直白凝练，能体现销售人员的专业能力，也能快速展现产品的各项功能，易于理解，是商业交流中不能忽略的点，应该得到销售人员的重视。

5.1.2 用产品数据帮自己说话

销售人员与客户打交道或进行谈判时，用什么来佐证自己的内容，用什么来得到客户的信任呢？其实，销售人员的谈话技巧再高超，也需要实实在在的数据来支撑，量化产品的特点和优势，让对方更易捕捉这些特点。所以，销售人员在与客户谈判时要善用数据。

为了收获客户对自己的信任，销售人员在使用数据的时候应该注意以下一些要点。

◆ 最新数据

数据是有时间期限的，过期的数据其价值等于"0"，销售人员一定要用最新的数据来修饰自己的内容，并且在每次谈判前进行更新。要知道市场是不断变化的，销售人员对市场的变化应有敏锐性，而不是一套数据一劳永逸，这样只会让自己丧失良机。

◆ 使用频率

销售谈判是一种交流，在对话中，数据不应该是主要的内容，若是过度使用只会增加交流的障碍。这就和专业术语一样，只作为辅助和修饰，不能多用，否则会有卖弄的嫌疑。

◆ 使用时机

要发挥数据的真正作用，就要选对时机自然接话，而不是突兀地插进来。如在客户有所质疑或是直接询问产品性能时，可以使用数据，向客户证明己方的优势，也能更好地提升己方身价。

常用的例句如下所示，销售人员可参考并灵活使用。

【例 1】

"我们未必有那么多的销量，缩小订购量也是情理之中。"

"不过，接下来会存在明显的季节性趋势，这是去年和前年的数据，在 10 月中旬销量就到增长拐点了，至少达到 2 000 件，最高增长到 5 000 件，您可以先订购 2 500 件，进行预售。"

"2 500 件？"

"是的，后续您续订，不论续订多少件，我们还按优惠价给您，如何？"

【例 2】

"我不知道这款产品能不能打开市场，所以我们也不会贸然行动。"

"李总，这是该地区某大型超市今年的该产品销量，比之去年增长了 5 个百分点，可以说潜力巨大。"

"这也不能说明什么吧。"

"现在人们的观点转变了，女性意识觉醒，对家务活有了新的看法，所以，越来越多的家庭会依赖智能家电，这是今年 2 月对智能家电的调查报告。"

"我看看。"

"结论是 80％的女性不愿意做家务，希望与另一半分担，或是借助智能家电解放双手。"

"这款产品有什么竞争优势呢？"

"……"

【例 3】

"女士，这款鞋您看好了吗？"

"设计我还是蛮喜欢的，质量怎么样啊？会不会出现开胶的情况？"

"这个是绝对不会的，我们的回头率高达 78％，我们的会员群已经有 1 200 多人了，都是购买多次的。"

"包退换吗？"

"7 天包退，一月包换，两年保修。"

【例 4】

"这款裙子哪个颜色更好啊？"

"您手上拿的这条就卖得特别好，很多人青睐。"

"我也比较喜欢，不过蓝色的也不错。"

"您手上这条黄色的卖得最好，今天就卖了 6 件，其次就是蓝色的了，销量一直不错，您肤色较白，选黄色的很衬肤色。"

"那就要这件吧。"

【例 5】

"这款取暖器功率还挺大的，耗电应该很厉害吧。"

"这款虽然功率大，但是是变频恒温的，能迅速发热，电能转化为热能恒温供暖，然后自动调节功率，转化成低能耗状态。"

"是吗？"

"在恒温供暖状态下，每小时耗电低到 9 角，这是根据 × 省民用电费计算出的。"

"其他取暖器呢？"

"这是耗能对比，我们公司的是最低的，这是其他取暖器每小时的耗用电费，达 1.9 元，10 个小时就是 19 元，一个月下来上千元都有可能。"

"这还挺高的。"

"是的，虽然我们的单价贵一点，但之后就会非常划算，这是最能打动消费者的一点。"

5.1.3　客户有异议该怎么办

在与客户谈判交流中，客户表现出异议是正常的，面对接踵而至的异议，很多没有经验的销售人员容易变得十分苦恼，不知道该如何推进工作。其实大可不必，对于客户的异议，销售人员应该有正确的态度和理解，客户异议代表什么呢？

- ◆　客户有异议才符合销售规律，再正常不过。
- ◆　客户提出异议说明其有合作或交易的意愿。
- ◆　产生异议是与客户沟通、相互了解、建立联系的契机。
- ◆　异议内容暴露客户的需求。

客户产生异议的原因一般包含表 5-1 所列三类。

表 5-1　异议产生的原因

原因	具体含义
客观原因	由于客户自身的经济条件、对产品知之甚少等，可能会出现对价格的不满、嫌弃使用方法复杂、难以理解产品技术等，从而表现出对产品的不认可，觉得产品价格高、技术落后、使用不方便，这是信息不对称所产生的各种异议

原因	具体含义
主观原因	有的时候客户可能出于下意识的不信任和犹豫，导致对产品各个方面有所质疑，希望得到全面的信息，以免自己做出错误的决定，销售人员应该想办法打消客户的疑虑
战术原因	客户为了增加自己的筹码，会刻意对产品的不足进行放大，通过异议来试探销售方的态度，或是表达自己对条件的不满

针对各种原因产生的异议，销售人员的工作之一就是消除这些异议，达成一致才有交易的可能，具体该如何处理呢？

（1）提前准备

在与客户不断的接触下，销售人员应针对客户的主要异议，准备基本的应答内容。如客户在第一次谈判时就提出使用不便和材质不高档的缺陷，那么在第二次谈判前，销售人员应该对该问题的解决方案了然于胸。

在日常的工作中，销售人员应该积累经验，对客户提出的异议进行收集，并建立自己的"对应手册"，这样可从经验中不断吸取教训，提升自己的能力，之后便能得心应手地面对。

实例分析

某公司销售人员的客户应答手册

1. 品牌知名度不高

转移焦点——"×总，虽然×企业市场占有率高，但经销商很多，您做起来竞争也是相当大的，而且其费用已经非常昂贵，很多小公司其实没有赚到多少钱，都上交品牌了，您肯定也觉得不值吧。我们在推广市场的同时，也接触了不少公司，也获得了认可。"

比喻——"×品牌就像一条繁荣的步行街，去那儿买衣服的人特别多，但是开在步行街的店面数量有限，且互相竞争大，房租也贵，不是只有开在那儿才能赚钱啊，换一条街同样能赚钱。"

先扬后抑——"您说的很对，×品牌的确知名度更高，优势也很明显，但从成本花费来看，您付出的同样更高。您有没有感觉该品牌的产品性价比越来越低了，我们这两年的销量和市场占比您可以看一下，是在稳步增长的。"

对比优劣——"您可以仔细想一下，若是我们的品牌越做越大，将来客户越来越多，价格就不会这么优惠了。现在对比 × 品牌，您可以计算自己的盈利，是有大幅度提升的。"

2. 没有更换必要

肯定对方——"您选择销售智能化产品是非常正确的，想必已经为您的公司带来了效益，但您考虑过节省您的投入成本，通过有效、合理的投放带来更大的价值吗？"

说明卖点——"您已经通过 × 品牌产品得到了不少客户，但利用我们的产品您能得到不同层面的客户，与原来客户不同的群体，可以有效打开公司的销售渠道，将公司规模做大。"

价格攻势——"虽然销售 × 品牌产品效果不错，但成本价格与日激增，您的投入和产出不匹配。而售卖我们在发展期生产的产品，能少花钱，还能得到同样的销售效果。"

3. 客户没有时间

转换角度分忧——"× 总，我知道现在到了销售旺季，您这边的销售压力很大，我现在就是想帮您提升业绩。目前我们产品的市场接受率高，您这个行业客户关注度很大，如果您这个时间接受我们的产品，效果会很不一样的，不如考虑一下。"

以退为进——"× 总，既然您现在忙，我就不打扰您了，您近期哪天有空，我们可以约个时间，我会简单介绍，不占用您太多的时间。"

4. 客户敷衍

开门见山——"您还有哪些地方没有弄清楚呢？我可以再为您介绍，或是觉得价格过高，需要考虑？"

假设情境——"× 总，如果您真的对我们的产品感兴趣，建议您尽快考虑与我们签约。假设您现在下单，可以获得 × 件赠品，我们一个月只有一个优惠名额，我们现在发展的客户也不少，希望您及时决定。"

5. 市场不好

讨好——"您是做这行的'老江湖'了，也有了市场和客户群，若是不想办法扩展，压力只会越来越大。目前我们的产品正在开拓市场中，您早一天加入就早一天赢得了市场。以您的能力，怎么会发展不起来呢？"

弱化影响——"市场当然不是我们能决定的，同样也是不断变化的，我们能做的就是减少大环境对交易的影响，生意还是要做的，也许您换个思路和品牌，会有更好的效果。"

举例——"您看，有公司之前也订购了我们的产品，销量在稳步上升，已经收获了一批消费者，您公司的规模更大，可以比他们做得更好。再说未雨绸缪，在淡季的时候推广产品，旺季会收获更多。"

案例中列举了对各种客户消极态度的应对方式，能够帮助该公司的销售人员更好地面对各种情形。

（2）态度真诚

客户有异议，其情绪多半是消极的，所以销售人员要保持冷静，不能急躁，以免火上加油，要摆出尊重客户的态度，积极地解决问题。如何能向客户表达诚意呢？

①要有起码的承担态度，而不是推脱，若一开始就推脱，可以说基本没有缓和的余地了。

"这的确是我们的责任，我们马上……"

"您说的问题，我们会负责到底。"

"这是我的错……"

②充分考虑客户的立场，将自己拉到客户一边，可以获得客户的认同。

"您这样考虑是很正常的，不过……"

"我当然理解您的不安，只是……"

"的确，您说得很有道理……"

③做出保证，让客户看到销售方的重视。

"我这就向上级反映此事……"

"好的，我一回去就……"

"您稍等，我马上给业务部打电话确认。"

④详细说明向客户回复的时间或是解决的时间。

"最迟明天 16:00 前，我会给您满意的答复"。

"您放心，等我回去问清楚条件，15:00 前就回复您。"

（3）仔细询问

很多时候客户表达不满和异议时，销售人员难以确认背后真正的原因，所以，销售人员要仔细询问有关信息，才能准确判断，做出得体的回复。

销售人员尽量针对客户异议的点进行辐射，让客户说出自己全部的感受。如下所示，客户对价格不太满意，销售人员在答复前进行了一系列询问。

"这个价格我可能不太能接受。"

"您是觉得性价比不高吗？还是单纯地考虑价格？"

"质量还是可以的，只是我们公司的成本会有提升。"

"您是考虑哪些价格方面的因素呢？"

"单价、浮动价格、优惠率。"

"您觉得比起市价，我们的产品如何？"

"比起市价是差不多的。"

"那么，除了价格以外，我们还可以做哪些优惠服务呢？"

"我们不需要优惠服务，我们希望直接降价。"

"我明白了，这个我们需要再做详细的调查，再给您一个比例。"

"那好，那就下次再谈吧。"

（4）考虑时机

在解决客户异议的时候，销售人员应该选择合适的时机，这对双方交流的效果有很大助益，有的状况需要销售人员立即答复，有的状况则相反。

面对如下情况时，销售人员应该创造条件，积极解决，最好是立即解决。

◆ 客户提出的异议是交易的焦点，十分重要。

◆ 不立即解决此异议双方无法继续交流。

◆ 若销售人员能马上解决，就能马上签单，这时，销售人员一定要尽全力解决。

而在面对以下情况时，销售人员应该三思而后行。

◆ 未能真正理解客户所提异议。

◆ 客户异议模棱两可，反反复复。

◆ 未清楚客户提出异议的真实原因。

◆ 客户的异议没有依据，是生编硬造的。

◆ 客户所提异议涉及较多，一时难以解释，需要理清逻辑。

◆ 所提异议不在销售人员的解决范围，超出了权限。

◆ 与客户还不熟悉，有些问题可以延后处理。

（5）找到目标

客户异议的类型很多，包括质疑、误解和投诉等，销售人员想要真正解决就要确定最终目的，有针对性地做出回应，这才是对症下药。

◆ 消除质疑

客户有质疑，说明对产品有不解之处，销售人员就要答疑解惑。在此过程中，销售人员可以利用各种工具和资料，想办法将客户质疑的点变为卖点，如下所示。

"不好意思，你们这款裙子是很漂亮，不过是给身材好的人穿的，我买就未必好看了。"

"女士，生活中身材很好的人毕竟占少数，所以服装就要起到修饰作用，我们这款就是修身款。"

"是吗？"

"您可以先试试，看看效果。"

◆ 减少误解

客户对产品的了解模棱两可就会有误解，销售人员应该有理有据地进行澄清，但不是与客户争辩，注意用词含蓄和委婉。

"你们的产品规格太少了，这样在市场上没有多少竞争力吧。"

"虽然我们也想面面俱到，但这样在市场竞争中我们是得不到更大的利益的。"

"为什么这么说？"

"前期面面俱到，结果投入的成本过多，很多规格没有卖出销量。"

"是吗？"

"尤其是 × 款和 × 款。"

"这样啊，那这几款有什么优势呢？"

"我们经过长时间的市场调查，精心挑选了这个规格的产品，是客户满意率最高的，× 款是销量最高的。可能更多的规格能带来更大的市场，但是随之而来的资金和库存占用率是巨大的。"

"我了解了。"

"您要不要多了解我们的 × 款。"

"好啊。"

小贴士 严肃回应有关误解

销售人员要是面对以下两种情况，可以直接且严肃地回应客户，客户也能理解。

一是客户对企业的诚信有所误解，销售人员一定要义正词严地说明，维护企业声誉，将损失降到最低。

二是客户所提数据、所用资料并不正确，销售人员可以有针对性地、就事论事地向客户解释。

◆ 弥补缺点

若是产品有些缺点是客户在意的，而销售人员又难以解释说明，可以通过一些其他的方式来弥补。

这时就需要用提供利益替代强词夺理，可以做以下三件事：

①满足客户的最大需求。

②满足客户额外需要的利益。

③提供竞争企业不能提供的利益。

◆　处理投诉

无论是交易前、交易中还是交易后，销售人员都应该重视投诉机制，其可以真实地反映客户的问题和不满，通常，客户只有在深感困惑时才会选择投诉。

客户投诉可以采取电话、电子邮件、面谈和互联网等形式进行。但无论采取哪种形式，销售人员都要清楚了解以下内容：

一是客户基本情况，即姓名、性别、职位、公司、联系地址和联系电话等。

二是投诉的具体情况，即受损害的情况、发现问题的时间、态度问题及交易经过等。

三是购买商品的时间、规格、数量和价格等。

四是购物凭证、保修卡和订单等资料核实。

投诉处理的基本流程分为表 5-2 所列三步。

表 5-2　投诉处理流程

流程	具体操作
投诉受理	若是客户向销售人员本人投诉，则要详细地记录全部内容，包括投诉人、投诉时间、投诉情况和最终诉求。如果是电话投诉，要善用录音功能，方便之后整理
投诉处理	将客户投诉内容进行分类，确定应该对此负责的人员和部门，确认造成此事的具体原因，根据客户的投诉要求，提出解决方案
投诉总结	每次投诉过后，销售人员都要总结不足之处，及时调整和上报，避免类似问题再次发生

5.1.4 别把自己的底牌亮出来

销售谈判就是一来一回交流的过程，销售人员有一个必须要遵守的原则，即"不要亮出自己的底牌"。这是新人销售容易犯的错误，对市场环境、客户有许多不了解，想要尽快提升自己的业绩，害怕客户被抢走，于是轻易就将底牌露出，争取交易的机会。

其实，这是对公司和自身利益的损害，很有可能只有自己妥协而对方一步步索取。就算要给对方优惠，也不要忘了以下 4 点。

①不到关键处，绝不让步。

②让步也不亮出底牌，应该分阶段做出让步。

③让步不是单一的，而应该让客户做出对应的承诺或退步。

④及时暂停交流，若是客户予取予求，销售人员可以放弃此次交流，以此稳固自己的立场。

小贴士 *制订谈判策略*

制订好谈判策略是谈判准备工作的重要组成部分，重点包括如下几点。

①第一次会面时，销售人员应当提哪些问题？

②对方可能会提哪些问题？自己应如何回答这些问题？

③销售人员是否有足够的事实数据和信息来支持己方的立场？如果没有，应增加哪些信息？

④应当采取什么样的谈判风格？

⑤选择什么样的谈判地点、时间？

⑥如何开局？

⑦以前的谈判可能对这次谈判产生怎样的影响？

⑧谈判所在地的习惯、风俗可能会怎样影响彼此？

5.2　将沟通延续到日常生活

除了在生意场中与客户交流、谈判，专业的销售人员还应该将与客户的联系带到日常生活中，能够有不一样的发展。这对之后的交流和反馈有很大帮助，是一个不能忽略的工作。

销售人员与客户要维持情感联系并不是一朝一夕可以做到，需要长时间的努力，这就非常考验销售人员的专业能力。销售人员可以问自己下面几个问题。

①自己与客户是否有定期联系？

②自己在节假日有与客户联系吗？

③自己是否了解客户现在的生产、销售情况？

④自己是否向客户发送了公司产品的近况？

⑤客户提出的问题，自己是否努力解决了？

若以上问题都是否定的，那么销售人员就需要将与客户的日常联系重视起来了，有如下一些方式可以利用。

（1）建立跟踪机制

后续的跟踪服务，能够保证客户有良好的交易体验，使其对公司更加满意，销售人员如何跟踪回访呢？

◆ 通过电话以及电子邮件等途径与客户保持联系。

◆ 及时向客户提供有用的各类信息，包括产品的市场信息、最新的技术发展等其他信息。

◆ 做好后续的服务。

◆ 对客户公司的经营状况进行定期调查，并及时做出反应。

（2）产品及服务更新

企业要不断发展，肯定会不断更新并提升产品与服务，而让客户第一时间知道也能有效留住客户，降低客户流失率。下面是一些留住客户的方法。

①积极履行交易时双方约定的一些服务。

②有新的产品可以向客户寄去介绍册或样品。

③有新的服务及时发邮件告知，并提醒客户注意使用。

④深入调查，保持对客户的走访和调查工作，吸取客户的意见，供上级参考，以便改进产品或服务。

（3）注意联系的内容

要取得客户的信任，销售人员不能只将眼光放在推销上，无偿奉献给客户一些有用的信息和资源，更能打动客户。包括如下内容。

◆ 有用的行业信息提供给客户。

◆ 附赠有效的销售建议，可以向客户表示是自己的一些经验。

◆ 单纯的问候，不添加任何推销信息。

◆ 介绍或提供对客户经营有帮助的第三方服务或产品。

第6章
借助表格规范管理销售相关资料

　　作为销售人员，不仅仅要学会销售的软技巧，对于销售数据的规范管理和科学分析这些硬技巧也需要掌握，只有基于可靠的数据分析才能进行精准的营销。本章介绍如何借助表格来规范管理销售相关资料。

6.1 制作商品资料清单管理表

要做好销售工作，必须对销售的商品有清楚的认识，这就有必要制作一张商品资料清单表来规范地储存商品信息数据。另外，规范管理商品资料数据，对商品信息的统计、查询等管理也十分方便。

6.1.1 构建商品资料清单表结构

在 Excel 中，程序也默认提供了许多模板文件，销售人员可以通过"文件"选项卡切换到 Backstage 视图，在"新建"选项卡或开始界面中选择合适的系统自带的模板，单击"创建"按钮，即可新建选中类型的工作簿，如图 6-1 所示。

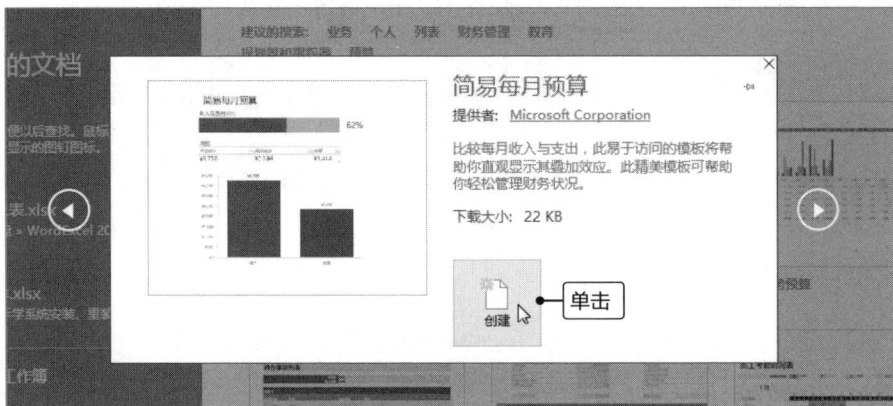

图 6-1　新建工作簿

除此之外，用户还可以在页面顶部的"搜索联机模板"搜索框中输入要搜索的关键字，然后单击"搜索"按钮，搜索在线模板，从而快速创建工作簿。例如，输入关键字"日程"，在搜索结果中选择合适的模板新建工作簿即可，如图 6-2 所示。

如果销售人员觉得这些模板表格不足以满足实际需求，还可以自定义表格结构。下面以构建商品资料清单表格为例讲解相关的操作。

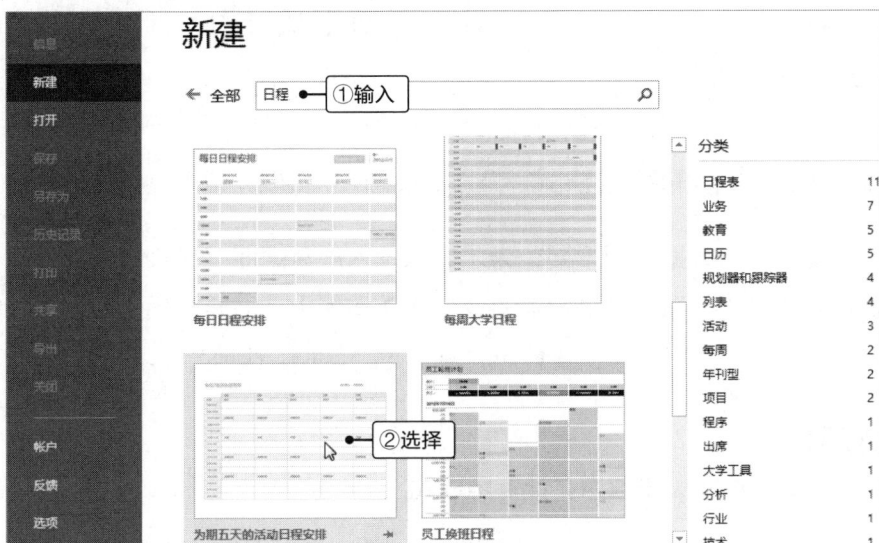

图6-2 选择模板

完善商品资料清单结构

本例制作的商品资料清单包括序号、品牌、型号、容量、接口类型、售价、促销价和图片8个字段，需要在第一行分别输入这几个表头内容。

选择A1单元格，直接输入"序号"内容，按【Ctrl+Enter】组合键完成文本的输入并选择A1单元格。用相同的方法输入其他表头文本内容，其效果如图6-3所示。

图6-3 输入表头内容

也可以在 A1 单元格中输入内容后按【Tab】键，程序自动确认输入的内容并选择 B1 单元格。

6.1.2　设置表格的数据格式

不同字段的数据类型不同，为了确保录入的数据能够更符合实际需求，需要对各字段的数据类型进行调整，例如在本例中，需要将售价和促销价的格式设置为会计专用格式，其具体的操作方法有如下几种。

实例演示

将售价和促销价字段设置为会计专用格式

选择 F2:F8 单元格区域，单击"数字"组中下拉列表框右侧的下拉按钮，在弹出的下拉列表中选择"会计专用"选项即可将选择的单元格区域的数据格式设置为相应的会计格式，如图 6-4 所示。

图 6-4　设置会计格式

选择 G2:G8 单元格区域，单击"数字"组中的"对话框启动器"按钮，在打开的"设置单元格格式"对话框中自动切换到"数字"选项卡，在"分类"列表框中选择"会计专用"选项，如图 6-5 所示。单击"确定"按钮关闭对话框完成数据类型的设置。

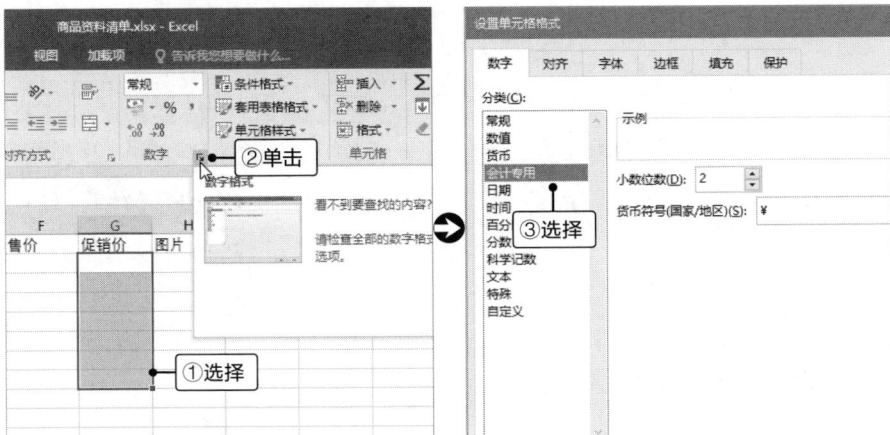

图6-5 选择"会计专用"选项

小贴士 *怎么输入以"0"开头的数字*

在销售表中，有的编号可能是以"0"开头的一串数字，若直接在单元格中输入形如"0001"的数据，按【Enter】键后该数据将变为"1"，此时可在工作表中选择需输入以"0"开头的编号数据所在的单元格区域，在"数字"组中单击"对话框启动器"按钮，在打开的"设置单元格格式"对话框的"数字"选项卡的"分类"列表框中选择"自定义"选项，在右侧的列表框中选择"0"选项，如图6-6左所示。在"类型"文本框中输入"0000"，此时在"示例"预览区中即可查看到效果，如图6-6右所示。然后单击"确定"按钮，在设置后的单元格区域中输入所需数据即可显示出相应的效果。

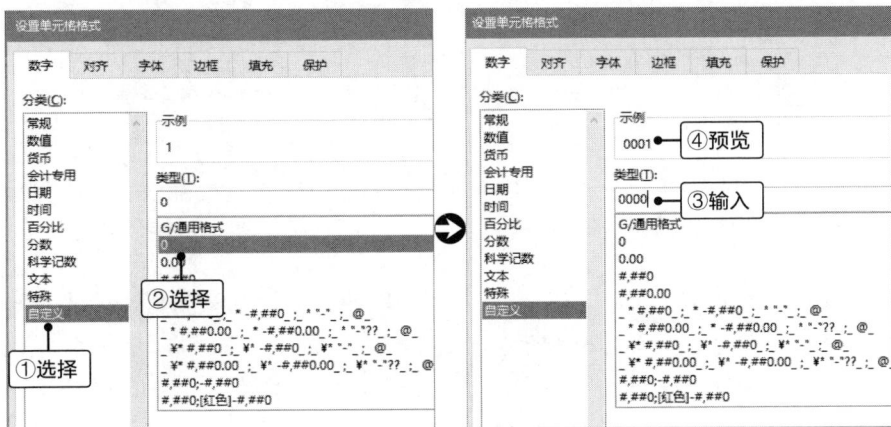

图6-6 "设置单元格格式"对话框

6.1.3 录入商品资料明细数据

在一些二维表单中，会在首列添加编号数据，其目的是更直观地统计表格中的记录数目。这些数据都是差值为 1 的等差序列数据，要输入这类数据，可以通过填充的方法快速完成录入。要填充商品清单中的编号数据，其具体操作如下。

实例演示

快速填充编号数据并完成数据录入

选择 A2 单元格，直接输入序号 1，按【Ctrl+Enter】组合键确认输入的序号数据并选择该单元格，将鼠标光标移动到 A2 单元格右下角的控制柄上，鼠标光标变为十字形状，如图 6-7 所示。

按住鼠标左键不放拖动控制柄到 A8 单元格后释放鼠标左键，单击出现的填充选项下拉按钮，在弹出的下拉菜单中选中"填充序列"单选按钮，程序自动在 A2:A8 单元格区域中填充差值为 1 的等差序列数据，如图 6-8 所示。

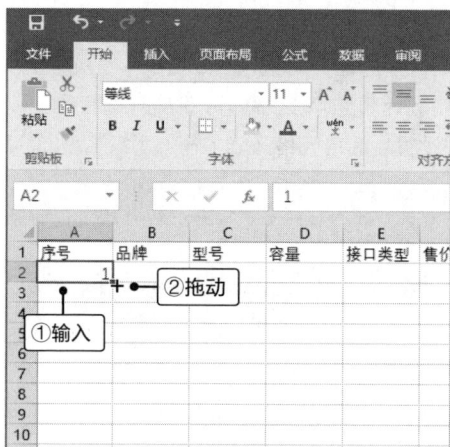

图 6-7 鼠标光标变为十字形状

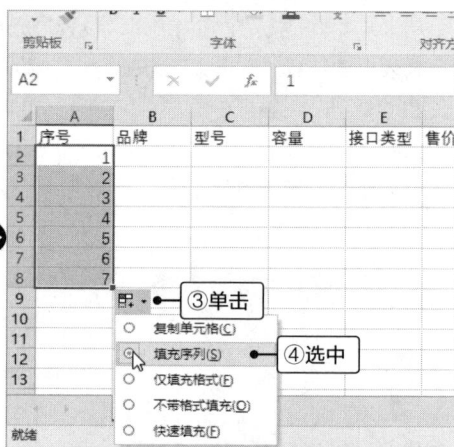

图 6-8 填充等差序列数据

在 B2:G8 单元格区域中输入各商品对应的品牌、型号、容量、接口类型、售价和促销价信息，如图 6-9 所示。

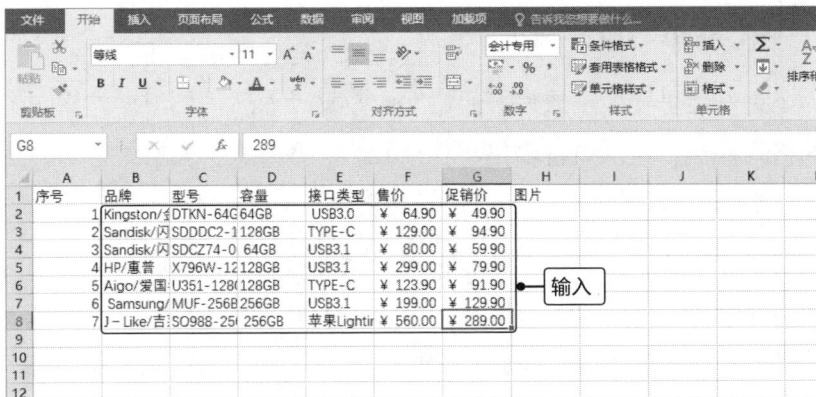

图 6-9 输入信息

小贴士 用"序列"对话框填充数据

如果需要填充的序号数据有很多，通过拖动控制柄的方式录入序号数据还是不太方便，此时可以通过"序列"对话框来快速完成输入，其具体操作是：

输入第一个数据，并选择该数据单元格，在"开始"选项卡的"编辑"组中单击"填充"下拉按钮，在弹出的下拉菜单中选择"序列"命令，如图 6-10 左所示。

在打开的"序列"对话框的"序列产生在"栏中选中"列"单选按钮，在"类型"栏中可设置填充数据的类型，这里保持"等差序列"单选按钮的选中状态，在"步长值"文本框中可设置序列之间的差值为 1，在"终止值"文本框中可设置填充序列的数量，这里输入"300"，如图 6-10 右所示。完成后单击"确定"按钮即可在指定的列中填充 1~300 的序号数据。

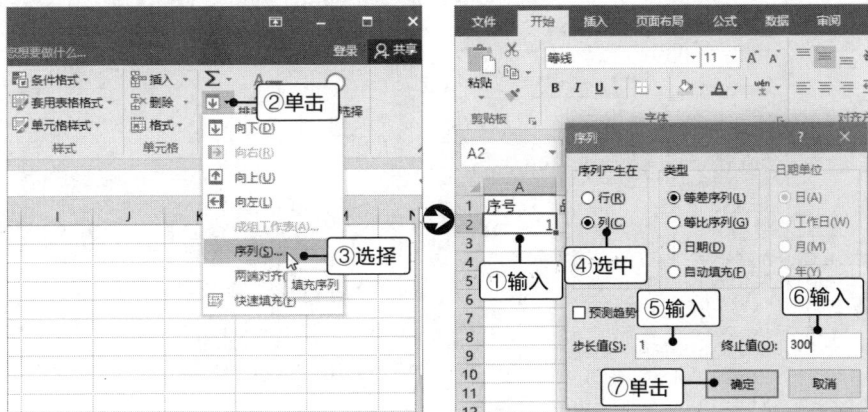

图 6-10 用"序列"对话框填充数据

6.1.4 设置表格的格式效果

为了更好地呈现表格效果，通常完成数据录入后需要根据表格内容进行相应的格式操作，包括设置表格字体格式、对齐方式、表格的行高列宽、添加边框效果等。

通过字体格式的设置可以让表格内容更具层次感；设置对齐方式可以让表格内容显示更整齐；设置行高和列宽是为了更完整地显示表格数据；添加边框效果可以让各数据记录展示更清晰。

下面具体讲解相关的设置操作。

实例演示
根据清单内容调整表格的外观效果

选择 A1:H1 单元格区域，在"开始"选项卡"字体"组中单击"字体"下拉列表框右侧的下拉按钮，在弹出的下拉列表中选择"微软雅黑"选项更改表头的字体类型，如图 6-11 所示。

保持单元格区域的选择状态，单击"字号"下拉列表框右侧的下拉按钮，在弹出的下拉列表中选择"12"选项更改表头的字号大小，如图 6-12 所示。（销售人员也可以直接在"字号"下拉列表框中输入字号大小数据更改单元格的字号，或者单击该下拉列表框右侧的"增大字号"按钮 A⁺ 或者"减小字号"按钮 A⁻ 对设置的字号大小进行微调。）

图 6-11　更改表头的字体　　　　　图 6-12　更改表头字号大小

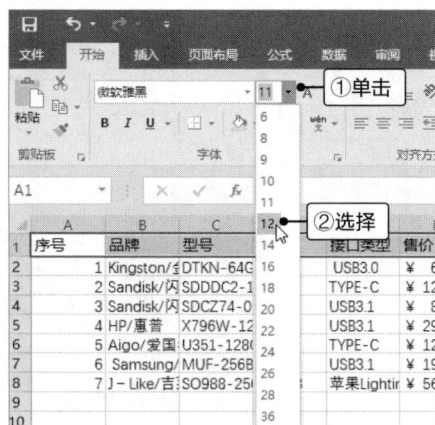

如果想要给表头字体添加加粗的格式效果，可以直接在"字体"组中单击"加粗"按钮，如图 6-13 所示。或者选择单元格区域后按【Ctrl+B】组合键添加加粗格式。

默认情况下，在单元格中输入的文本内容是靠单元格左侧显示，为了让表头效果更整齐，可以将其设置为居中对齐。直接保持表头单元格区域的选择状态，在"对齐方式"组中单击"居中"按钮，如图 6-14 所示。

图 6-13　设置加粗　　　　　　　　　图 6-14　设置居中

选择 B1:H8 单元格区域，先将字体设置为宋体，再将字体设置为 Times New Roman，可以让表格内容中的中文和西文显示不同的字体格式，单击"对齐方式"组中的"居中"按钮将表格内容全部设置为居中对齐，如图 6-15 所示。

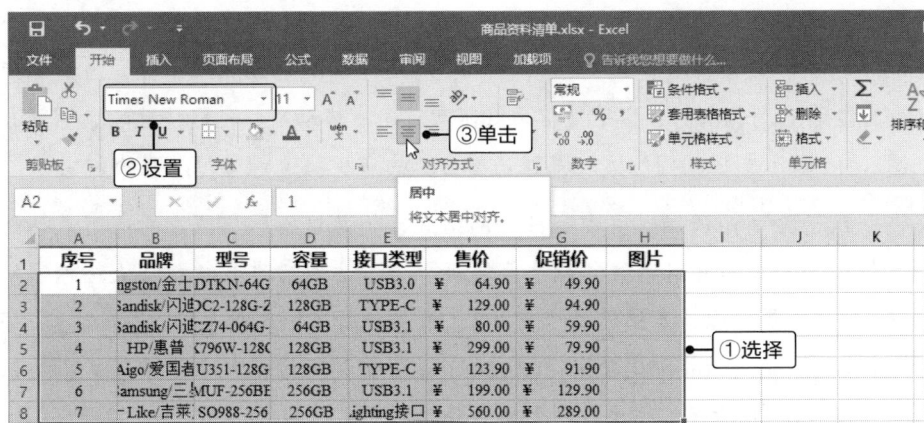

图 6-15　设置格式

选择第一行单元格，将鼠标光标指向第一行行号的下方，当鼠标光标变为上下双箭头形状时，按下鼠标左键不放，向下拖动鼠标可以快速增大第一行单元格的行高，如图 6-16 所示。

如果销售人员想要快速统一调整多行单元格的行高，可以通过对话框的方式进行精确调整，直接选择第 2~8 行单元格，在行号上右击，在弹出的快捷菜单中选择"行高"命令，如图 6-17 所示。

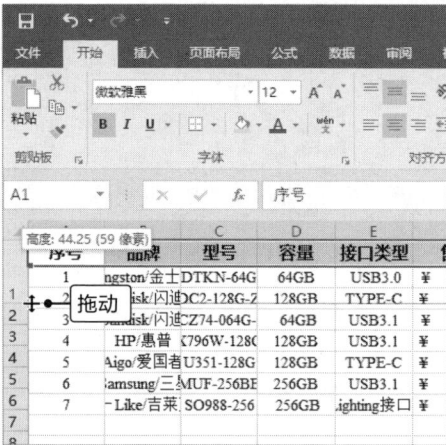

图 6-16 调整行高

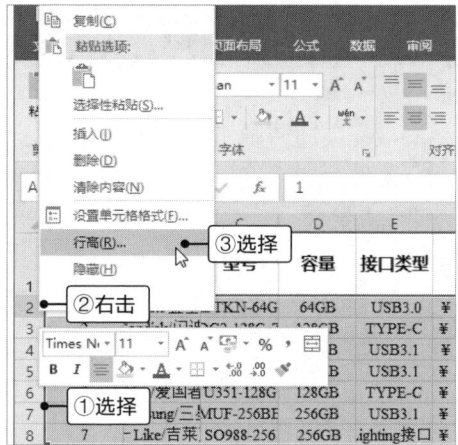

图 6-17 选择命令

在打开的"行高"对话框的"行高"文本框中输入"69"，单击"确定"按钮即可快速将选择的多行单元格的行高进行统一设置，如图 6-18 所示。

如果列宽不够，当数据内容比较多时，部分内容就会被隐藏，不能完全显示出来，这就会影响他人对表格数据的阅读，此时可以通过拖动鼠标的方式快速调整列宽，直接将鼠标光标移动到第一列列标右侧的分隔线位置，当鼠标光标变为左右双向箭头时，按下鼠标左键不放，向右拖动鼠标光标快速增大列宽，如图 6-19 所示。用相同的方法根据表格内容的多少快速调整对应列的列宽。

默认情况下，虽然表格中有行列网格线，但是这些网格线在打印时是不能被打印出来的，而且网格线的颜色比较浅。为了方便后期打印以及表格内容的阅读，销售人员可以为表格添加边框效果，直接选择 A1:G8 单元格区域，单击"字体"组中的设置边框按钮右侧的下拉按钮，在弹出的下拉菜单中选择"所有框线"选项，如图 6-20 所示。程序自动会为选择的单元格区域添加黑色的细框线效果。

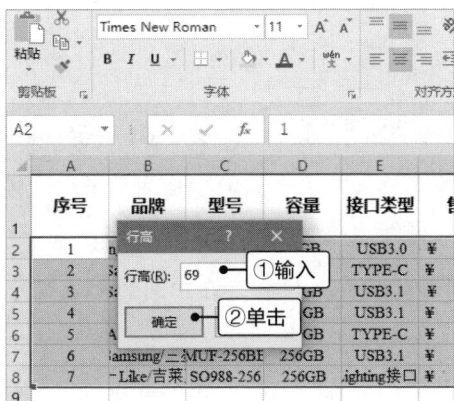

图 6-18 设置行高

图 6-19 调整列宽

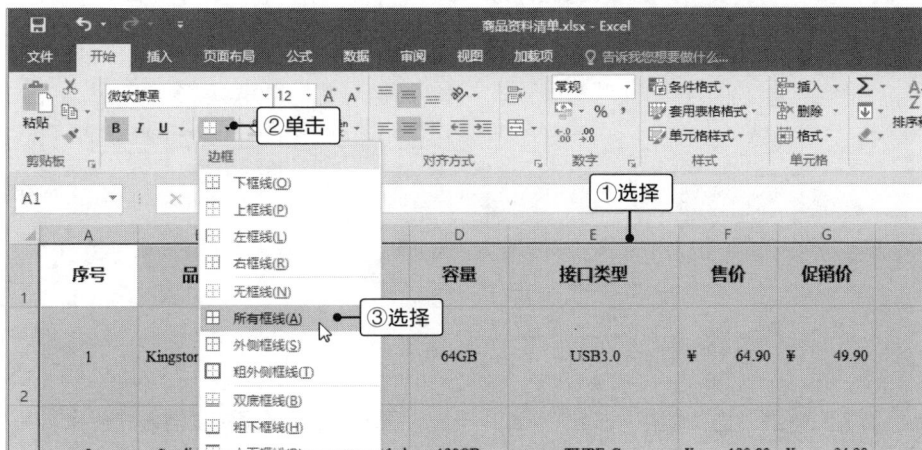

图 6-20 设置框线

6.1.5 添加商品对应的图片展示

一般在资料清单中都会展示商品的图片效果，以便销售人员对商品有更直接的认识。对于插入的图片，其默认情况下是浮在表格上方的对象，为了让图片与商品的对应关系随着单元格大小或位置的调整而对应更改，还需要将图片嵌入到单元格中显示。下面通过具体的实例讲解相关的操作。

实例演示

插入商品图片并将其嵌入到单元格

单击"插入"选项卡，在"插图"组中单击"图片"按钮，如图 6-21 所示。（如果图片来源不是本地电脑中保存的图片，而是从网络中下载，此时需要单击"联机图片"按钮连接到网络，根据向导提示在网络中搜索下载需要的图片。）

在打开的"插入图片"对话框中找到图片的保存位置，在中间的列表框中选择需要插入的图片，单击"插入"按钮，如图 6-22 所示。（也可以直接双击图片文件插入图片。）

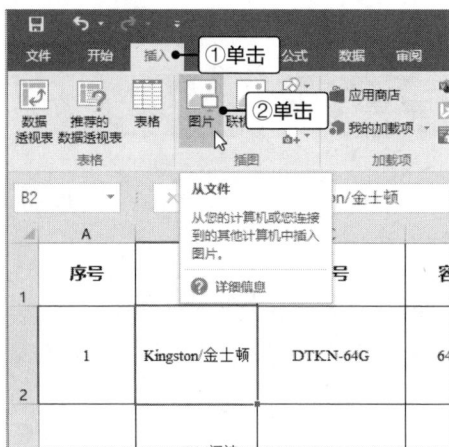

图 6-21　击"图片"按钮

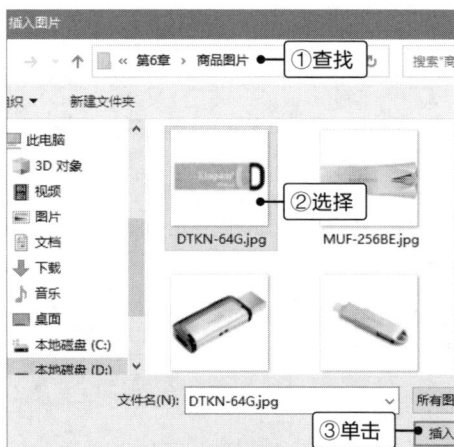

图 6-22　选择需要插入的图片

程序自动将图片插入到工作表中，并激活"图片工具 格式"选项卡，该选项卡主要用于对图片进行编辑。保持图片的选择状态，在"图片工具 格式"选项卡的"大小"组的"高度"数值框中输入"2.78"，按【Enter】键后程序自动调整图片的大小，如图 6-23 所示。

如果图片效果不符合需求，销售人员还可以对图片进行裁剪操作，直接单击"大小"组中的"裁剪"按钮进入图片的裁剪状态，如图 6-24 所示。

将鼠标光标移动到上方中间的控制点上，当鼠标光标变为倒 T 形时，按下鼠标左键向下拖动裁剪图片上方的空白；将鼠标光标移动到下方中间的控制点上，当鼠标光标变为 T 形时，按下鼠标左键向上拖动裁剪图片下方的空白，如图 6-25 所示。完成裁剪操作后在其他任意位置单击鼠标左键即可退出图片的裁剪状态。

选择裁剪好的图片，按住鼠标左键不放，将图片拖动到目标位置，这里将图片拖入 H1 单元格的合适位置，如图 6-26 所示。释放鼠标左键完成图片的移动操作。

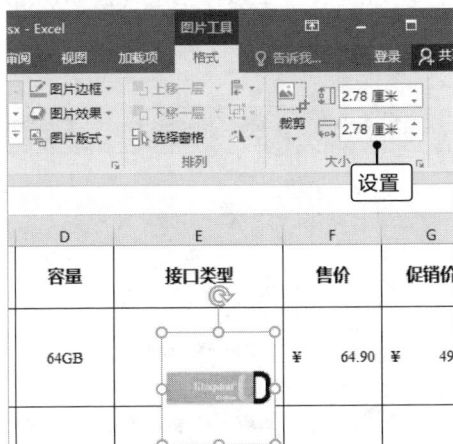

图 6-23 调整图片大小

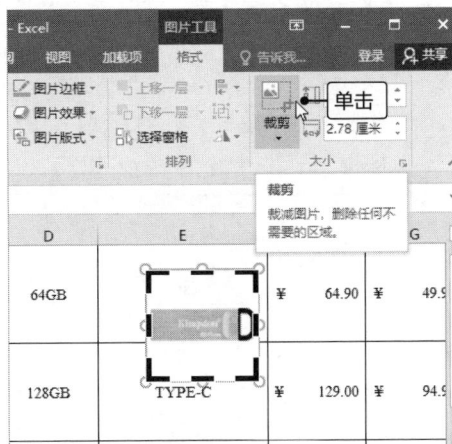

图 6-24 单击"裁剪"按钮

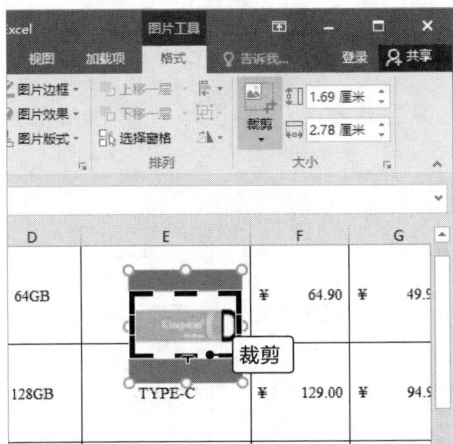

图 6-25 裁剪图片

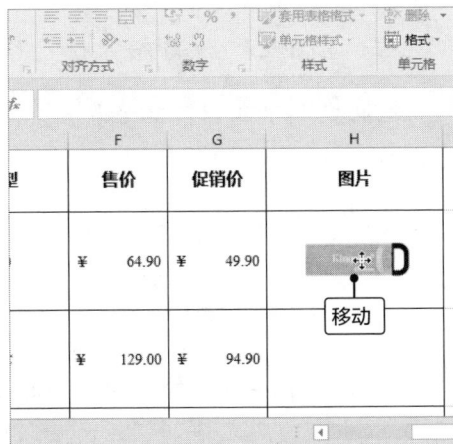

图 6-26 移动图片

用相同的方法将其他商品对应的图片添加到表格中的相应位置，并调整合适的大小。

为了让插入的图片随着单元格的大小和位置变化自动更改，这里还需要对插入的图片进行设置。按住【Ctrl】键不放，依次选择所有图片，在任意选择的图片上右击，在弹出的快捷菜单中选择"大小和属性"命令，如图 6-27 所示。（也可以通过单击"图片工具 格式"选项卡中"大小"组中的"对话框启动器"按钮打开"设置图片格式"任务窗格。）

在打开的"设置图片格式"任务窗格中展开"属性"栏，在其中选中"大小和位置随单元格而变"单选按钮，如图 6-28 所示。单击窗格右上角的"关闭"按钮关闭任务窗格，完成图片的编辑操作。

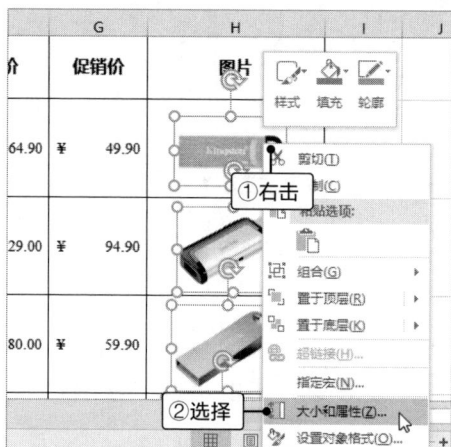

图 6-27　选择命令

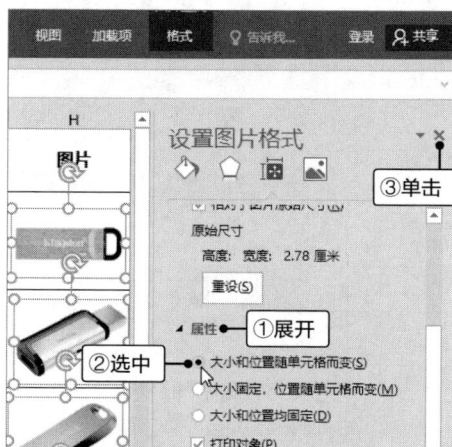

图 6-28　选中单选按钮

至此完成了本例商品资料清单的全部制作过程，其最终的制作效果如图 6-29 所示。

图 6-29　最终效果

6.1.6 打印产品资料清单

资料清单可以在电脑上查看，也可以将其打印出来进行查阅。如果要打印商品清单，在打印之前还需要对表格进行一些打印设置，以便清单内容能够被正确地输出。具体的打印设置操作如下。

实例演示

预览商品资料清单的打印效果并调整打印参数

在进行打印操作之前，首先需要预览一下制作的商品资料清单的打印效果是否合适，直接单击"文件"选项卡进入到 Backstage 视图，单击"打印"选项卡，在右侧的预览区域可以预览打印效果，如图 6-30 所示。可以看到，打印效果明显不完整，在当前页面中显示了完整的行数，但是列数只显示了 5 列，另外 3 列数据被显示到了下一个页面。

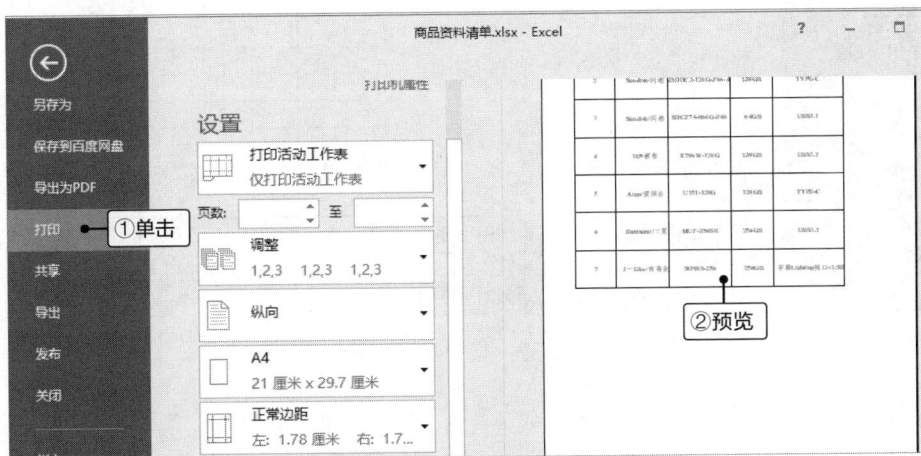

图 6-30 预览打印效果

默认的纸张是纵向，而本例制作的商品资料清单是横向的，因此要调整纸张的方向，直接单击"纵向"按钮，在弹出的下拉列表中选择"横向"选项，如图 6-31 所示。

更改纸张方向后，可以看到所有的行列数据都完整地显示出来了，如图 6-32 所示。但是整个表格内容在页面靠左上的位置，此时还需要对页面的边距进行设置，直接单击页边距下拉按钮，在弹出的下拉菜单中选择"自定义边距"命令。

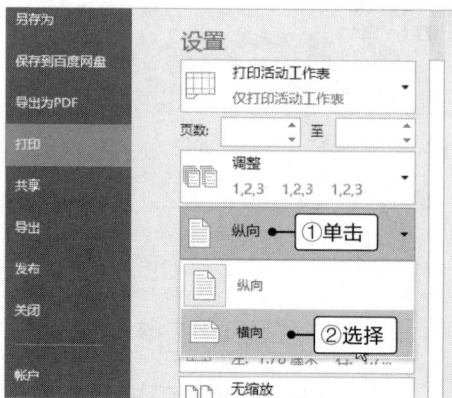

图 6-31　选择"横向"选项

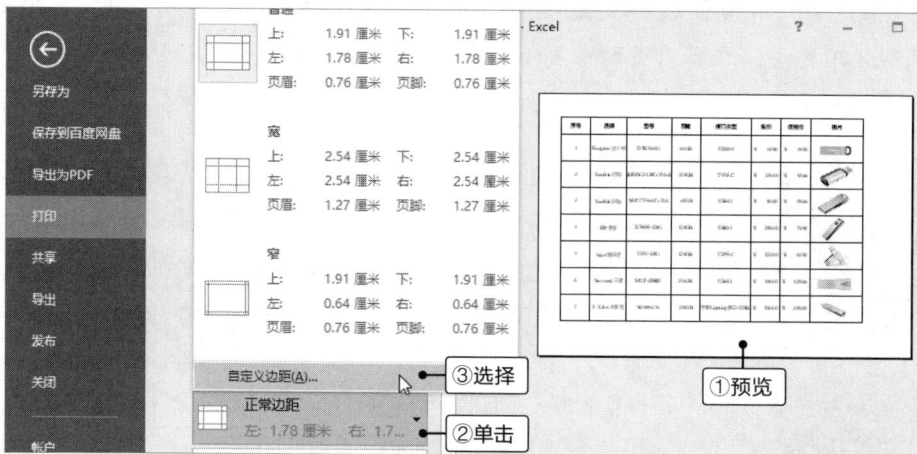

图 6-32　行列数据已显示

在打开的"页面设置"对话框的"页边距"选项卡中，分别将"上""下""左"和"右"数值框设置为 0，如图 6-33 左所示。在"居中方式"栏中选中"水平"复选框和"垂直"复选框，如图 6-33 右所示，可以将表格内容设置为整个页面的中心位置。最后单击"确定"按钮确认设置的页边距参数，并关闭对话框。

在返回的 Backstage 视图中的预览区域即可查看到设置打印参数后的商品资料清单的打印效果，确认效果无误后选择合适的打印机，设置对应的打印份数后直接单击"打印"按钮即可打印商品资料清单，如图 6-34 所示。

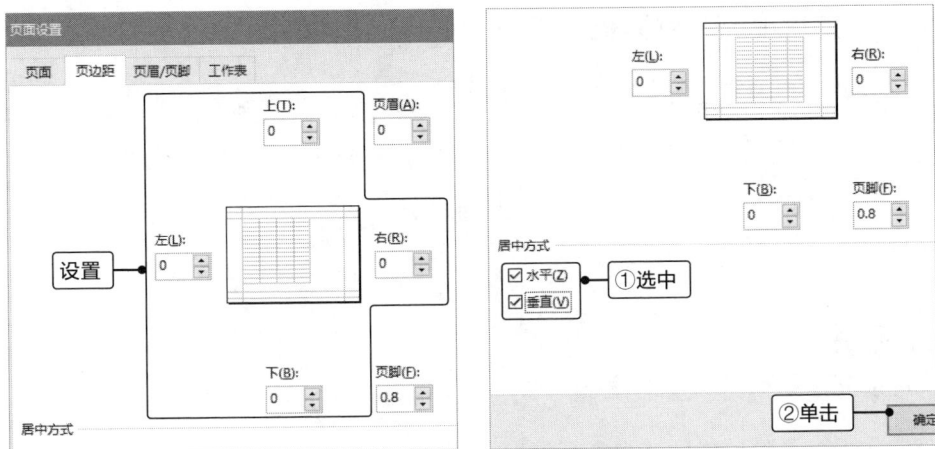

图 6-33　"页面设置"对话框

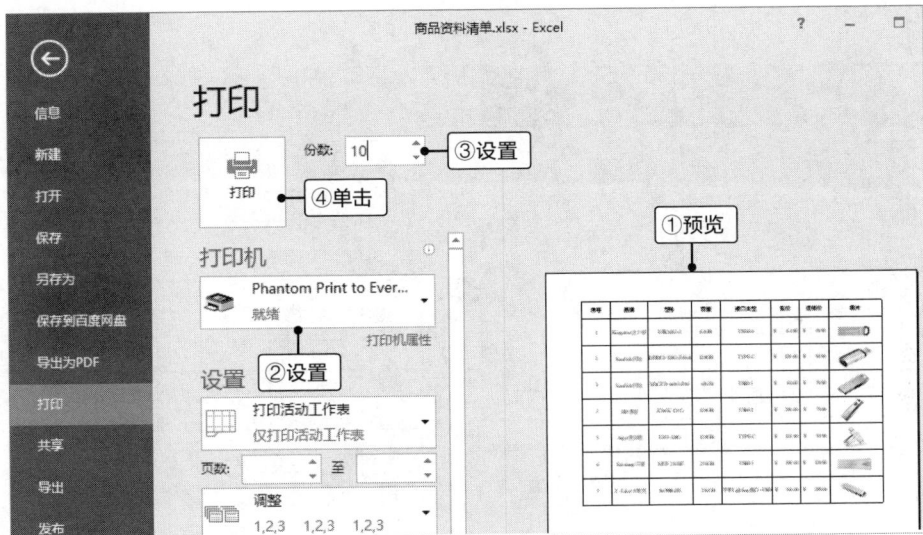

图 6-34　打印设置

6.2　完善客户拜访计划并统计数据

企业想要拥有更多的市场份额，留住客户就是比较关键的因素。对于客户而言，除了关注价格以外，服务体验也是他们比较看重的一方面。企业想要提高客户的服务体验，必要的拜访是不可少的。

6.2.1 批量填充序列数据

在客户拜访计划表中，序号和客户拜访编号都是有规律的数据，对于这类有规律的数据，不需要逐个录入，直接通过填充序列数据可以快速完成录入操作。在前面介绍过录入规律数据的方法，这里再介绍其他的录入有规律数据的方法与情况。

实例演示

快速填充序号和客户拜访编号

在 A2:A3 单元格区域中分别输入"1"和"2"序号，选择该单元格区域，按下鼠标左键不放，将其拖动到 A15 单元格，释放鼠标左键完成序号数据的填充，如图 6-35 所示。

图 6-35 填充数据

在 B2 单元格中输入第一个客户拜访编号，在其中录入"KHBH-S1001"编号数据，选择该单元格，将鼠标光标移动到控制柄上，按下鼠标右键不放并拖动鼠标右键到 B15 单元格，释放鼠标右键，在弹出的快捷菜单中选择"填充序列"命令完成客户拜访编号数据的填充，如图 6-36 所示。

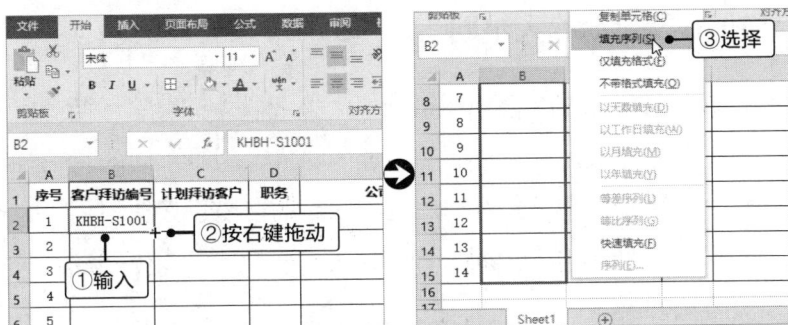

图 6-36　填充数据

6.2.2　设置时间的显示格式

默认输入的时间数据，都是以 ×：×：× 的形式显示，如 10:30:00。为了更直接地查看拜访时间是上午或者下午的某个时刻，可以通过设置单元格中数据的显示格式来实现，下面通过具体的实例讲解相关的设置方法。

实例演示
将拜访时间设置为汉字显示

选择 J 列单元格，在该列的任意单元格上右击，在弹出的快捷菜单中选择"设置单元格格式"命令，如图 6-37 所示。

在打开的"设置单元格格式"对话框的"分类"列表框中选择"时间"选项，在右侧的"类型"列表框中选择需要的类型，这里选择"下午 1 时 30 分"选项，如图 6-38 所示。单击"确定"按钮关闭对话框，并确认设置的时间样式。

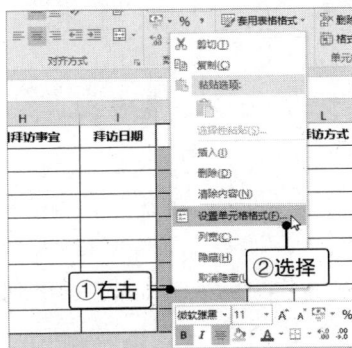

图 6-37　选择命令

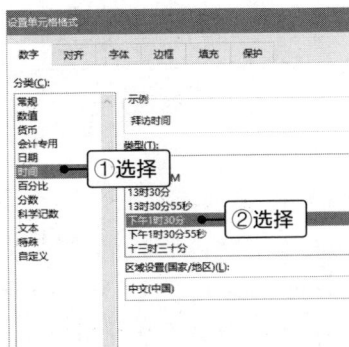

图 6-38　选择时间格式

6.2.3 根据日期自动输入星期

除了日期和时间需要在客户拜访计划中呈现以外，拜访日期对应的星期数据最好也一并进行展示，这样可以方便拜访人员根据不同的星期合理地安排拜访计划。日期和星期是相互对应的，因此，可以直接使用编写公式的方式将录入的日期自动转化为星期，从而快速、准确地完成星期数据的录入。其具体设置方法如下。

实例演示

通过编写公式自动录入拜访日期对应的星期

选择 K2 单元格，在编辑栏输入"=IF(I2="","",TEXT(WEEKDAY(I2,1),"aaaa"))"公式，如图 6-39 所示。按【Ctrl+Enter】组合键完成公式的输入。

保持 K2 单元格的选择状态，选择该单元格的控制柄，将其拖动到 K15 单元格，释放鼠标左键即可完成公式的填充，如图 6-40 所示。

图 6-39　输入公式

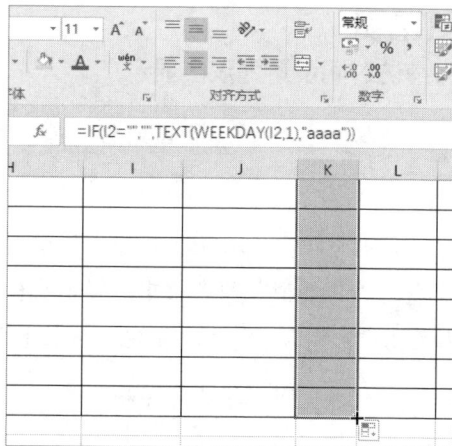

图 6-40　填充公式

小贴士 *结束公式输入的按键有什么讲究吗*

在输入结束公式的时候，有时按【Enter】键或【Ctrl+Enter】组合键，有时又需要按【Ctrl+Shift+Enter】组合键，这 3 种结束公式的按键之间有一定的区别。

【Enter】键和【Ctrl+Enter】组合键之间的区别仅体现在公式计算出结果之后，工作表焦点不同。其中，按【Enter】键后，焦点为同一列下一行的单元格；按【Ctrl+Enter】组合键，工作表焦点仍然为当前单元格。

按【Ctrl+Shift+Enter】组合键结束的公式又被称为数组公式，这类公式只能由【Ctrl+Shift+Enter】组合键结束。

1. 本例公式说明

在本例中，由于需要填充的公式的单元格区域比较多，因此也可以直接选择 K2:K15 单元格区域，在编辑栏中输入根据拜访日期自动输入星期的公式后按【Ctrl+Enter】组合键，也可以快速为选择的单元格区域录入对应的公式。

此外，根据拜访日期自动输入星期的公式其实只有 "TEXT(WEEKDAY(I2,1),"aaaa")" 部分，即直接在单元格中输入 "=TEXT(WEEKDAY(I2,1),"aaaa")" 这个公式即可，但是如果未输入拜访日期，则系统自动将其识别为数字 0，其对应的日期为 1900-1-0，因此结果会显示星期六。

这里为了避免在未输入拜访日期时，星期显示错误的内容，因此用 IF() 函数对是否输入拜访日期进行判断，即公式中的 "I2=""" 部分。如果条件成立，即 I2 单元格未输入日期，则 K2 单元格执行 IF() 函数的第二个参数，即整个结果显示空。如果条件判断不成立，即 I2 单元格中输入了日期数据，则 K2 单元格执行 IF() 函数的第三个参数，即返回对应的星期。

2. WEEKDAY() 函数介绍

在该公式中，WEEKDAY() 函数用于返回指定日期的星期值，其语法格式为：

$$WEEKDAY(serial\_number, return\_type)$$

从语法结构中可以看出，WEEKDAY() 函数有两个参数，各参数的具体含义如下。

◆ serial_number：用于指定要进行计算的日期。

◆ return_type：用于指定函数返回值的类型，该参数有 3 种类型，分别用数字 1、2、3 来表示，选择不同返回类型时的意义也有所不同，具体对应情况见表 6-1。

表 6-1　return_type 参数类型及其返回值

参数类型	返回值
1	数字 1（星期日）~ 7（星期六）
2	数字 1（星期一）~ 7（星期日）
3	数字 0（星期一）~ 6（星期日）

3.TEXT() 函数介绍

TEXT() 函数是将获取的一串字符按指定格式进行显示，其语法结构为：

TEXT(value,format_text)

从语法结构中可以看出，TEXT() 函数包含两个参数，各参数的具体含义分别如下。

◆ value：该参数用于指定需要转换为文本数据的数值数据，它可以是具体的数值数据，也可以是对包含数值的单元格的引用或者计算结果为数字值的公式引用。

◆ format_text：用于指定需要将数值数据转换为某种文本格式。

TEXT() 函数的第二个参数在格式化文本的时候有着十分重要的作用，它可以将数值转换为指定格式的文本，常用的转换有格式规范转换、插入文本转换、条件转换和时间格式转换 4 种，具体介绍如表 6-2 所示。

表 6-2　TEXT() 函数第二个参数的作用

作用	说明
格式规范转换	格式规范转换，就是对数据的小数位数、小数点、首位是否显示 0 等进行规范，常用的占位符有 0、? 和 #3 种。其中，每个占位符表示一位有效数字，占位符 0 表示位数不足以 0 填充首位；占位符? 则表示以空格填充首位以使小数点对齐；占位符 # 表示位数不足时不进行填充

作用	说明
插入文本转换	插入文本转换，就是在数字之间插入一些特定的文本，如在数字"19860209"中插入"年、月、日"变为"1986 年 02 月 09 日"。这种插入转换只需要使用占位符占据数字的位置，在占位符之间写入插入的文本或符号即可，如"#### 年 ## 月 ## 日"等。需要注意的是，特殊字符不能插入
条件转换	条件转换，就是先对数字进行判断，对满足不同条件的数字进行不同的转换。这只需要将条件放置在中括号"[]"之间，后面跟上转换后的格式字符串，条件格式字符串之间用分号隔开。如将数字 1 转换为文本"男"，0 转换为文本"女"的格式字符串为"[=1] 男 ;[=0] 女"
时间格式转换	时间格式转换在 Excel 中有专门的代码，比如日期格式代码中常用的"d、m、y"和时间格式代码中常用的"h、m、s"等。比如将一个时间转换为星期，可以使用格式代码"dddd"（结果为英文星期全称）。在 TEXT() 函数的帮助信息中可以查看所有的时间格式代码的信息

小贴士　　使用函数和单元格设置数据的显示格式的区别

我们知道，通过"设置单元格格式"对话框也可以设置单元格中数据的显示格式，但是这种设置方式与利用 TEXT() 函数的设置结果是有区别的。

使用 TEXT() 函数将数值转换为带格式的文本后，其结果将不再作为数字参与各种算术运算。如果更改格式后仍然需要保证数据可以进行算术运算，则最好还是在"单元格格式"对话框中进行设置。

6.2.4　限制录入的拜访方式数据

在 Excel 中录入数据时，如果想要限制用户录入指定的数据，可以通过系统提供的数据验证功能来实现。

例如，在客户拜访计划表中，只允许销售人员在拜访方式中输入"上门拜访"和"电话拜访"，如果输入了其他的数据，则系统自动打开对话框提示输入错误的信息。要实现这个功能，可以通过以下操作来完成。

实例演示

将拜访方式限制为"上门拜访"和"电话拜访"并完成数据的录入

选择 L2:L15 单元格区域，单击"数据"选项卡，在"数据工具"组中单击"数据验证"按钮右侧的下拉按钮，在弹出的下拉菜单中选择"数据验证"命令，如图 6-41 所示。（或者直接单击"数据验证"按钮）

在打开的"数据验证"对话框中单击"允许"下拉列表框右侧的下拉按钮，在弹出的下拉列表中选择"序列"选项，如图 6-42 所示。

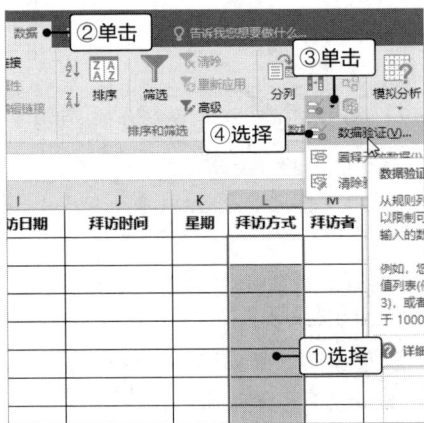

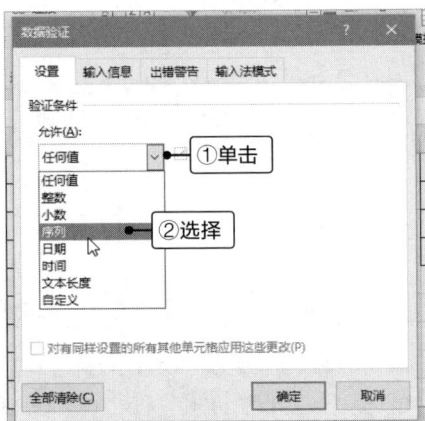

图 6-41 选择命令　　　　　图 6-42 选择"序列"选项

将文本插入点定位到"来源"参数框中，拖动鼠标光标选择表格中的 O3:O4 单元格区域，如图 6-43 所示。（除了从已有列表中选择数据来源，还可以直接在来源对话框输入序列数据，如这里可以直接输入"电话拜访,上门拜访"序列。注意，这里的序列之间必须用英文逗号分隔。）

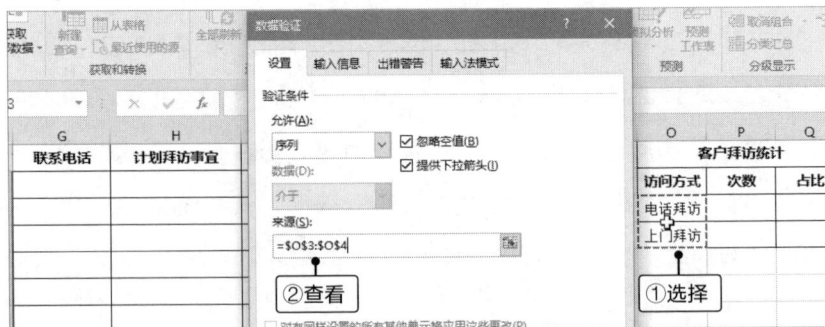

图 6-43 选择数据来源区域

　　此时拜访方式就被限定只能输入"电话拜访"或者"上门拜访"文本，如果输入其他文本，系统会打开警告对话框。为了便于了解为什么出现警告，此时可以对警告信息进行自定义，直接单击"出错警告"选项卡，在"错误信息"列表框中输入需要显示的错误信息，单击"确定"按钮关闭该对话框，完成整个约束条件的设置，如图 6-44 所示。

　　在返回的工作表中可以查看到，如果录入了错误的数据，在打开的警告对话框中就会提示用户应该输入什么数据，如图 6-45 所示。

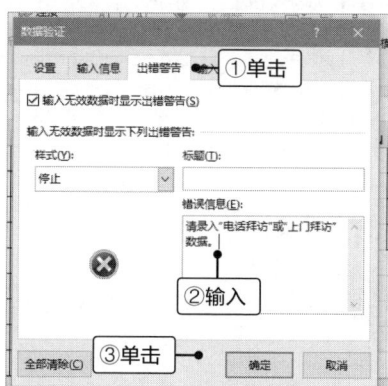

图 6-44　设置约束条件　　　　　图 6-45　错误提示

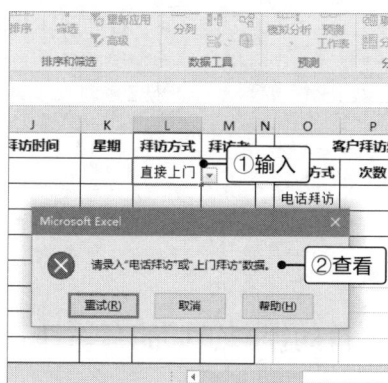

　　依次录入第一位拜访客户的姓名、职务、公司名称、客户地址、联系电话、计划拜访事宜和拜访日期，当输入拜访日期后，自动录入该日期对应的星期，录入拜访时间"15:00"，如图 6-46 所示。按【Ctrl+Enter】组合键确认录入的时间，此时程序自动将其转化为"下午 3 时 00 分"。

　　选择 L2 单元格，单击右侧的下拉按钮，在弹出的下拉列表中选择"上门拜访"选项，如图 6-47 所示。程序自动将选择的数据快速录入到单元格中。

图 6-46　输入内容　　　　　图 6-47　选择选项

用相同的方法完成表格中其他数据的录入，完成整个表格的数据录入，如图 6-48 所示。

职务	公司名称	客户地址	联系电话	计划拜访事宜	拜访日期	拜访时间	星期
总监	××科技（成都）	高新南区天承大厦	130478*****	新项目意向探讨	2021/12/3	下午3时00分	星期五
主管	××电器连锁	一环路彩虹街8#	131666*****	了解工程进度情况	2021/12/4	下午4时30分	星期六
经理	××食品有限公司（成都）	高新西区创业大道3#	132234*****	定期客户维护	2021/12/5	下午12时10分	星期日
经理	××科技有限公司	南山阳光城12F	133154*****	定期客户维护	2021/12/6	下午1时50分	星期一
副总监	××体育用品	建设路体育商城7F	134365*****	新项目意向探讨	2021/12/7	下午3时00分	星期二
主管	××器械有限公司	高新南区锦丰大厦	135456*****	了解工程进度情况	2021/12/10	下午8时30分	星期五
经理	××电力电子有限公司	高新区创业路11#	136158*****	新项目意向探讨	2021/12/13	上午10时00分	星期一
总监	×××五金城	高新南区龙新大厦	137015*****	了解项目满意情况	2021/12/15	上午9时30分	星期三
副主管	×××贸易	顺城贸易大厦	138458*****	了解工程进度情况	2021/12/15	上午9时00分	星期三
副总监	××服饰（成都）	武侯大道1#	139224*****	定期客户维护	2021/12/16	上午10时30分	星期四
经理	×××化妆品公司(成都)	南山阳光城15#	133148*****	了解项目满意情况	2021/12/17	上午11时30分	星期五
主管	××开发实验室	高新西区芙蓉大道3#	134306*****	项目后续跟进	2021/12/18	上午9时00分	星期六
主管	××照明有限公司	二环路一段210号	135816*****	项目后续跟进	2021/12/19	上午9时30分	星期日
主管	××信息产业开发有限公司	高新区创业园	137827*****	定期客户维护	2021/12/20	下午2时30分	星期一

图 6-48　完成表格的数据录入

6.2.5　自动提醒近期的拜访计划

要想做好任何事情，必要的准备工作是不可缺少的。对于拜访计划这种工作内容，也是不能遗忘的事情。

为了更加直观地提醒拜访计划的时间，可以通过设置，将最近需要执行的拜访计划突出显示出来，以便提醒销售人员不要忘记。这就需要使用到系统提供的自定义条件格式规则来实现。具体的实现方法如下。

实例演示

自动提醒最近 5 天需要执行的拜访计划

选择 A2:M15 单元格区域，在"开始"选项卡"样式"组中单击"条件格式"下拉按钮，在弹出的下拉菜单中选择"新建规则"命令，如图 6-49 所示。

在打开的"新建格式规则"对话框的"选择规则类型"列表框中选择"使用公式确定要设置格式的单元格"选项，在"编辑规则说明"栏的"为符合此公式的值设置格式"参数框中输入"=$I2<=TODAY()+5"公式，单击"格式"按钮，如图 6-50 所示。

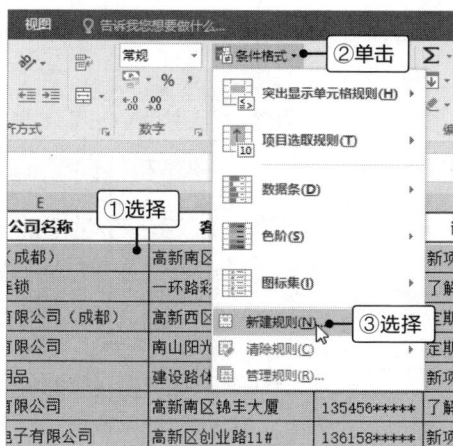

图 6-49　选择命令

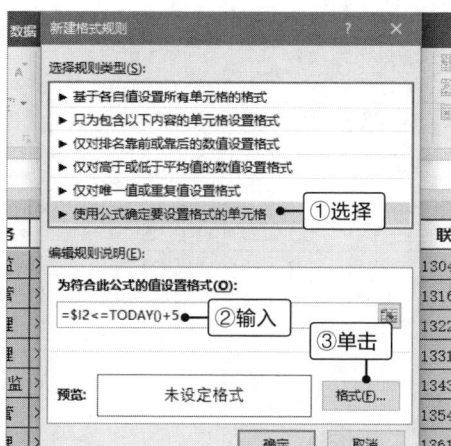

图 6-50　新建格式规则

在打开的"设置单元格格式"对话框中单击"填充"选项卡，在下方选择需要设置的背景色，如图 6-51 所示。单击"确定"按钮。

在返回的"新建格式规则"对话框中即可预览到符合条件规则的记录的显示效果，确认效果后单击"确定"按钮确认设置的效果，如图 6-52 所示。

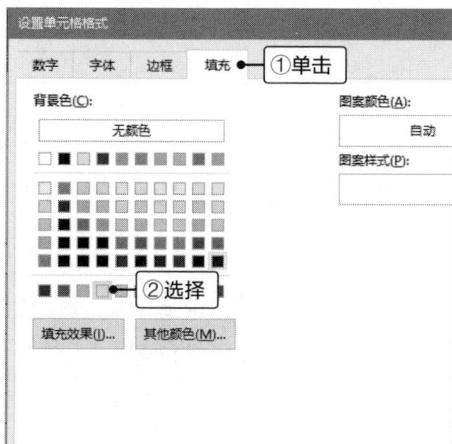

图 6-51　设置填充

图 6-52　确认设置

在返回的工作表中即可查看到，程序自动将符合条件的所有记录以黄色填充色进行突出显示，如图 6-53 所示。这样，销售人员就可以针对黄色填充效果提醒的拜访计划进行时间安排了。

计划拜访客户	职务	公司名称	客户地址	联系电话	计划拜访事宜	拜访日期
张云华	总监	××科技（成都）	高新南区天承大厦	130478*****	新项目意向探讨	2021/12/3
董丽君	主管	××电器连锁	一环路彩虹街8#	131666*****	了解工程进度情况	2021/12/4
赵丽丽	经理	××食品有限公司（成都）	高新西区创业大道3#	132234*****	定期客户维护	2021/12/5
周丹妮	经理	××科技有限公司	南山阳光城12F	133154*****	定期客户维护	2021/12/6
何雪莹	副总监	××体育用品	建设路体育商城7F	134365*****	新项目意向探讨	2021/12/7
李彤明	主管	××器械有限公司	高新南区锦丰大厦	135456*****	了解工程进度情况	2021/12/10
赵雪莉	经理	××电力电子有限公司	高新区创业路11#	136158*****	新项目意向探讨	2021/12/13
马宇航	总监	×××五金城	高新南区龙新大厦	137015*****	了解项目满意情况	2021/12/15
王鹏辉	副主管	×××贸易	顺城贸易大厦	138458*****	了解工程进度情况	2021/12/15
郑黎明	副总监	××服饰（成都）	武侯大道1#	139224*****	定期客户维护	2021/12/16
李海清	经理	×××化妆品公司(成都)	南山阳光城15#	133148*****	了解项目满意情况	2021/12/17

图 6-53 突出显示

需要说明的是，在"=$I2<=TODAY()+5"公式中，TODAY() 用于获取电脑系统的当前时间，"TODAY()+5"表示当前日期之后的第 5 天的日期，"=$I2<=TODAY()+5"公式表示的意思就是判断 I2 单元格的日期是否在最近 5 天的范围。

另外，如果电脑系统的日期不断发生更新，那么打开该工作簿，程序突出显示的拜访计划记录也就不同。

6.2.6　汇总当月的拜访数据

对当月拜访数据的汇总统计，可以让销售人员对当月各种拜访方式的拜访计划有更加清晰的了解和掌握。

由于拜访方式是文本数据，对于文本数据的统计，可以使用 COUNTIF() 函数实现，而各拜访方式的占比情况，直接使用除法运算即可得到。下面具体讲解当月拜访数据的汇总操作。

实例演示
汇总当月上门拜访和电话拜访各自的统计数据

选择 P3:P4 单元格区域，在编辑栏中输入"=COUNTIF(L:L,O3)"公式，按【Ctrl+Enter】组合键确认输入的公式，并分别统计出每种访问方式的次数，如图 6-54 所示。

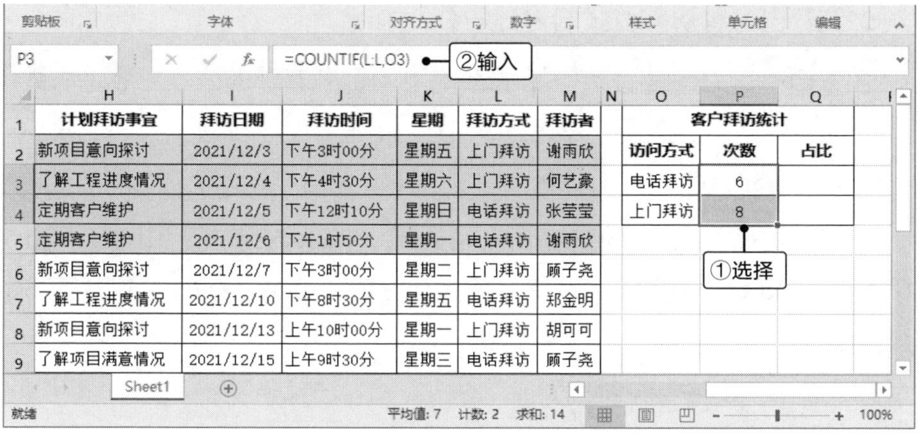

图 6-54 统计每种访问方式的次数

选择 Q3:Q4 单元格区域，在编辑栏中输入 "=P3/($P$3+$P$4)" 公式，按【Ctrl+Enter】组合键确认输入的公式，并分别统计出每种访问方式的占比，如图 6-55 所示。

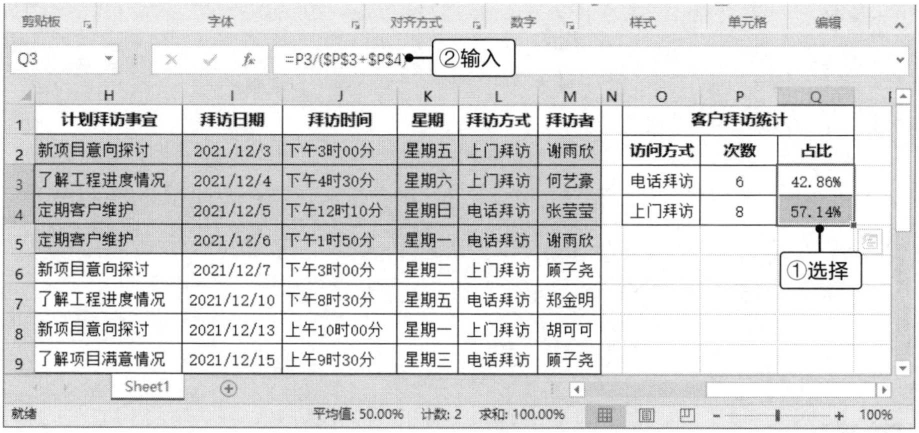

图 6-55 统计每种访问方式的占比

1.统计出每种访问方式的次数的公式说明

在本例中，使用 COUNTIF() 函数按条件进行统计时，如果需要对某列的单元格进行统计，直接采用 "列标:列标" 的格式来指定，如本例的 "L:L" 表示统计 L 列的数据。

2. 统计出每种访问方式的占比的公式说明

在本例中，因为是直接选择所有结果单元格来录入公式，而总次数是固定单元格中显示的数据，因此公式中在计算总次数时必须用绝对引用，即"=P3/($P$3+$P$4)"。

如果用相对引用，即在选择所有结果单元格后，在编辑栏中输入"=P3/(P3+P4)"公式，则在 Q4 中填充的公式会变成"=P3/(P4+P5)"，从而得到错误的结果。

6.3　编辑客户资料管理表并设置保护

与企业内部的员工档案一样，对于营销类的企业来说，科学地管理客户资料，掌握客户的基本信息，对于维护客户、拓展业务来说也是非常重要的管理内容。

6.3.1　自动录入记录序号

在已知表格中的记录数时，可以通过填充的方式来快速录入序号数据，如果在不知道记录数的情况下，如何快速录入序号数据呢？这就需要编写对应的公式来完成，当录入一条数据，自动添加一个序号。

下面通过具体的实例演示相关操作。

实例演示

添加一条记录自动录入一个序号

选择 A2 单元格，在编辑栏中输入"=IF(B2="","",ROW()-1)"公式，如图 6-56 所示。按【Ctrl+Enter】组合键完成自动添加序号的公式。

保持单元格的选择状态，按下鼠标左键拖动控制柄到 A45 单元格后释放左键完成公式的填充，如图 6-57 所示。

图 6-56　输入公式

图 6-57　填充公式

在本例使用的公式中，ROW() 函数用于获取单元格所在的行号，第一个序号在 A2 单元格，其所在的行号为 2，因此在填写序号的时候，需要用"ROW()-1"完成。

另外，为了避免没有录入客户记录时序号不显示，因此，本例使用了 IF() 函数对是否输入了姓名内容进行了判断，即"B2="""，如果 B2 为空，则没有输入客户姓名，编号就显示为空；反之，如果 B2 不为空，则执行"ROW()-1"这个部分，自动录入对应的序号。

6.3.2　根据输入的身份证号自动填列相关数据

居民身份证号码是身份证的主要组成部分之一，它由 17 位数字本体码和 1 位校验码组成。身份证号码排列顺序从左至右依次为：6 位数字地址码，8 位数字出生日期码，3 位数字顺序码和 1 位数字校验码。各部分表示意义如下。

◆ 数字出生日期码表示公民出生的年、月、日。

◆ 顺序码表示在同一地址码所标识的区域范围内，对同年、同月、同日出生的人编定的顺序号，顺序码的最后一位编码如果是奇数，表示公民为男性，如果为偶数，表明公民为女性。

在编制资料管理表中，如果已知了客户的身份证号码，那么在填写称谓、出生日期、性别数据时，就可以通过编写公式，从身份证号码中提取对应的编码进行转换，从而更加准确、自动地完成数据录入，大大提高工作人员的信息录入速度。

下面通过具体的实例演示相关的操作。

实例演示

自动填写客户称谓、性别和客户生日数据

选择 C2:C45 单元格区域，在编辑栏输入 "=IF(F2="","",IF(F2=" 男 "," 先生 "," 女士 "))" 公式，如图 6-58 所示。按【Ctrl+Enter】组合键完成根据性别数据自动输入客户称谓的公式。

图 6-58 输入公式

选择 F2:F45 单元格区域，在编辑栏中输入 "=IF(E2="","",TEXT(MOD(LEFT(RIGHT(E2,2)),2),"[=0] 女 ;[=1] 男 "))" 公式，如图 6-59 所示。按【Ctrl+Enter】组合键完成根据身份证号码自动输入客户性别的公式。

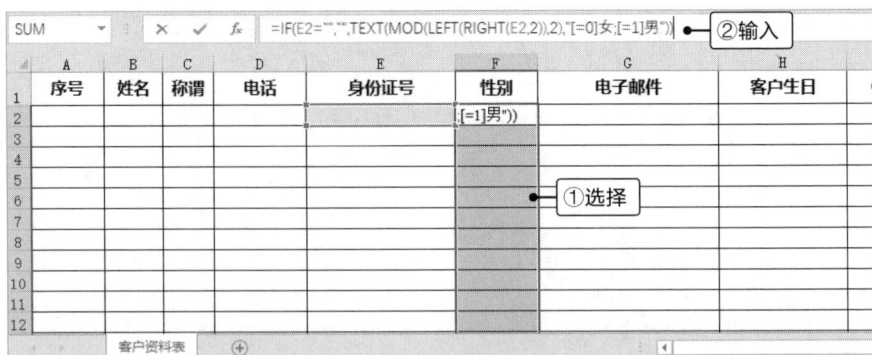

图 6-59 输入公式

选择 H2:H45 单元格区域，在编辑栏中输入"=TEXT(MID(E2,11,4),"00 月 00 日 ")"公式，如图 6-60 所示。按【Ctrl+Enter】组合键完成根据身份证号码自动输入客户生日的公式。

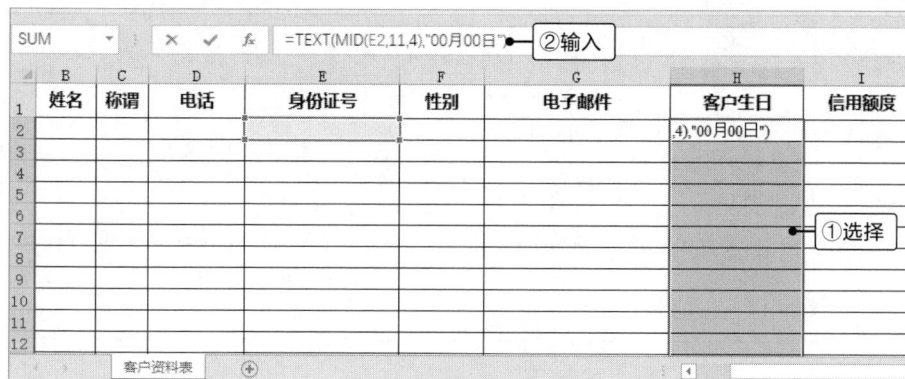

图 6-60　输入公式

1. 根据性别数据自动输入客户称谓的公式说明

在本例中，使用了 IF() 函数的嵌套结构来完成根据性别数据自动输入客户称谓的公式。所谓嵌套函数，是指将一个公式的返回结果作为另一个函数的参数使用。在本例中，首先使用 IF() 函数判断是否输入了性别数据，即公式中的"F2="""。如果 F2 单元格为空，表示没有输入性别数据，则整个公式返回空值；如果 F2 单元格不为空，表示输入了性别数据，则整个公式执行"IF(F2=" 男 "," 先生 "," 女士 ")"部分。

"IF(F2=" 男 "," 先生 "," 女士 ")"部分又是一个 IF() 函数，其作用是判断 F2 单元格是否为"男"，如果 F2 单元格为"男"，则整个公式输出"先生"文本，否则输出"女士"文本。

2. 根据身份证号码自动输入客户性别和客户生日的公式说明

根据身份证号码自动输入客户性别和客户生日的公式，其原理都是一样的，都是从身份证号码中提取指定位置的数据，然后利用 TEXT() 函数按指定格式输出。

从一个字符串中提取指定位置的数据，会使用 MOD() 函数、RIGHT()

函数和 LEFT() 函数。这 3 个函数的具体说明见表 6-3。

表 6-3 LEFT()、RIGHT() 和 MID() 函数介绍

函数名	功能	语法结构	参数意义
LEFT()	获取文本左边指定位置的字符	LEFT(text,num_chars)	text：指定包含提取字符的字符串。num_chars：指定截取 text 参数中的前几个字符，若返回第一个或者最后一个字符，该参数可以省略
RIGHT()	获取文本右边指定位置的字符	RIGHT(text,num_chars)	
MID()	获取文本中间指定位置的字符	MID(text,start_num,num_chars)	text：指定包含提取字符的字符串。start_num：表示要从文本中提取的第一个字符的位置。num_clars：表示要返回字符的个数。

6.3.3 将信用额度限定在指定范围内

在销售企业中，信用额度和信用期限是企业进行赊销业务时两个重要控制指标。原则上，赊销客户的应收账款余额不应超过我们给予该客户的信用额度，而回款的时间则不能超过信用期限。只有同时满足这两项条件时，才能判断企业的应收账款是安全的。

在客户资料管理表中，也会将客户的信用额度数据一并录入，由于这个额度是正数，因此必须确保录入的该数据为正数，此时也可以通过 Excel 提供的数据验证功能，将录入的数据限定在指定的范围内。下面通过具体实例来演示相关的操作。

实例演示

将信用额度限定为大于零的数据

选择 I2:I45 单元格区域，单击"数据"选项卡，在"数据工具"组中单击"数据验证"按钮，如图 6-61 所示。

在打开的"数据验证"对话框中的"允许"下拉列表框中选择"小数"选项，在"数据"下拉列表框中选择"大于"选项，在"最小值"参数框中输入"0"，如图 6-62 所示。

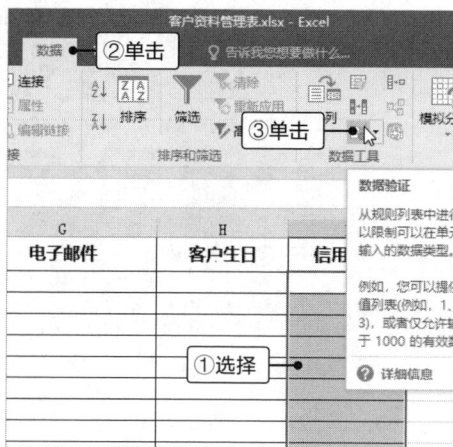

图 6-61 单击按钮

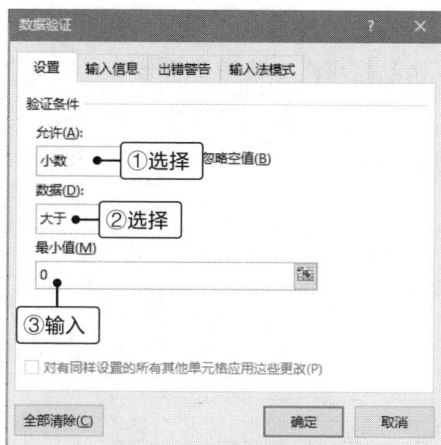

图 6-62 设置数据验证

单击"输入信息"选项卡，在"输入信息"列表框中输入"请输入大于0的数据"文本，作为销售人员在输入客户信用额度时的提示信息，如图 6-63 所示。

单击"出错警告"选项卡，在"错误信息"列表框中输入"信用额度数据必须大于0。"文本，单击"确定"按钮完成整个设置操作，如图 6-64 所示。

图 6-63 设置输入提示信息

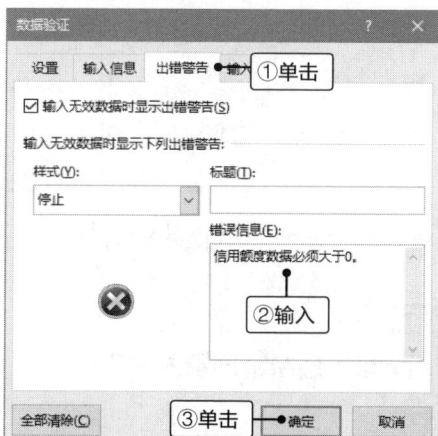

图 6-64 设置出错提示信息

在返回的工作表中选择任意设置数据验证的单元格，程序自动弹出一个信息提示框，在其中显示了对应的提示信息，这样就可以实时提醒销售人员正确输入数据，如图 6-65 所示。

如果销售人员不小心输入了错误的数据，在打开的警告对话框中也清晰地提示了信用额度数据必须大于 0 的信息，如图 6-66 所示。

图 6-65　输入提示效果

图 6-66　错误提示效果

6.3.4　使用记录单功能录入客户资料数据

在 Excel 工作表中，工作区都是以行列单元格显示的，当数据量比较多的时候，为了准确将每个数据录入到对应的行列中，可以使用程序提供的记录单功能来逐条完成数据的录入。但是默认情况下，记录单功能并没有显示在功能区中，此时还需要手动将其调出来才能使用。下面具体演示如何利用记录单功能来录入数据的相关操作。

实例演示
使用记录单逐条精准录入客户资料

选择任意设置了格式的单元格，在快速访问工具栏中单击右侧的下拉按钮，在弹出的下拉菜单中选择"其他命令"命令，如图 6-67 所示。

在打开的"Excel 选项"对话框的"快速访问工具栏"选项卡中间的"从下列位置选择命令"下拉列表框中选择"不在功能区中的命令"选项，在下方的列表框中选择"记录单"选项，单击"添加"按钮将其添加到右侧的列表框中，单击"确定"按钮确认设置，如图 6-68 所示。

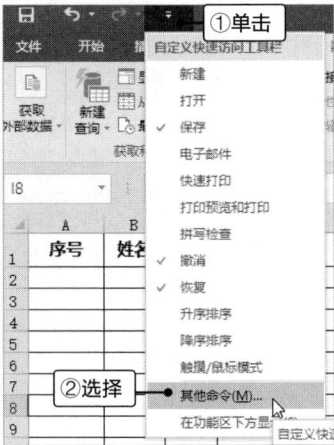

图6-67　选择命令

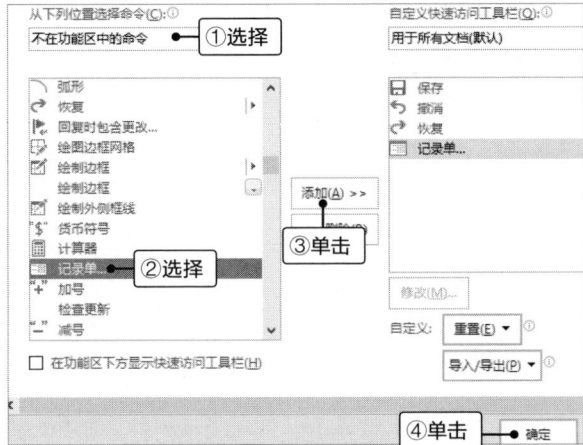

图6-68　添加操作

在返回的工作表界面中即可在快速访问工具栏中查看到添加的记录单按钮，选择B2单元格，单击"记录单"按钮，如图6-69所示。

在打开的"客户资料表"记录单对话框中可以查看到，所有字段都以项目的形式显示，带有公式的自动录入的数据则呈不可编辑状态，直接在其他文本框中输入对应的项目，单击"新建"按钮，如图6-70所示。

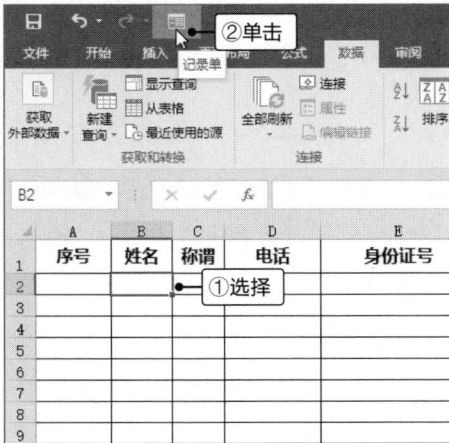

图6-69　记录单按钮已添加

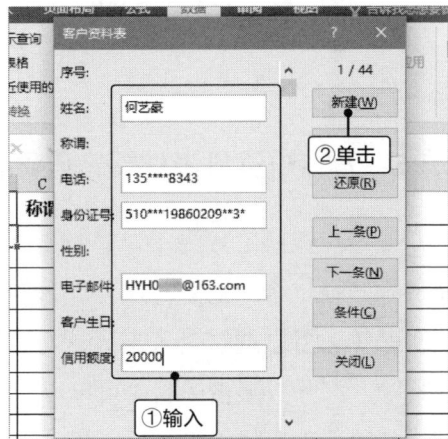

图6-70　"客户资料表"记录单

可以看到，程序自动将输入的记录添加到工作表中，并且以公式录入的数据也自动进行了添加，同时记录单对话框中的文本框也被清空，如图6-71所示。

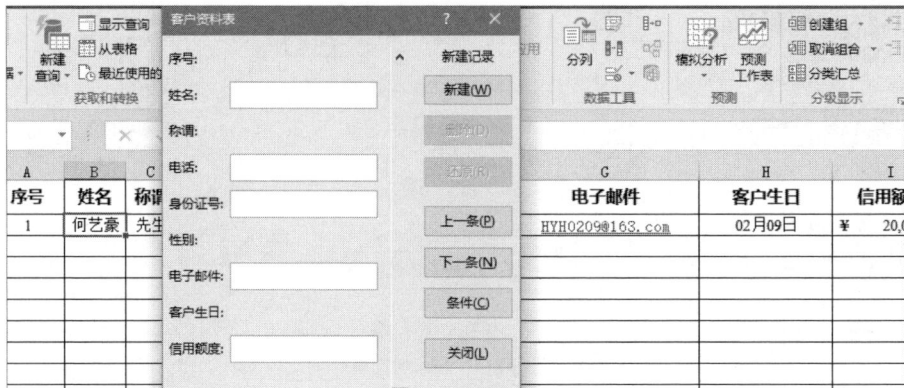

图 6-71　新建记录

用相同的方法录入其他客户资料数据，如图 6-72 所示。最后在记录单对话框中单击"关闭"按钮关闭对话框，完成所有数据的录入操作。

序号	姓名	称谓	电话	身份证号	性别	电子邮件	客户生日	信用额
1	何艺豪	先生	135****8343	510***19860209**3*	男	HYH0209@163.com	02月09日	¥　20
2	雷赞舟	先生	182****9005	450***19810214**7*	男	Vb8**@qq.com	02月14日	¥　20
3	刘琦	女士	137****8093	329***19850206**8*	女	ob3****@live.cn	02月06日	¥　40
4	刘云	先生	187****3588	416***19860729**5*	男	27K**@163.com	07月29日	¥　50
5	王洁玉	先生	159****2272	611***19900828**1*	男	Nkv**@163.com	08月28日	¥　30
6	严嘉	女士	183****5928	349***19830724**2*	女	fqS****@126.com	07月24日	¥　40
7	冼净桂	女士	155****1366	131***19760628**8*	女	bc9***@139.com	06月28日	¥　15
8	廖荣玉	女士	154****9837	514***19760125**6*	女	Pkg****@hotmail.com	01月25日	¥　70

图 6-72　输入数据

6.3.5　为客户资料表设置密码保护

在客户资料管理表中，涉及了客户许多信息，这些信息不仅是公司的重要资源，也是客户的隐私内容，公司必须要像公司机密一样对这些信息进行严密保护。可以通过为表格设置打开权限和编辑权限保护表格内容。当他人正确输入打开权限密码后，可以以只读方式浏览资料信息。如果要编辑资料，还必须输入正确的编辑权限密码。这无疑给客户资料设置了双重保险。

下面具体介绍为客户资料表设置打开权限和编辑权限的相关操作。

实例演示

为客户资料表设置打开权限和编辑权限

在工作表界面中单击"文件"选项卡切换到 Backstage 视图，在其中单击"另存为"选项卡，单击"浏览"按钮打开"另存为"对话框，在其中找到文件的保存位置，单击"工具"下拉按钮，在弹出的下拉菜单中选择"常规选项"命令，如图 6-73 所示。

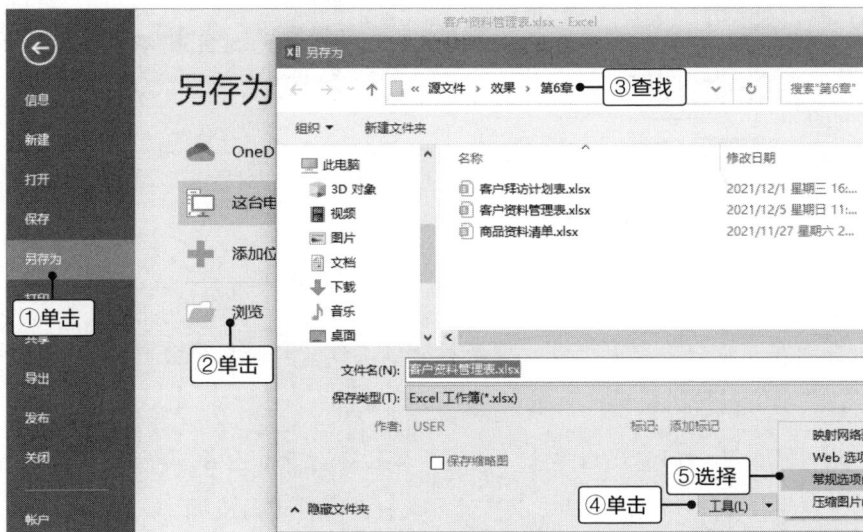

图 6-73　选择命令

在打开的"常规选项"对话框中分别输入打开权限密码和修改权限密码，这里输入"123456"和"456789"密码，单击"确定"按钮，如图 6-74 所示。

在打开的"确认密码"对话框中重新输入设置的打开权限密码，单击"确定"按钮完成打开权限密码的确认设置，如图 6-75 所示。

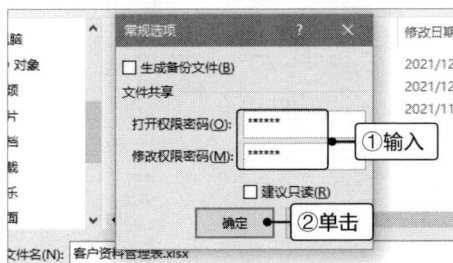

图 6-74　输入密码

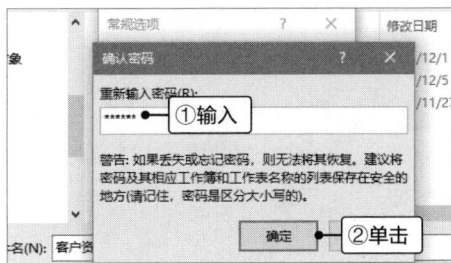

图 6-75　确认设置

在打开的"确认密码"对话框中重新输入设置的修改权限密码，单击"确定"按钮完成修改权限密码的确认设置，如图 6-76 所示。

在返回的"另存为"对话框中单击"保存"按钮，程序将打开替换文件的信息，直接单击"是"按钮完成整个操作，如图 6-77 所示。

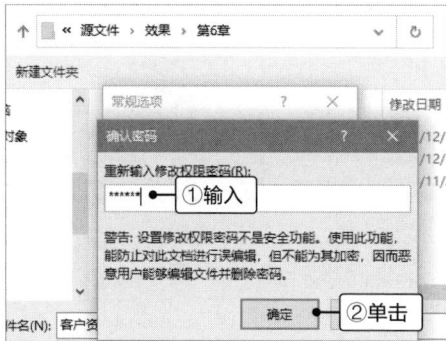

图 6-76　确认密码

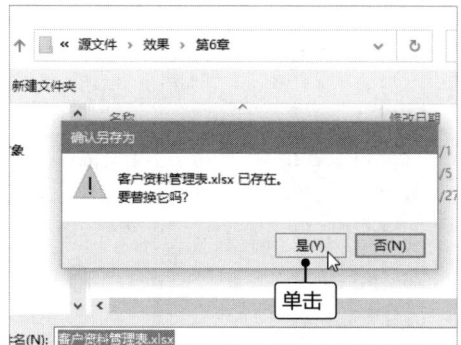

图 6-77　保存文件

关闭客户资料管理表文件，重新打开该文件，此时程序会打开一个提示对话框，要求输入访问密码，如图 6-78 所示。

输入正确的访问密码后单击"确定"按钮会打开如图 6-79 所示的对话框，此时可以直接单击"只读"按钮，以只读方式打开文件进行查阅，如果要编辑文件，需要在对话框中输入正确的修改权限密码，单击"确定"按钮打开文件。

图 6-78　输入密码

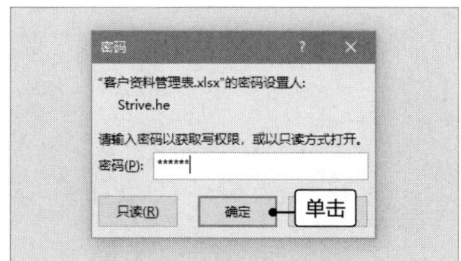

图 6-79　打开对话框

第7章
库存数据的自动化管理与结构分析

　　在销售管理中，商品的库存管理也是非常重要的内容。如果库存量多，占用的资金就多，当然利息负担也会加重。但是如果库存量太少，就可能造成销售断档的情况，影响销售活动。本章将通过实例，讲解利用Excel工具对库存数据进行自动化管理与结构分析的相关内容。

7.1　库存数据智能核算与管理

作为销售人员或者销售主管，需要对当下各产品的状态了然于心，尤其对可能影响销售业绩的数据更要学会智能的核算与管理，例如计算库存可销售的周期、自动判断是否补货以及智能标记补货提醒等。

7.1.1　预估商品库存的可销售周期

计算库存可销售的周期主要是掌握当前库存商品能够支撑多久的经营，它可以通过上月的销量数据或者其他因素进行合理的预估。

例如，店铺某种商品过去一个月共销售了 500 件，目前该商品库存有 1 000 件，基于过去一个月的销售数据，可以预估库存数据还可以销售两个月。如果有其他促销活动，可能还不能支撑两个月的销售时间，因此，就可以根据近期的销售计划来合理地增加库存。

由此可见，预估商品库存的可销售周期是非常重要的一个指标。下面具体介绍如何使用 Excel 来预估各种商品的可销售周期。

实例演示

以"周"为核算周期预估商品库存的可销售周期

【本例假设】

对于计算所需的当前库存量和上月销量统计数据分别是从库存管理表和月销量汇总表中整理获得的，在没有其他因素的影响下，要以"周"为核算周期预估商品库存的可销售周期，直接使用以下公式计算。

"库存周数 = 当前库存量 /（上月销量统计 /4）"

在 Excel 中的具体计算如下。

选择 N2:N16 单元格区域，在编辑栏输入 "=IF(ISERROR(INT(L2/(M2/4))),"", INT(L2/(M2/4)))" 公式，按【Ctrl+Enter】组合键完成公式的输入。程序自动完成以"周"为核算周期预估商品库存的可销售周期，如图 7-1 所示。

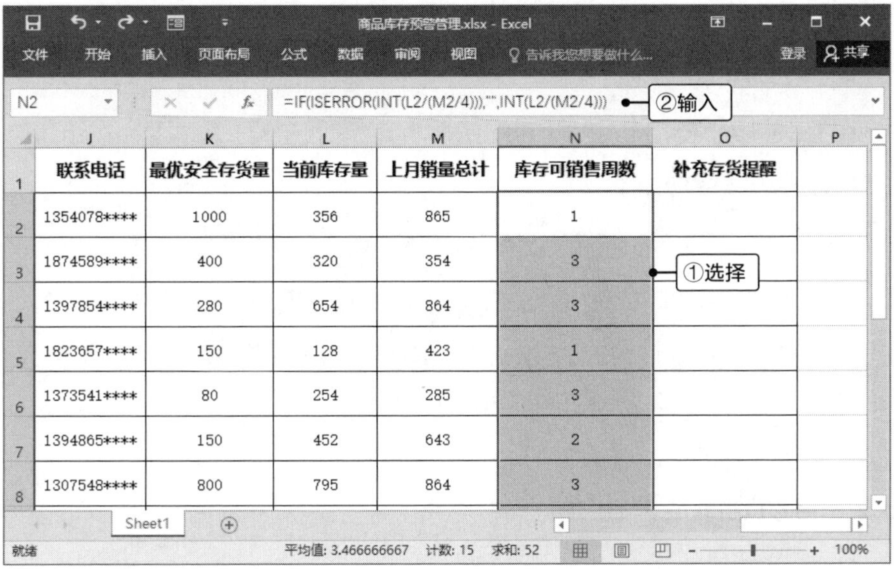

联系电话	最优安全存货量	当前库存量	上月销量总计	库存可销售周数	补充存货提醒
1354078****	1000	356	865	1	
1874589****	400	320	354	3	
1397854****	280	654	864	3	
1823657****	150	128	423	1	
1373541****	80	254	285	3	
1394865****	150	452	643	2	
1307548****	800	795	864	3	

图 7-1　生成数据

在本例使用的“=IF(ISERROR(INT(L2/(M2/4))),"", INT(L2/(M2/4)))”公式中，L2 单元格代表当前库存量，M2 单元格代表上月销量统计，“L2/(M2/4)”部分就是库存周数的计算，这里使用 INT() 函数对计算结果进行取整运算，得到库存周数的整数。

由于这里涉及除法运算，可能出现被除数为 0 的情况，这样就会使计算的库存周数显示为“#DIV/0!”错误值，为了规避这个错误值的显示，这里用 ISERROR() 函数对库存周数计算结果进行了判断，如果存在错误值，则 IF() 函数返回空值。

这里涉及两个函数，一个是 INT() 函数，另一个是 ISERROR() 函数，下面分别对这两个函数进行简单介绍。

◆　INT() 函数的应用

在 Excel 中，使用 INT() 函数可以将数字向下舍入到最接近的整数，其语法结构如下。

INT(number)

从语法结构可以看出，该函数只有一个 number 参数，用于指定需要进行取整的实数，它可以是具体的数值数据，也可以是包含数值的单元格引用。

◆ ISERROR() 函数的应用

在 Excel 中，使用 ISERROR() 函数主要是对计算结果是否存在错误值进行判断，其语法结构如下。

ISERROR(value)

从语法结构中可以看出，ISERROR() 函数只有一个参数 value，该参数主要用于指定需要进行检测的单元格引用。当指定的单元格引用存在错误值，则函数返回 TRUE 值，否则返回 FALSE 值。

7.1.2 自动判断是否补货

在销售行业，卖家都希望存货量达到最优，这样可以在存货总成本最小的前提下确保销售的正常周转。因此，通常都会设置一个最优安全存货量，通过这个指标，可以有效避免库存积压或库存短缺。

那么如何来确定当前库存是否需要进货呢？不同的行业，不同的企业，其设置是否补货的预警条件不同。但是在已知预警条件后，利用 Excel 中的数据计算功能可以方便地自动判断当前商品是否需要补货。下面通过具体的实例来讲解相关操作。

实例演示
以最优安全存货量的 70% 为参照判断当前商品的补货情况

【本例假设】

当前库存量用 a 表示，最优安全存货量用 b 表示，并且要求将急需补货的商品信息突出显示。

① b×70% ≤ a<b，提醒"需要补充存货"。

② a<b×70%，提醒"急需补充存货"。

在 Excel 中的具体计算如下。

选择 O2:O16 单元格区域，在编辑栏输入"=IF(L2>K2,"",IF(AND(L2<K2,L2>=

K2×70%),"需要补充存货"," 急需补充存货"))"公式，按【Ctrl+Enter】组合键完成公式的输入。程序自动判断是否需要补充存货或者急需补充存货，如图7-2所示。

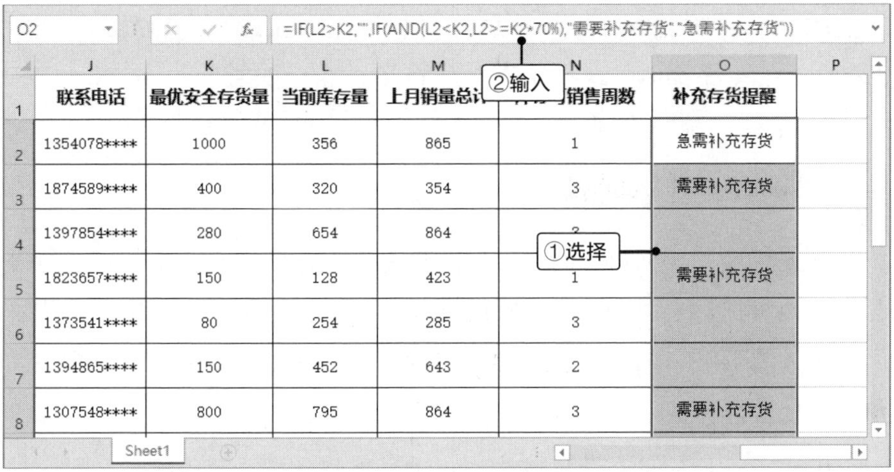

图 7-2 生成数据

1. 本例使用公式说明

在本例使用的 "=IF(L2>K2,"",IF(AND(L2<K2,L2>=K2×70%)," 需要补充存货 "," 急需补充存货 "))" 公式中，L2 单元格代表当前库存量，K2 单元格代表最优安全存货量，整个公式使用了一个 IF() 函数的嵌套结构。

①首先通过 "L2>K2" 部分判断当前存货量是否在最优安全存货量以上，如果是，则不用补充存货，公式返回空值。如果不是，则执行嵌套的 IF() 结构。

②在嵌套结构中，利用 "AND(L2<K2,L2>=K2×70%)" 结构判断当前库存量是否在最优安全存货量的 70% ~ 100% 这个区间。如果是，则提醒需要考虑补充存货了；如果不是，则表示当前库存量已经影响到了正常的经营活动，急需补货了。

2.AND() 函数介绍

AND() 函数用于判断多个条件同时成立的一个逻辑函数。如果多个条件中有一个条件不成立，整个 AND() 函数的返回值都为 FALSE。AND() 函数的语法格式为：

$$AND(logical1,logical2,...)$$

在该函数中，logical 参数用于指定需要进行判断的逻辑表达式或者包含逻辑值的数组，参数的个数为 1~255 的范围内，logical1，logical2，... 表示待检测的 1~255 个条件值，各条件值可为 TRUE 或 FALSE。

7.1.3　智能标记补货提醒

从补充存货提醒列可以看到，提醒信息有"需要补充存货"和"急需补充存货"两种，对于急需补充存货的商品，如果库存不足，对接下来的销售会产生很大的影响，因此需要特别引起管理者的注意，要及时告知相关采购人员对商品进行补货。

突出显示补货信息有两种方式，一种是将整条记录突出显示，另一种是仅在补货提醒列进行提醒。

1. 将整条记录突出显示

在 Excel 中，可以利用条件格式功能将符合条件的数据记录突出显示出来，相关内容在本书第 6 章已经介绍过。不同的是，在第 6 章是将符合指定日期范围的记录突出显示出来，这里是将符合指定文本的记录突出显示出来，二者相似，都需要通过公式来设置条件格式规则。其具体操作如下。

实例演示

将急需补货的商品记录突出显示出来

选择 A2:O16 单元格区域，在"开始"选项卡中单击"条件格式"下拉按钮，在弹出的下拉菜单中选择"新建规则"命令，如图 7-3 所示。

在打开的"新建格式规则"对话框的"选择规则类型"列表框中选择"使用公式确定要设置格式的单元格"选项，在"编辑规则说明"栏的"为符合此公式的值设置格式"参数框中输入"=$O2=" 急需补充存货 ""公式（需要特别注意，这里在输入公式的时候，为文本数据添加的双引号必须是在英文状态下输入的，如果在中文状态下输入双引号，则公式无效，此时 O2 单元格的值即使为"急需补充存货"，记录也不能被突出显示。），然后设置将符合条件的数据记录以黄色填充色突出显示，预览设置效果后单击"确定"按钮，如图 7-4 所示。

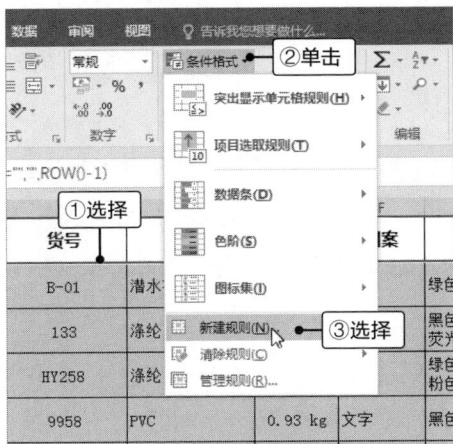

图 7-3　选择命令

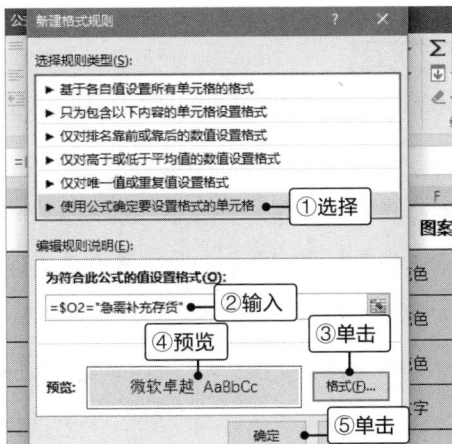

图 7-4　新建格式规则

在返回的工作表中即可查看到所有补货提醒信息为"急需补充存货"的整条记录被突出显示出来，如图 7-5 所示。

图 7-5　突出显示

2. 突出显示某列中的指定数据

如果只需要将某列数据中的指定文本内容突出显示出来，可以用系统提供的条件格式功能中的突出显示规则来完成。其具体操作如下。

实例演示

将急需补充存货的提醒单元格突出显示出来

选择 A2:O16 单元格区域，在"开始"选项卡中单击"条件格式"下拉按钮，在弹出的下拉菜单中选择"清除规则"命令，在弹出的子菜单中选择"清除整个工作表的规则"命令即可将当前工作表中设置的所有条件格式规则全部清除，如图 7-6 所示。

单独选择 O 列单元格，单击"条件格式"下拉按钮，在弹出的下拉菜单中选择"突出显示单元格规则"命令，在弹出的子菜单中选择"文本包含"命令，如图 7-7 所示。

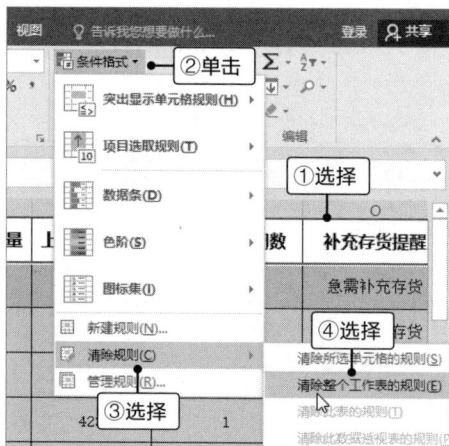

图 7-6　清除规则

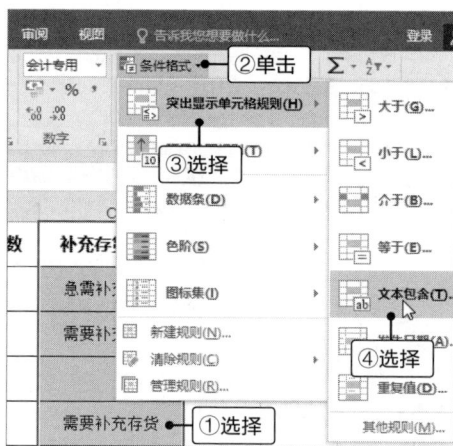

图 7-7　选择命令

在打开的"文本中包含"对话框中删除左侧参数框的默认内容，直接在工作表中选择"O2"单元格（也可以直接在参数框中输入"急需补充存货"文本），在右侧的"设置为"下拉列表框中可以选择程序提供的突出效果，这里保持默认选择的"浅红填充色深红色文本"选项，直接单击"确定"按钮，如图 7-8 所示。

如图 7-9 所示在返回的工作表中可查看到颜色效果，即程序自动将单元格值为"急需补充存货"的单元格的填充色设置为浅红色，对应的文本设置为深红色文本效果。

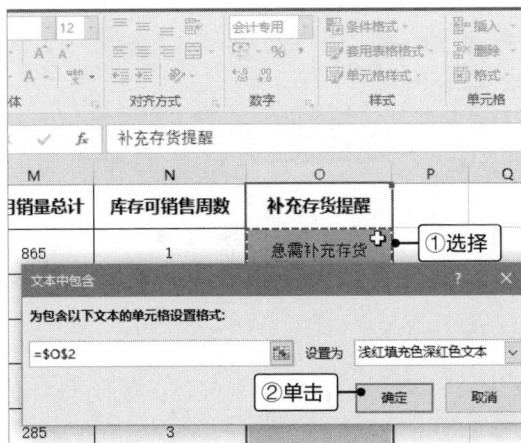

图 7-8　进行设置

图 7-9　突出显示

小贴士 自定义突出显示单元格规则

　　在"文本中包含"对话框的"设置为"下拉列表框中有一个"自定义格式"命令，选择该命令将打开"设置单元格格式"对话框，用户可以根据需要自定义设置突出显示单元格的效果。

7.2　库存数据的自动查询

　　查询指定商品的库存信息也是商品营销过程中经常做的一件事，尤其在月度库存清算后，销售主管有时候需要查询某种商品的当月销售和库存数据，此时可以在汇总表格中添加一个查询表格，通过编制对应的公式快速完成查询工作。

7.2.1 构建查询表

对于查询结果，可以挑选想要查看的某几项数据，也可以查询商品的所有信息。对于想要查询原表中连续多项或者所有项时，在构建查询表结构时，可以采用转置功能来快速完成查询表首列字段的添加。其具体操作如下。

实例演示

快速构建查询表结构并导入库存查询代码

合并 M1:N1 单元格区域，在其中输入"库存查询"标题文本，在 M2 单元格中输入"选择查询的库存代码"文本，为 M1:N12 单元格设置合适的字体格式和数据类型，并添加边框效果，如图 7-10 所示。

选择 B3:K3 单元格区域，按【Ctrl+C】组合键执行复制操作，选择 M3:M12 单元格区域，右击，在弹出的快捷菜单中选择"粘贴选项"栏中的"转置"选项，如图 7-11 所示。程序自动将选择的横向储存的表头数据以纵向的方向添加到 M3:M12 单元格区域中，从而快速完成所查询表格表头数据的录入。

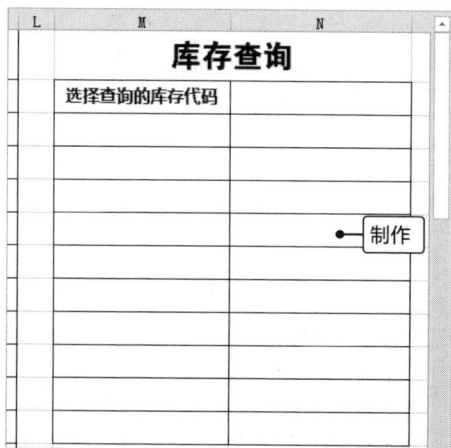

图 7-10　设置操作

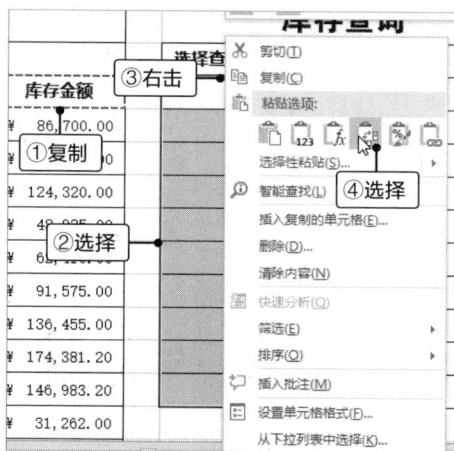

图 7-11　选择选项

在本例中，所有的查询代码来自左侧的月度库存管理表，因此可以借助数据验证功能来约束，直接选择 N2 单元格，单击"数据"选项卡，在"数据工具"组中单击"数据验证"按钮，如图 7-12 所示。

在打开的"数据验证"对话框的"设置"选项卡的"允许"下拉列表框中选择

"序列"选项，在文本插入点定位到"来源"参数框中后在表格中选择 A4:A30 单元格区域，完成该参数的设置，单击"确定"按钮完成查询库存代码的约束设置，如图 7-13 所示。

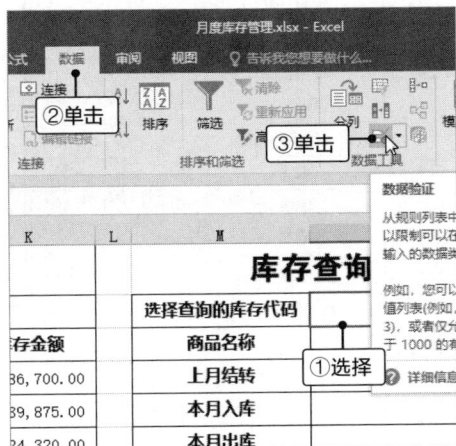

图 7-12　单击按钮

图 7-13　完成约束设置

7.2.2　编辑公式实现智能查询

查询数据是 Excel 数据处理中的重要操作之一，通过查找函数，可以在庞大的数据表格中快速查找到需要的数据或者记录，对高效完成工作有着非常重大的帮助。

Excel 提供的查询函数有很多，而在本例中构建的查询表中，是根据首列的库存代码，分别返回数据表中不同列的对应数据，因此使用 VLOOKUP() 函数十分合适。其具体操作如下。

实例演示

根据库存代码查询库存信息

选择 N3:N12 单元格区域，在编辑栏输入"=IF($N$2="","",VLOOKUP($N$2, $A$3:$K$30,ROW()−1,FALSE))"计算公式，按【Ctrl+Enter】组合键完成根据库存查询代码智能返回对应库存数据的公式的输入，如图 7-14 所示。

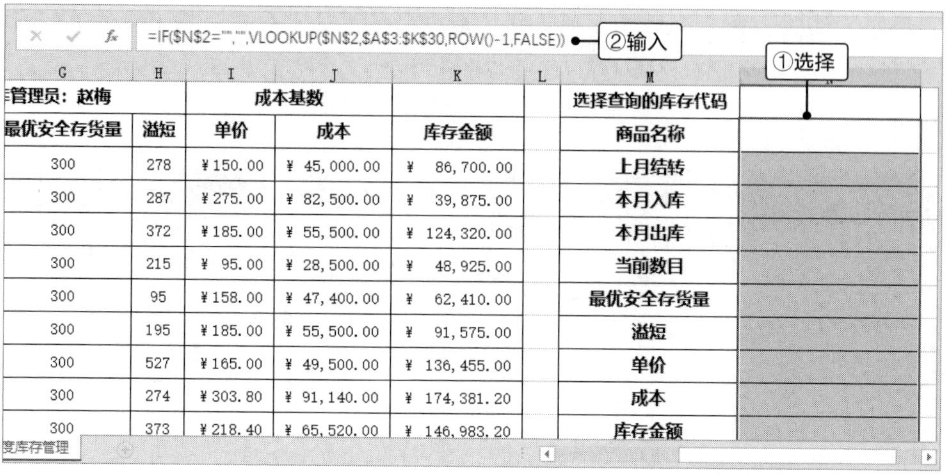

図 7-14　输入公式

单击 N2 单元格右侧的下拉按钮，在弹出的下拉列表中即可查看到当月统计的所有库存代码，选择要查询的库存代码，这里选择"070201"选项，如图 7-15 所示。

程序自动在 N3:N12 单元格区域中执行相应的查询公式，并从月度库存管理表中查询到该商品的所有库存信息，如图 7-16 所示。

图 7-15　选择选项

图 7-16　自动查询

1. 本例使用公式说明

在本例使用的"=IF($N$2="","",VLOOKUP($N$2,$A$3:$K$30,ROW()-1,

FALSE))"公式中，首先判断 N2 单元格是否为空白，如果为空白，则条件判断成立，结果单元格显示空值。

如果 N2 单元格中录入了库存查询代码，则 "$N$2=""" 条件判断不成立，执行 "VLOOKUP($N$2,$A$3:$K$30,ROW()-1,FALSE)"。由于 VLOOKUP() 函数只能在查询区域的第一列进行查询，因此这里将查询区域设置为 $A$3:$K$30 单元格区域，在这个单元格区域中，库存代码数据即位于区域的第一列，而要返回的商品名称在 $A$3:$K$30 单元格区域中位于相对第二列，因此将 VLOOKUP() 函数的第二个参数设置为 2，即可完成查询。

但是在本例中，由于所有的查询公式都相似，唯一不同的就是返回的数据在查询区域中所处的位置，为了便于公式的录入，本例使用 "ROW()-1" 公式来完成返回位置的指定。

2.VLOOKUP() 函数介绍

VLOOKUP() 函数的功能是按列查找，最终返回该列所需查询列序所对应的值，其语法格式为：

VLOOKUP(lookup_value,table_array,col_index_num,range_lookup)

从语法结构可以看出，VLOOKUP() 函数包含 4 个参数，各参数的具体含义如下。

◆ lookup_value：用于指定需要在数据表第一列中进行查找的数值。该参数可以为数值、引用或文本字符串。

◆ table_array：用于指定数据查找的多行和多列范围。

◆ col_index_num：用于表示 table_array 参数中待返回的匹配值的列号。例如，参数值为 1 时，返回 table_array 第一列的数值。如果 col_index_num 参数的值小于 1，VLOOKUP() 函数返回 #VALUE! 错误值；如果 col_index_num 参数的值大于 table_array 的列数，VLOOKUP() 函数返回 #REF! 错误值。

◆ range_lookup：用于指明函数在查找时是精确匹配，还是近似匹配；其取值有如下两种情况，具体的含义见表 7-1。

表 7-1 range_lookup 参数的值及其对应的含义

参数值	含义
TRUE 或 1 或省略	函数将查找近似匹配值，也就是说，如果找不到精确匹配值，则返回小于 lookup_value 的最大数值
FALSE 或 0	返回精确匹配，如果找不到，则返回错误值 #N/A

小贴士　VLOOKUP() 函数的使用注意

在使用 VLOOKUP() 函数时，必须要注意几点内容：

① lookup_value 参数的值必须在 table_array 中处于第一列。

② lookup_value 参数指代的值与 table_array 中第一列的值的数据类型要一致，这主要是针对文本型的数字，虽然看起来都是数字，但是一个是数值，一个是文本，函数是搜索不到的。

③ 用 "&" 运算符连接若干个单元格的内容作为查找的参数，在查找的数据有类似的情况下可以做到事半功倍。

第8章
销售市场的可视化分析

对于做销售的人来说，客户就是市场，要想打开销售市场，就必须对自己的目标销售客户进行全面了解。只有了解了销售对象，才能精准地制定营销策略和销售计划。本章就来介绍如何使用Excel工具让销售市场相关数据可视化展示。

8.1 销售市场调查结果分析

无论是线上销售还是线下销售，在新品上市之前，都会对销售市场进行调查。调查的方式也多种多样，有些通过网络调查，有些通过问卷调查，无论以何种方式进行市场调查，最终都要将调查结果做汇总统计，从这些汇总数据中分析市场状况。

8.1.1 调查对象特征分析

销售对象的特征一般从年龄和性别两个角度来进行刻画，因此在对销售市场的目标对象特征进行分析时，也可以从这两个角度来分析。将调查数据统计和整理出来后，为了更好地查看统计结果数据，可以使用图表来展现。

一般情况下，对于性别和年龄段的分析，可以采用饼图的方式来分析各自的占比情况，但是要同时查阅不同性别不同年龄段的消费者的分布情况，此时可以利用对称条形图来刻画。

实例演示

用对称条形图展示各年龄段的消费者性别

选择 A1:A7、D1:E7 单元格区域，单击"插入"选项卡，在"图表"组中单击"插入柱形图或条形图"下拉按钮，选择"簇状条形图"选项，如图 8-1 所示。

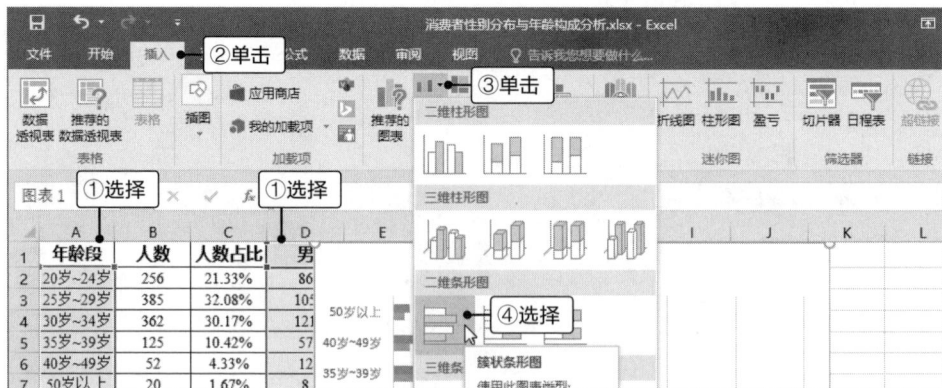

图 8-1 选择选项

　　程序自动创建一个簇状条形图，单击"图表工具 格式"选项卡，在"大小"组中分别设置高度和宽度为 9 厘米和 17 厘米，完成图表大小的调整，如图 8-2 所示。

　　选择图表标题占位符，将其中默认的占位符文本删除，重新输入"各年龄段消费者性别分布"文本，完成图表名称的修改，如图 8-3 所示。

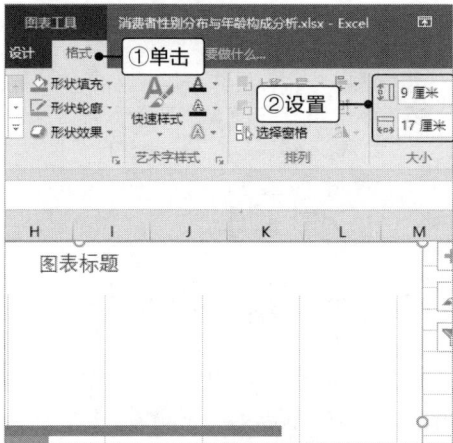

图 8-2　调整图表大小

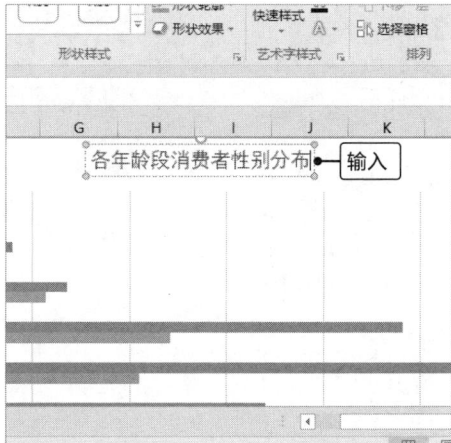

图 8-3　修改图表名称

　　选择图表，按住鼠标左键不放将其移动到合适的位置，单击图表右上角的"图表元素"按钮，在弹出的面板中将鼠标光标指向"图例"选项，单击出现的三角形按钮，在弹出的下拉菜单中选择"顶部"选项将图例设置在顶部显示，如图 8-4 所示。

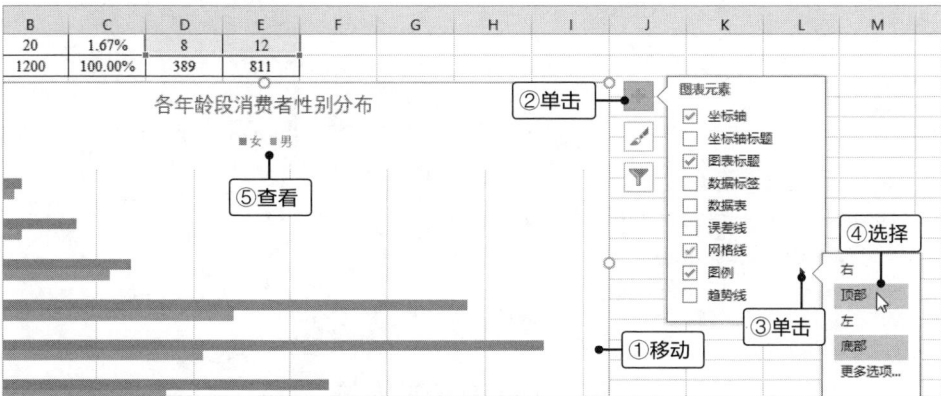

图 8-4　将图例设置为在顶部显示

保持图表的选择状态，单击"图表工具 设计"选项卡，在"图表样式"组中单击"更改颜色"下拉按钮，在弹出的下拉列表中选择一种颜色样式，更改图表的颜色，如图8-5所示。

选择"女"数据系列并右击，在弹出的快捷菜单中选择"设置数据系列格式"命令，如图8-6所示。

图8-5 选择颜色

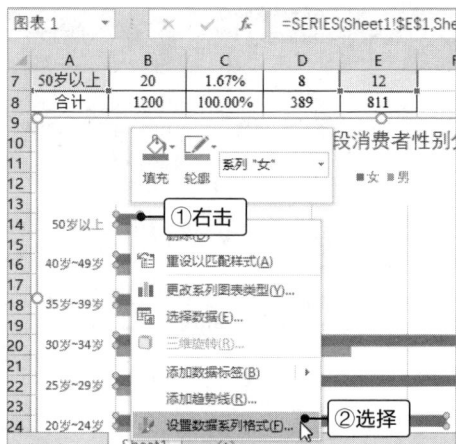

图8-6 选择命令

在打开的"设置数据系列格式"任务窗格中展开"系列选项"栏，选中"次坐标轴"单选按钮将"女"数据系列绘制到次要坐标轴，如图8-7所示。

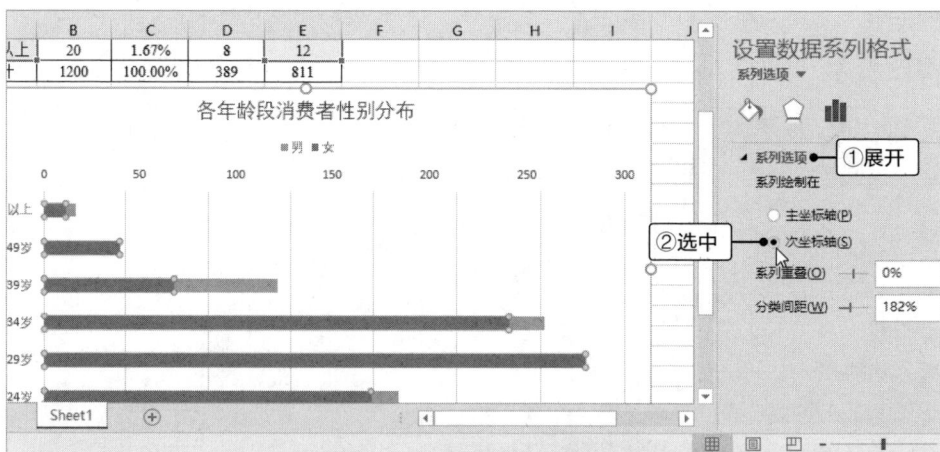

图8-7 设置次要坐标轴

　　在图表中选择上方的次要坐标轴，在"设置坐标轴格式"任务窗格中单击"坐标轴选项"选项卡，在其中选中"逆序刻度值"复选框将坐标轴刻度逆序排列，如图 8-8 所示。

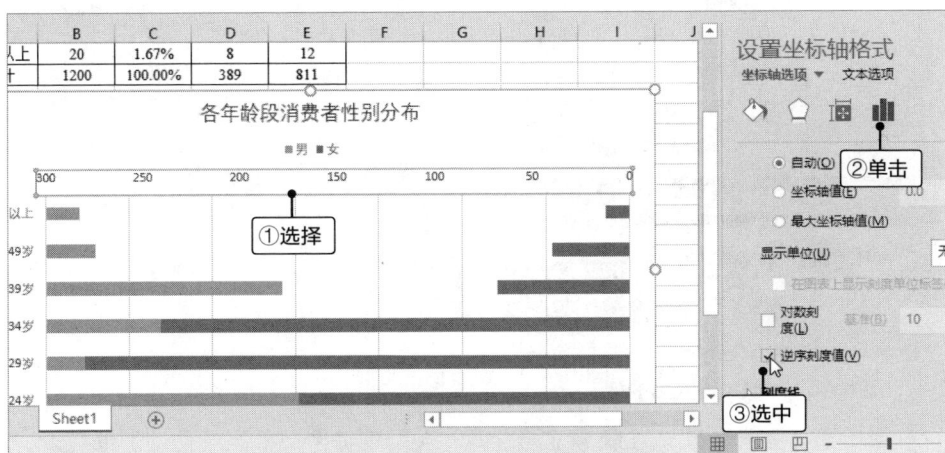

图 8-8　将坐标轴刻度逆序排列

　　保持次要坐标轴的选择状态，在"坐标轴选项"中设置边界的最大值和最小值分别为 300 和 -300，可以看到"女"数据系列的起点坐标位置被调整到了图表的水平居中位置，如图 8-9 所示。

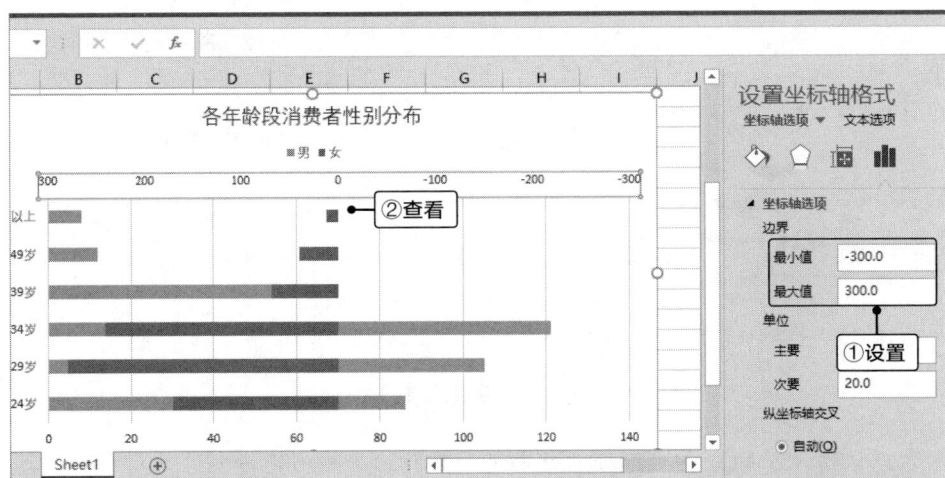

图 8-9　设置坐标位置

　　选择主要横坐标轴，将边界的最大值、最小值设置与次坐标轴相同，形成対称条形图，如图 8-10 所示。

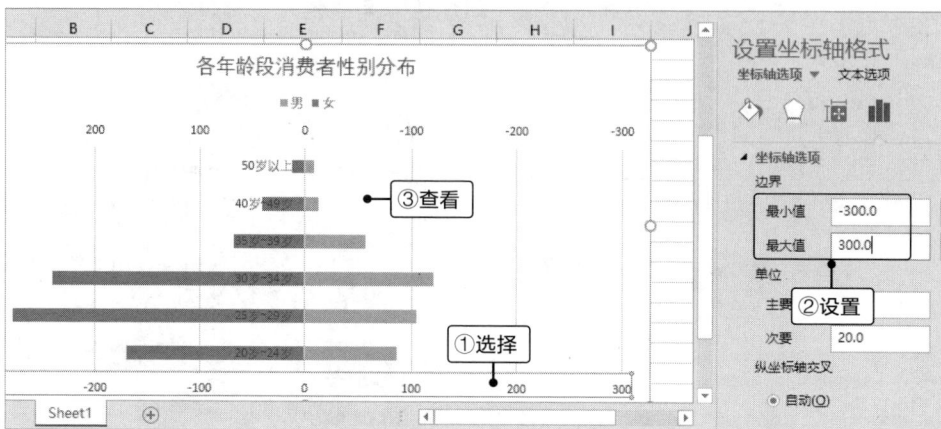

图 8-10 设置横坐标轴

由于分类坐标轴默认在轴旁显示，与"女"数据系列产生重叠，影响观看，因此要调整分类坐标轴的位置，使其与数据系列分开。选择图表纵坐标轴，在"设置坐标轴格式"任务窗格中的"坐标轴选项"选项卡"标签"栏设置标签位置"低"，使标签在图表左侧显示，如图 8-11 所示。

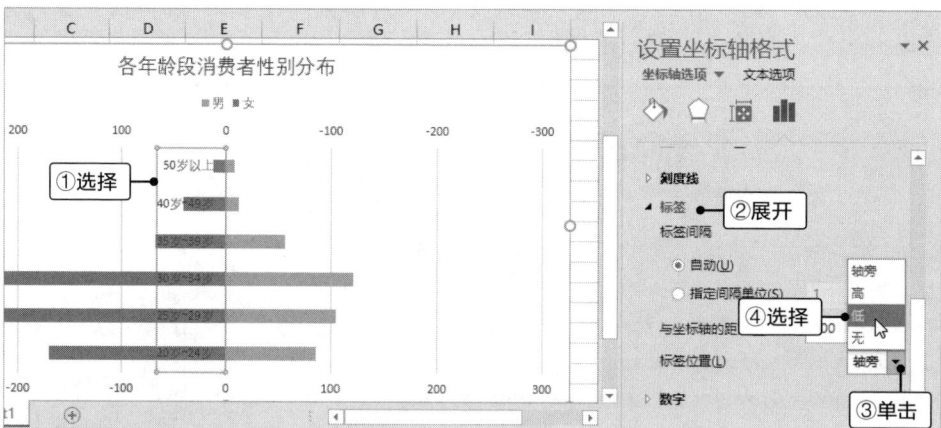

图 8-11 设置标签位置

默认情况下的分类坐标轴的效果不明显，为了更好地分割左右对称的条形图，需要将分类坐标轴的效果设置得更明显。直接单击"填充与线条"选项卡，展开"线条"栏，在其中单击"颜色"下拉按钮，在弹出的下拉列表中选择"黑

168.

色，文字 1"颜色选项设置纵坐标轴的线条颜色为黑色，如图 8-12 所示。

在"宽度"数值框中直接输入"1.5 磅"，完成纵坐标轴的粗细效果设置，如图 8-13 所示。

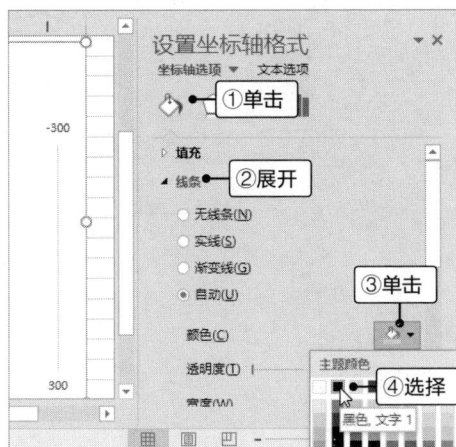

图 8-12　设置纵坐标轴的线条颜色　　图 8-13　设置纵坐标轴的粗细效果

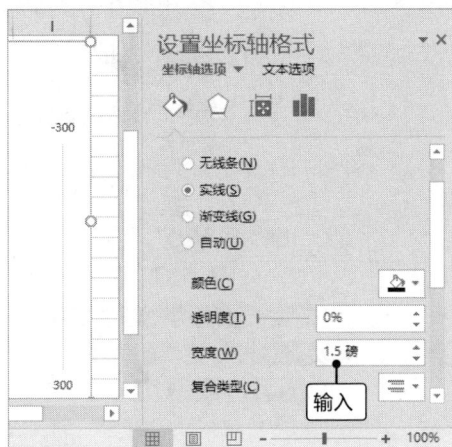

在创建图表后，程序会自动根据数据的多少以及图表的大小调整各分类之间的距离。在本例中，各分类之间的间距太大，从而显得对称条形图很稀疏，此时可以选择图表中的"女"数据系列，在"系列选项"选项卡中设置其"分类间距"为 60%，调整数据系列的宽度。用相同的方法将"男"数据系列的分类间距调整为 60%。此时即可查看到各分类之间的间距变小了，条形图的形状也变宽了，最后关闭任务窗格，如图 8-14 所示。

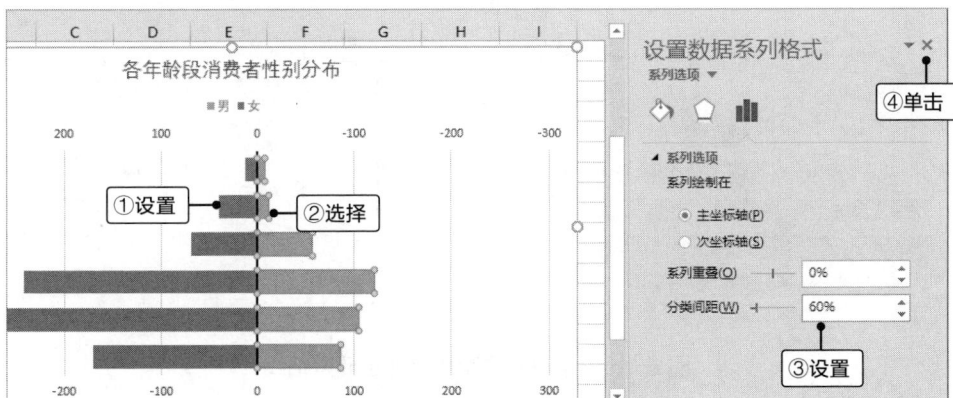

图 8-14　设置数据系列格式

为了更好地对比数据，现在需要在对称条形图的数据系列上添加对应的数据标签，选择"女"数据系列，展开"图表元素"面板，将鼠标光标指向"数据标签"选项，单击出现的三角形按钮，选择"数据标签内"选项为数据系列添加数据标签，如图8-15所示。用相同的方法为"男"数据系列添加数据标签。

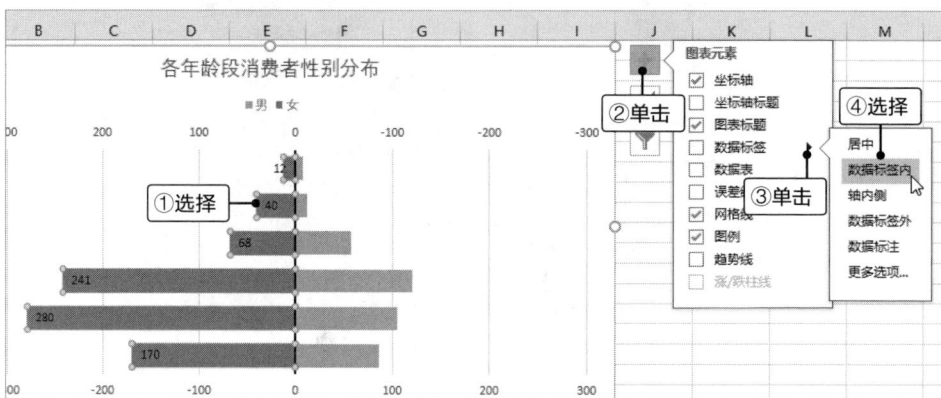

图8-15　为数据系列添加数据标签

为数据系列添加了数据标签，就不需要通过垂直网格线来辅助阅读数据的大小，这里先取消垂直网格线，添加水平网格线，让数据系列与分类进行对齐。再次单击"图表元素"按钮，在弹出的面板中展开网格线对应的子菜单，取消选中"主轴主要垂直网格线"复选框，选中"主轴主要水平网格线"复选框，设置在图表中仅显示水平的主要网格线，如图8-16所示。

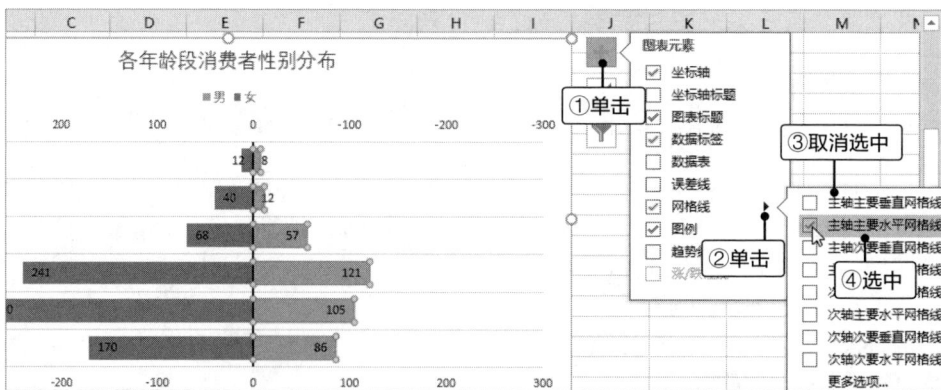

图8-16　设置仅显示水平的主要网格线

由于不能直接删除数值坐标轴，要达到不显示分类坐标轴的效果，最快捷的方式是将其字体颜色设置为白色，因此选择次要坐标轴标题，单击"开始"选项卡"字体"组中的"字体颜色"按钮右侧的下拉按钮，选择"白色，背景1"选项即可取消次要坐标轴的显示，如图8-17所示。

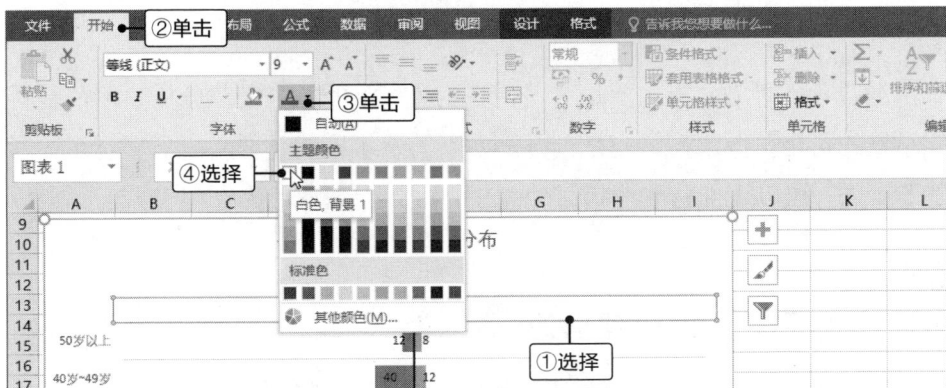

图 8-17　取消次要坐标轴的显示

用相同的方法将主要坐标轴标题的字体颜色设置为白色，最后为图表中的其他文本设置对应的字体格式后添加图表边框完成整个图表的制作，如图8-18所示。

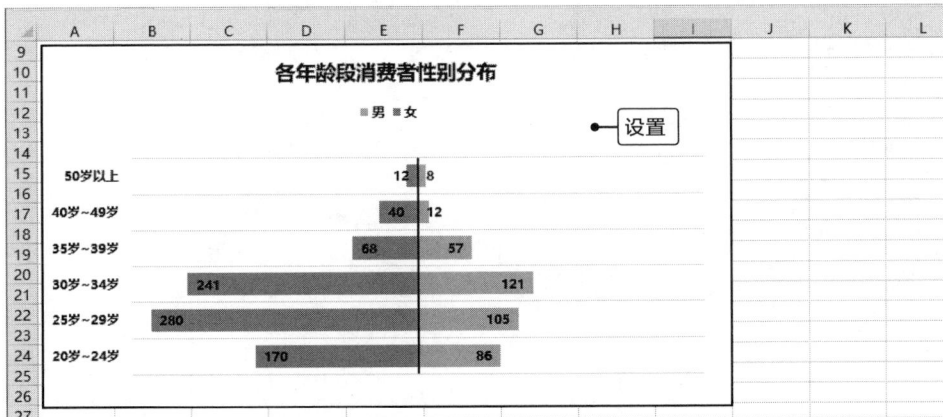

图 8-18　完成制作

从以上的制作过程可以看到，其实到图8-11就完成了对称条形图的核心制作过程，但是任何图表制作出来都是为了更清晰地表达数据结果，因此还需要对其进行必要的美化设置和布局调整。对于图表的美化操作，不同的人设置不同，因此，销售人员在进行美化设置操作时，可以按自己的需求来进行操作。

8.1.2 消费者购买行为分析

消费者购买力分析主要是对消费者购买商品的能力进行分析，即消费者能承受的价格范围情况，它是刻画消费者消费水平的重要手段。了解消费者的购买力，可以更加精准地制订营销方案和定价策略，促进销售额提升。

实例演示

根据不同购买力判断消费者群体的重要程度

选择 A1:B6 单元格区域，创建一个圆环图图表，选择创建的图表，单击"图表工具 格式"选项卡，在"大小"组中将图表的高度和宽度分别设置为 10 厘米和 17 厘米，如图 8-19 所示。

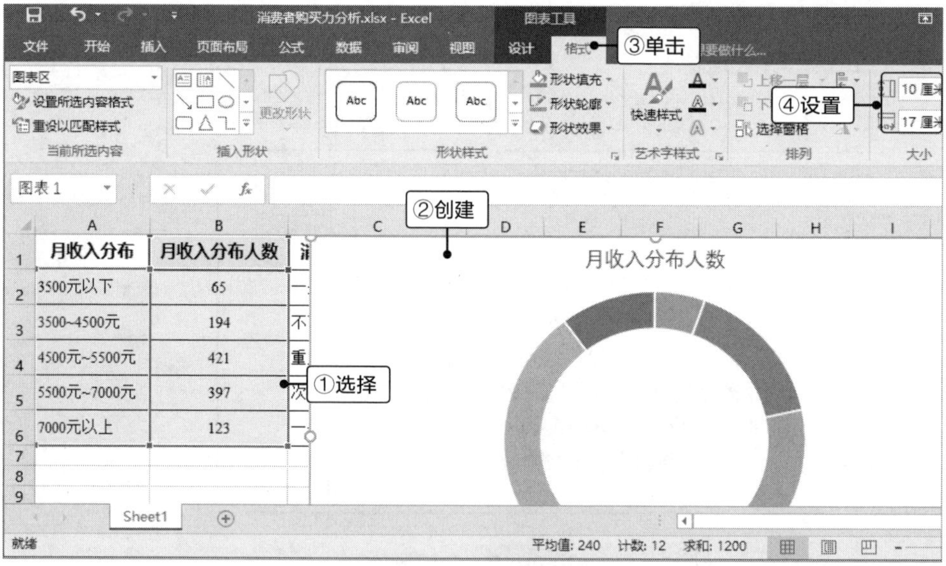

图 8-19 设置图表大小

在圆环图中间有很大的圆环区域，可以用于添加图表标题，因此这里可以将图表标题删除，从而增加绘图区的区域，让数据系列可以最大限度显示。直接选择图表标题占位符，按【Delete】即可将其删除。单击"图表元素"按钮，在展开的面板中单击"图例"项目的展开按钮，选择"右"选项将图例更改到图表区的右侧显示，如图 8-20 所示。

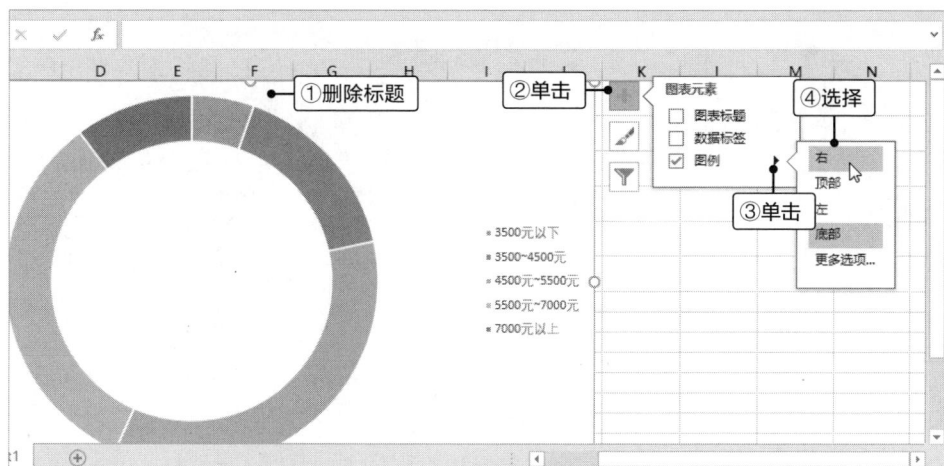

图 8-20　设置图表元素

双击数据系列打开"设置数据系列格式"任务窗格，在其中展开"系列选项"栏，调整圆环图内径大小为 40%，减小圆环空白区域，增加圆环数据系列的宽度，如图 8-21 所示。

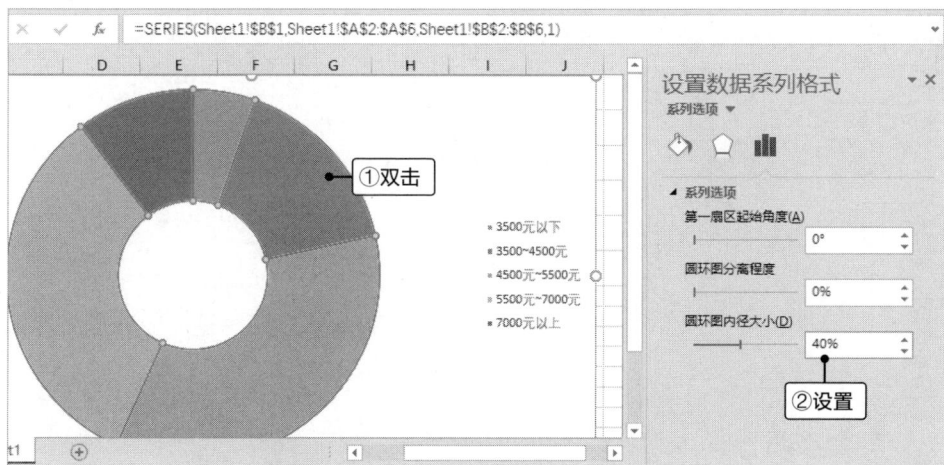

图 8-21　增加圆环数据系列的宽度

为图表添加数据标签，选择数据标签，选中"百分比"复选框，取消选中"值"

复选框，选中"单元格中的值"复选框，打开"数据标签区域"对话框，如图8-22所示。

图8-22 为图表添加数据标签

选择C2:C6单元格区域完成数据标签区域的设置，单击"确定"按钮关闭对话框，如图8-23所示。

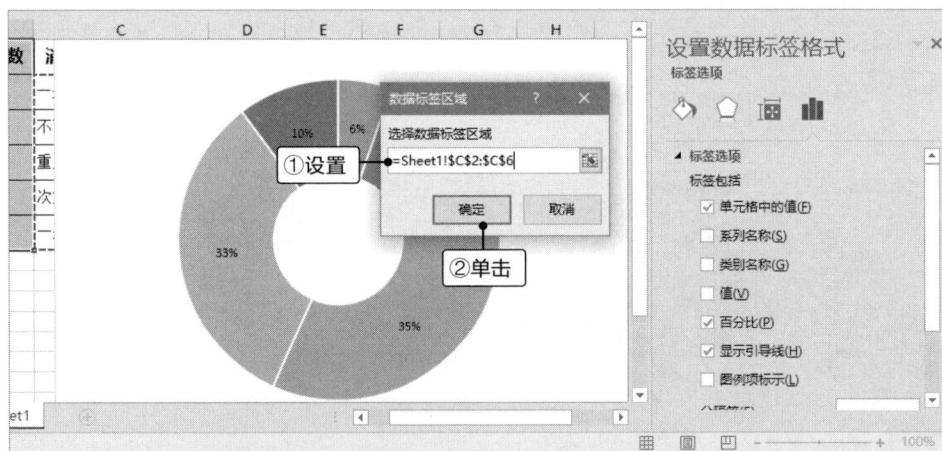

图8-23 完成设置

单击"分隔符"下拉列表框右侧的下拉按钮，在弹出的下拉列表中选择"（分行符）"选项，将数据标签内容分为两行显示，然后单击"关闭"按钮关闭任务窗格，如图8-24所示。

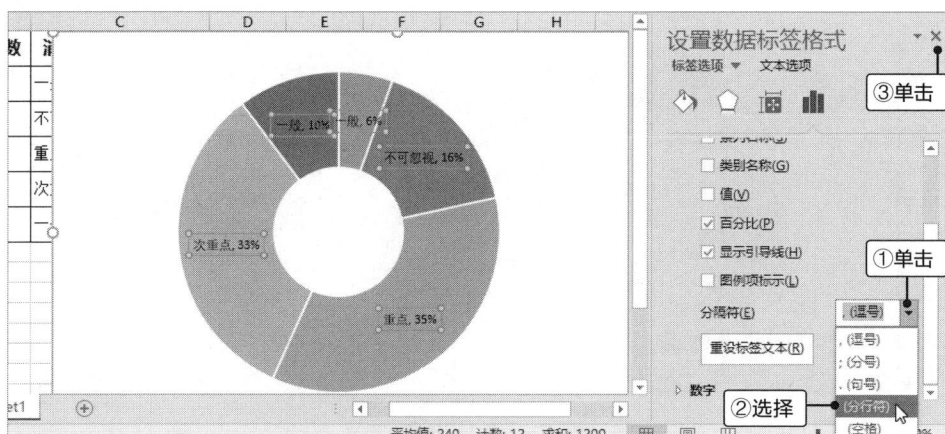

图 8-24　将数据标签内容分为两行显示

完成图表数据标签的设置后，接下来在圆环图的中心空白区域添加图表标题，这需要借助文本框形状来完成。单击"插入"选项卡，在"插图"组中单击"形状"下拉按钮，选择"文本框"选项，如图 8-25 所示。

在圆环图中间空白位置按住鼠标左键不放，拖动鼠标光标绘制一个文本框，绘制完成后释放鼠标左键，此时程序自动将文本插入点定位到文本框中，直接输入"消费者购买力分析"文本，如图 8-26 所示。

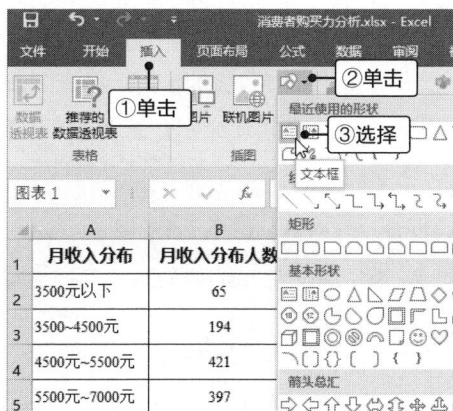

图 8-25　插入文本框

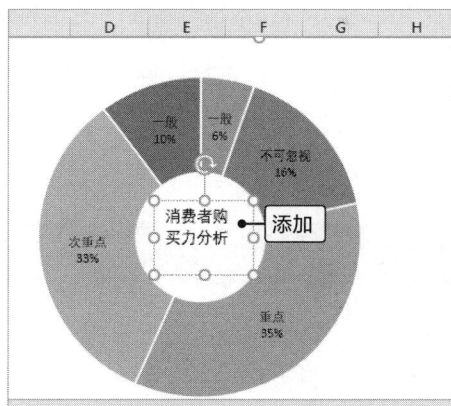

图 8-26　输入文本

分别为图表中的数据标签、图例项和图表标题文本设置对应的字体格式，为图表添加黑色的边框效果，最后拖动数据标签，将其调整到合适的位置，完成整个图表的制作，如图 8-27 所示。

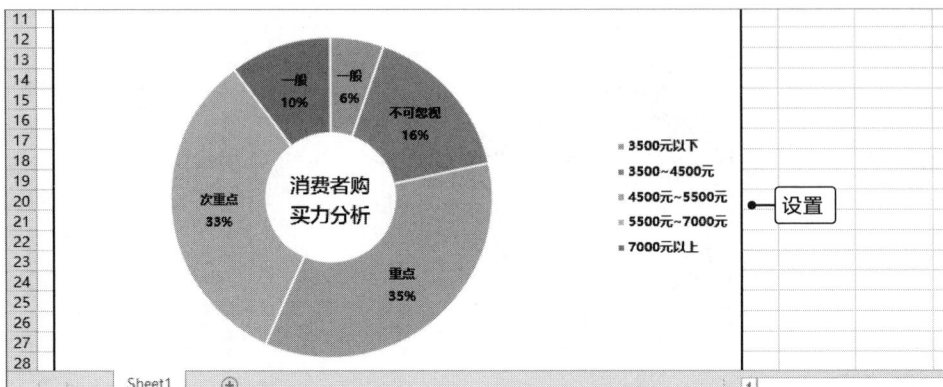

图 8-27　完成制作

8.1.3　消费者获得产品信息的渠道分析

在销售市场调查问卷中，往往还会对消费者的购买渠道进行调查，通过调查该数据，可以了解到消费者一般以何种方式了解产品，并购买产品。这对新品上市的铺货方式和宣传方式具有非常重要的参考意义。

实例演示

突出强调消费者获得产品信息的最佳渠道

选择 A1:B6 单元格区域，创建一个饼图图表，选择创建的图表，单击"图表工具 格式"选项卡，在"大小"组中将图表的高度和宽度分别设置为 10 厘米和 17 厘米，如图 8-28 所示。

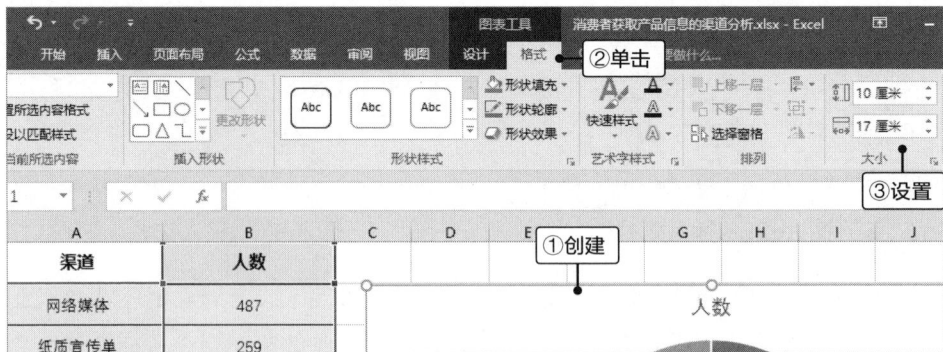

图 8-28　设置图表大小

选择图表，单击"图表工具 设计"选项卡，在"图表样式"组的样式列表框中选择"样式 10"选项，快速为图表应用对应的内置样式，如图 8-29 所示。

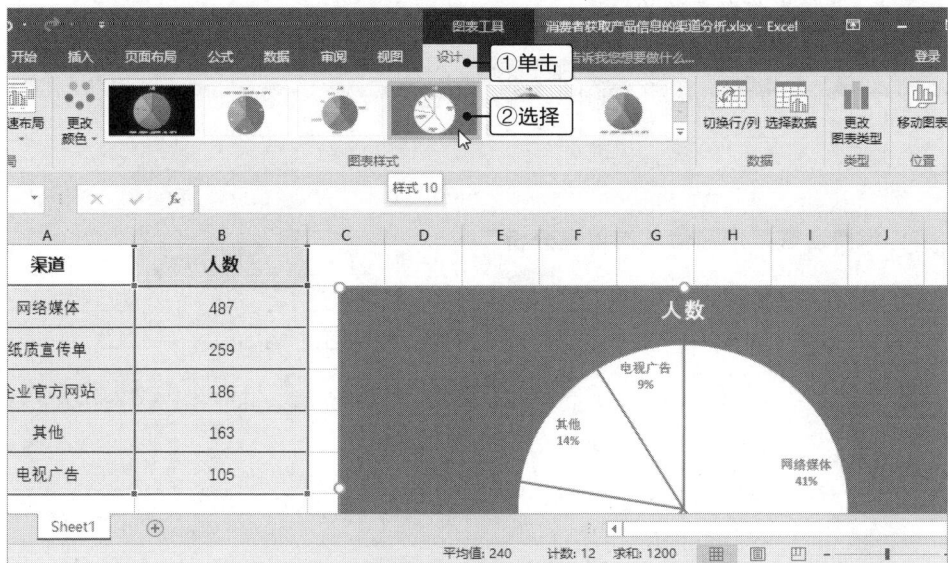

图 8-29　设置样式

将图表标题修改为"消费者获取产品信息的渠道分析"，并为其设置对应的字体格式，同时也修改默认添加的数据标签格式，如图 8-30 所示。

图 8-30　设置标题格式

双击图表区打开"设置图表区格式"任务窗格，展开"填充"栏，选中"纯色填充"单选按钮，单击"颜色"下拉按钮，在弹出的下拉列表中选择"白色，背景1"选项更改图表区的填充颜色，如图8-31所示。

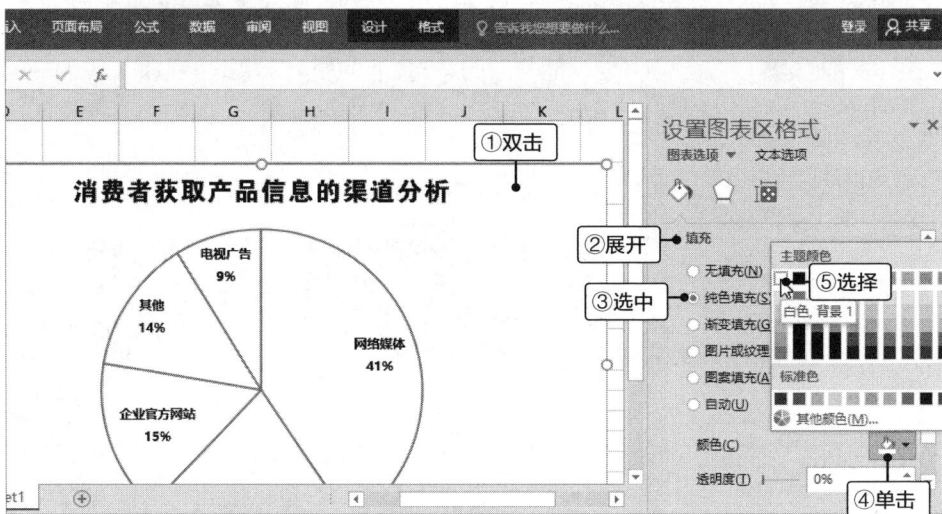

图8-31 设置填充

展开"边框"栏，选中"实线"单选按钮，在"颜色"下拉菜单中选择"黑色，文字1"颜色将其轮廓颜色设置为黑色，在"宽度"数值框中输入"1.25磅"更改图表边框的效果，如图8-32所示。

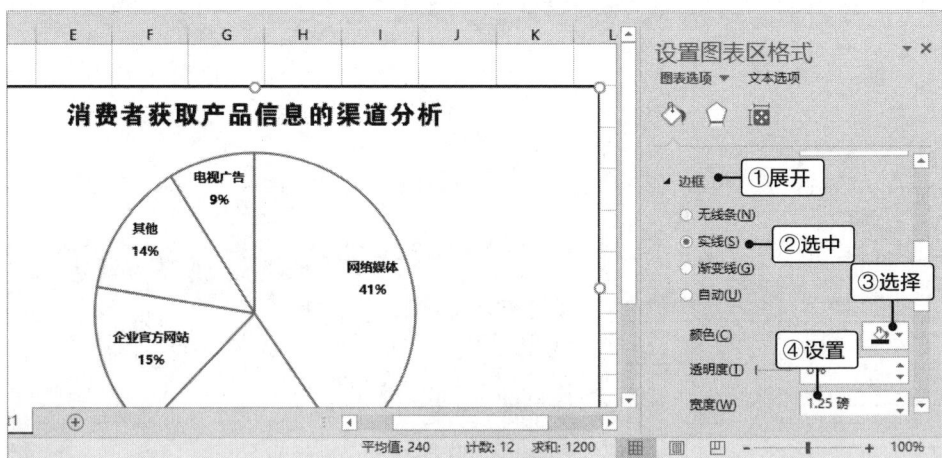

图8-32 设置边框

在"边框"栏的最下方选中"圆角"复选框完成图表轮廓的圆角效果设置，如图 8-33 所示。

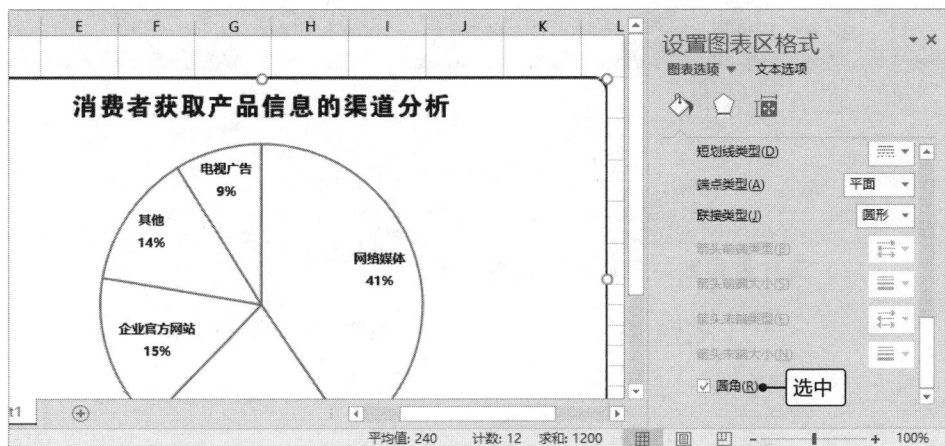

图 8-33 设置轮廓

选择饼图数据系列，任务窗格自动变为"设置数据系列格式"任务窗格，在"边框"栏中选中"实线"单选按钮，将其颜色设置为黑色，最后单击任务窗格左上角的"关闭"按钮关闭该任务窗格，如图 8-34 所示。

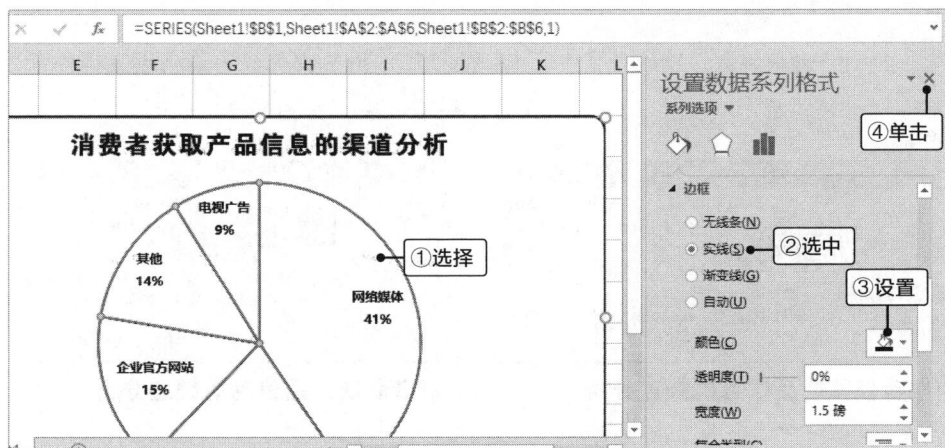

图 8-34 设置数据系列格式

两次选择"网络媒体"数据系列将该数据系列扇区单独选中，单击"图表工具 格式"选项卡，在"形状样式"组中单击"形状轮廓"按钮右侧的下拉按钮，在弹出的下拉菜单中选择"无轮廓"选项取消该数据系列扇区的轮廓效果，如图8-35所示。

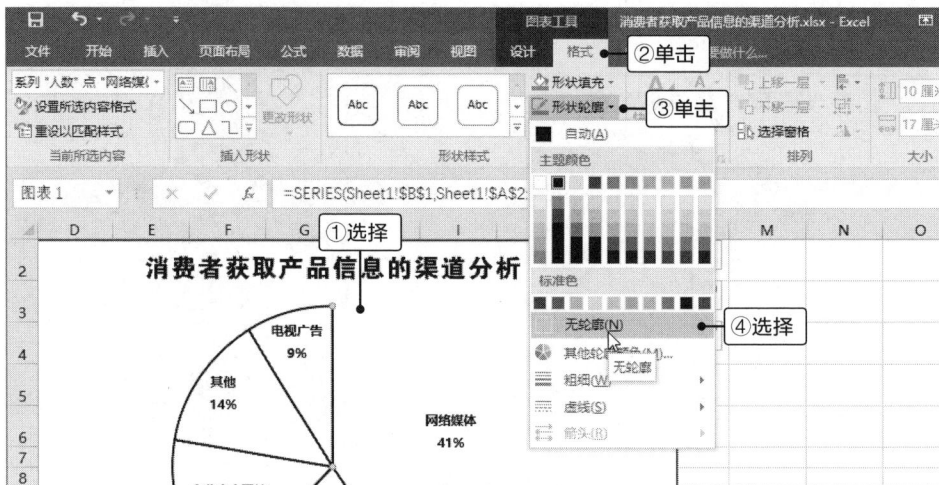

图8-35 设置轮廓

在"图表工具 格式"选项卡"插入形状"组中选择"箭头：下"形状选项，按住鼠标左键不放，在网络媒体扇区拖动鼠标左键绘制一个向下的箭头，如图8-36所示。

通过"形状样式"组的"形状填充"下拉菜单将箭头形状的颜色设置为红色，单击"形状轮廓"按钮将其轮廓设置为无轮廓效果，如图8-37所示。

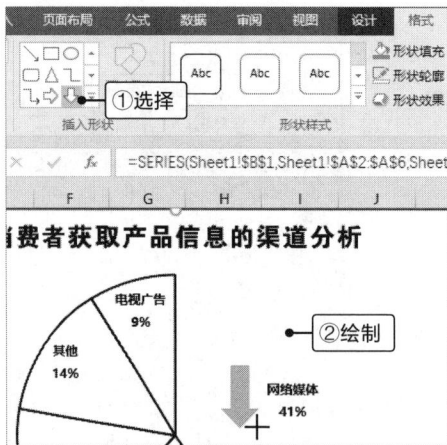

图8-36 绘制箭头

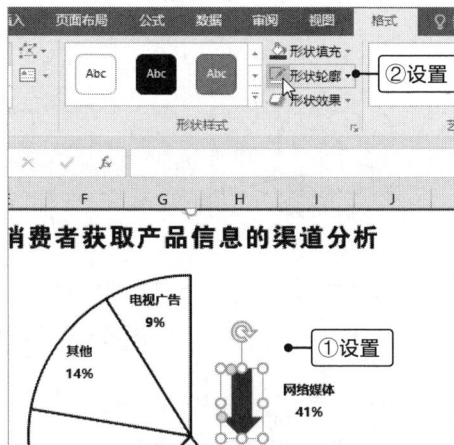

图8-37 设置填充

选择箭头形状，将鼠标光标移动到该形状的旋转控制柄上，按住鼠标左键不放，旋转拖动鼠标，完成箭头形状的方向旋转，如图 8-38 所示。

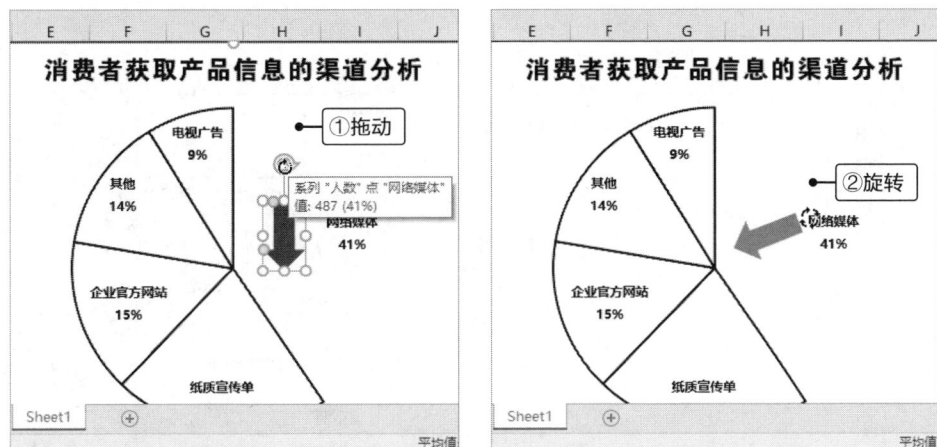

图 8-38　调整箭头方向

调整箭头形状到图表的合适位置即可完成整个图表的创建，如图 8-39 所示，从最终效果中可以清晰地看到各渠道的占比大小，并且对于箭头形状所在的网络媒体渠道方式作为最主要的消费者获得产品信息的渠道，被突出显示出来了。

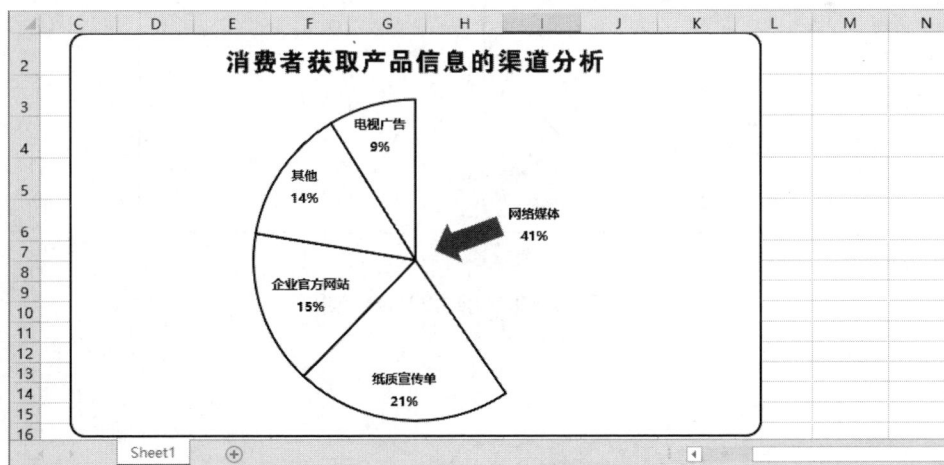

图 8-39　完成创建

在 Excel 中的饼图中除了通过箭头形状突出某一扇区的数据以外，还可以通过分离饼图的方式完成，其具体操作是：单独选择需要突出强调的扇区，按住鼠标左键不放，向外拖动鼠标即可得到单独扇区的分离效果，如图 8-40 所示。

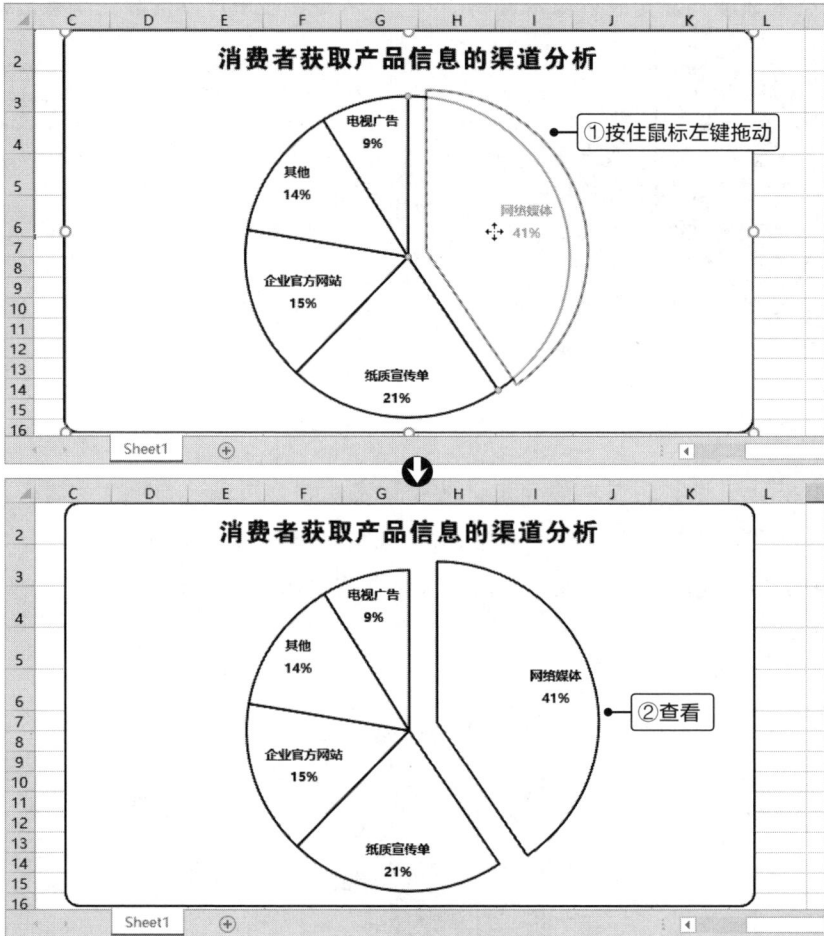

图 8-40　单独扇区的分离效果

8.2　销售对象数据分析

这里指的销售对象主要是对已经成为产品用户的这一类群体进行分析，

包括客户对商品知名度和忠诚度的调查分析、客户流失原因分析等。

8.2.1　客户对商品知名度和忠诚度调查分析

通过对不同品牌的同类商品在客户中的知名度和忠诚度进行分析，可以了解客户的购买趋向，这对商品的推广策略有非常重要的指导意义。

通常，对于双指标数据的相关性分析常常采用散点图来完成，但是，多个数据点无规律地分散在绘图区中，这对数据的分析和观察是不方便的。此时可以将绘图区划分为4个区域，这样就可以实现数据的差异化分类，从而方便对同一个区域中的数据间的强弱关系进行分析。

实例演示

制作冰箱品牌知名度和忠诚度调查结果四象限图

在工作表中选择任意空白单元格，在"插入"选项卡"图表"组中单击"插入散点图（X、Y）或气泡图"下拉按钮，在弹出的下拉菜单中选择"散点图"选项创建一个空白的散点图图表，如图8-41所示。

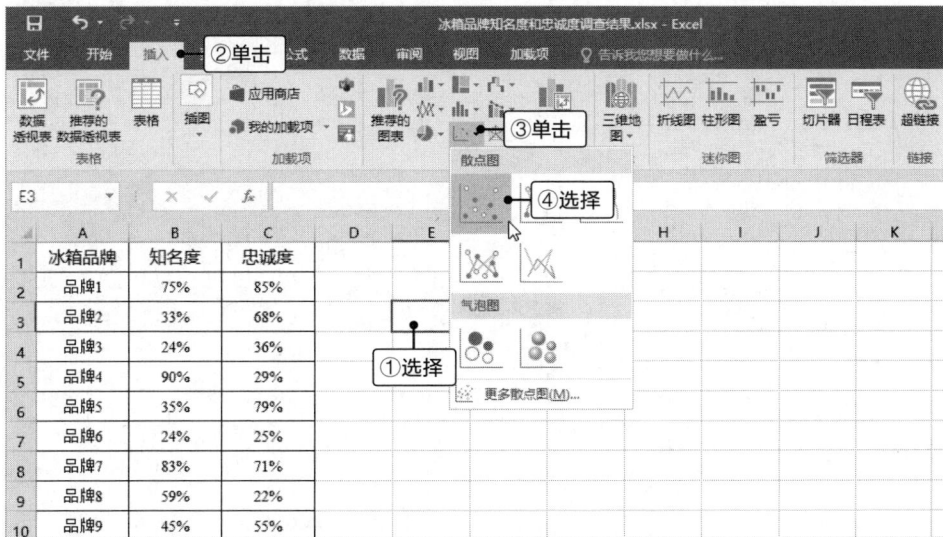

图8-41　创建一个空白的散点图图表

保持图表的选择状态，单击"图表工具 设计"选项卡，在"数据"组中单击"选择数据"按钮，在打开的"选择数据源"对话框中单击"添加"按钮，如图 8-42 所示。

图 8-42　单击按钮

在打开的"编辑数据系列"对话框中设置系列名称为 B1 单元格，设置 X 轴系列值为 B2:B13 单元格区域，设置 Y 轴系列值为 C2:C13 单元格区域，单击"确定"按钮，在返回的对话框中直接单击"确定"按钮，确认添加的图表数据并关闭对话框，如图 8-43 所示。

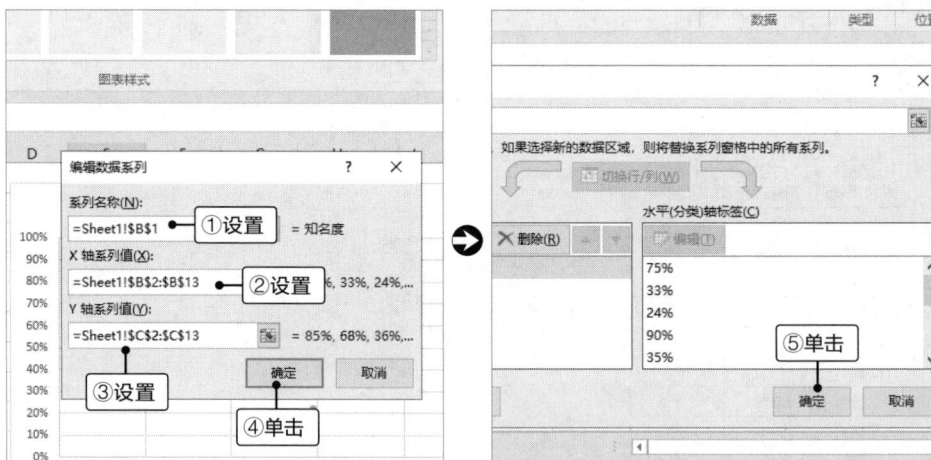

图 8-43　编辑数据系列

双击纵坐标轴打开"设置坐标轴格式"任务窗格，单击"坐标轴选项"选项卡，在"横坐标轴交叉"栏中选中"坐标轴值"单选按钮，并设置其值为 0.5，单击"标签"栏中的"标签位置"下拉列表框右侧的下拉按钮，选择"低"选项，从而更改纵坐标轴的标签位置，如图 8-44 所示。

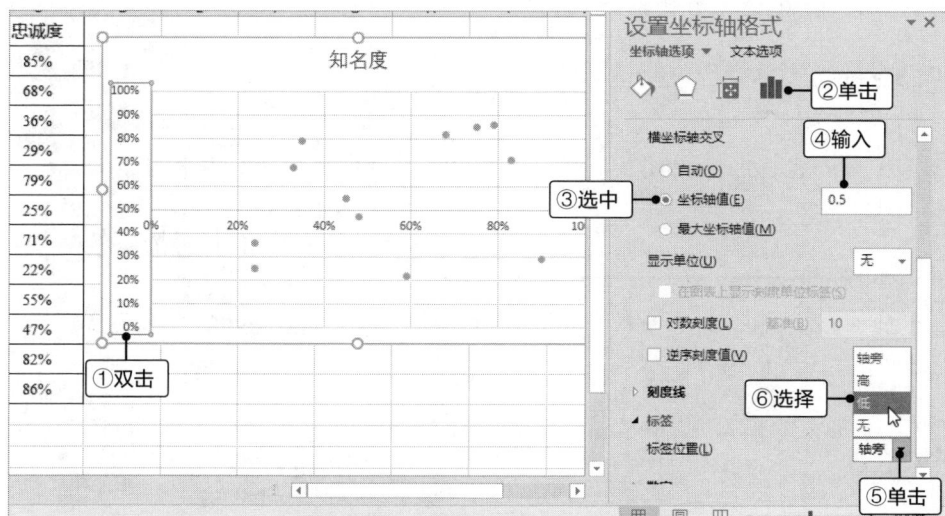

图 8-44　更改纵坐标轴的标签位置

选择横坐标轴，在"纵坐标轴交叉"栏中选中"坐标轴值"单选按钮，并设置其值为 0.5，将纵坐标轴右移。在"标签"栏的"标签位置"下拉列表框中选择"低"选项，更改横坐标轴的标签位置，如图 8-45 所示。

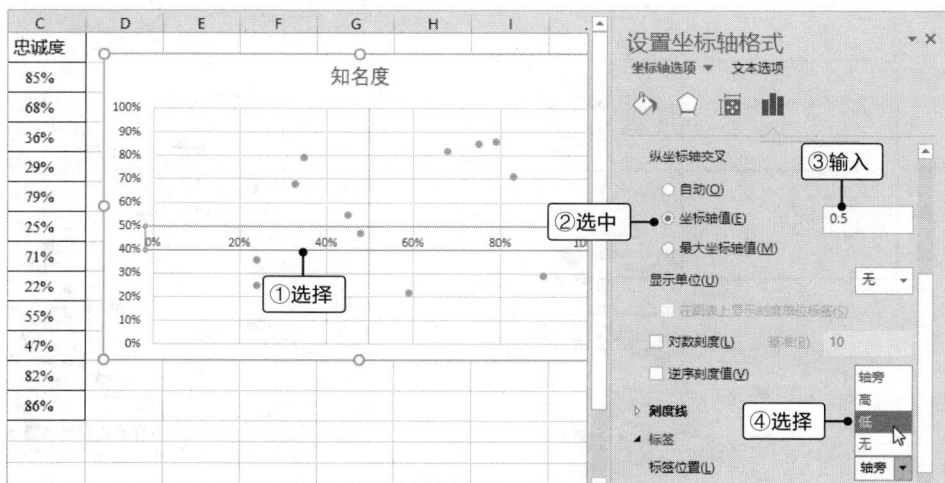

图 8-45　更改横坐标轴的标签位置

保持横坐标轴的选择状态，单击"填充与线条"选项卡，展开"线条"栏，选中"实线"单选按钮，设置边框颜色为"黑色，文字1"颜色，在"宽度"数值框中输入"2磅"更改横坐标轴线条格式，如图8-46所示。用相同的方法更改纵坐标轴的线条为相同格式。

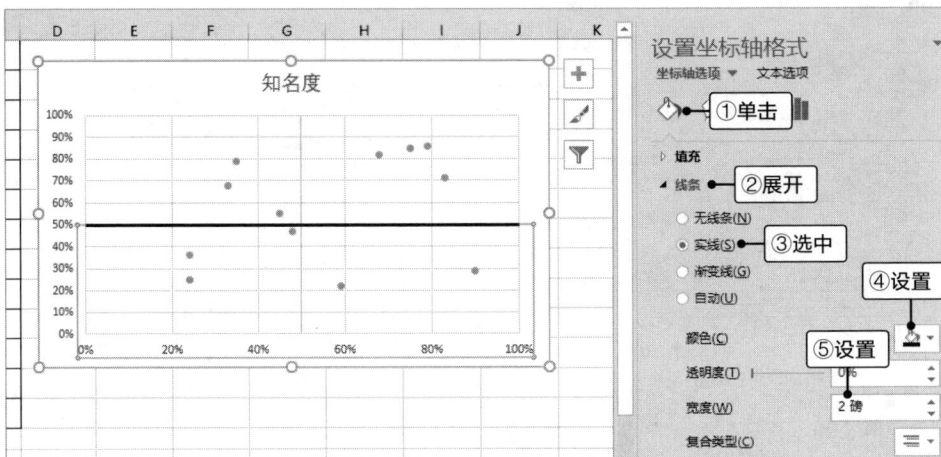

图8-46　更改横坐标轴线条格式

选择绘图区，将其边框格式设置为坐标轴线条相同的颜色和粗细格式，展开"填充"栏，选中"纯色填充"单选按钮，单击"颜色"下拉按钮，选择"金色，个性色4，淡色80%"选项为绘图区设置填充色，如图8-47所示。

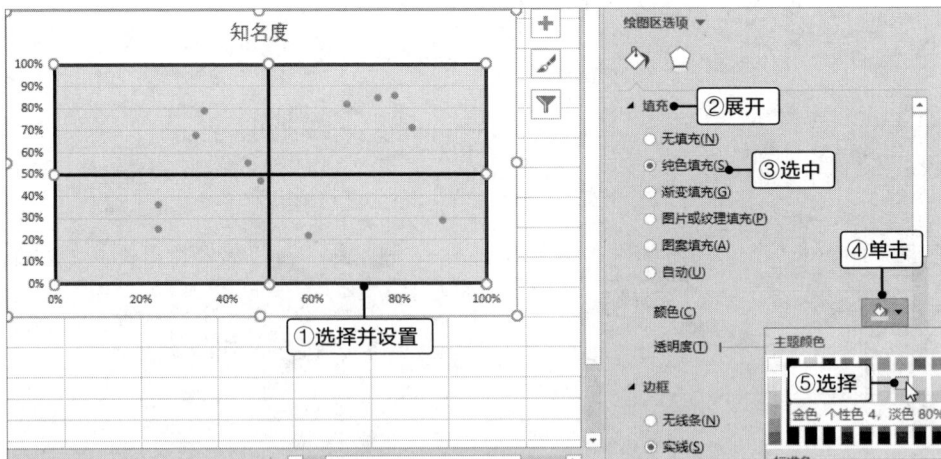

图8-47　为绘图区设置填充色

单击"图表元素"按钮，取消选中"网格线"复选框，取消绘图区中显示的网格线，如图 8-48 所示。

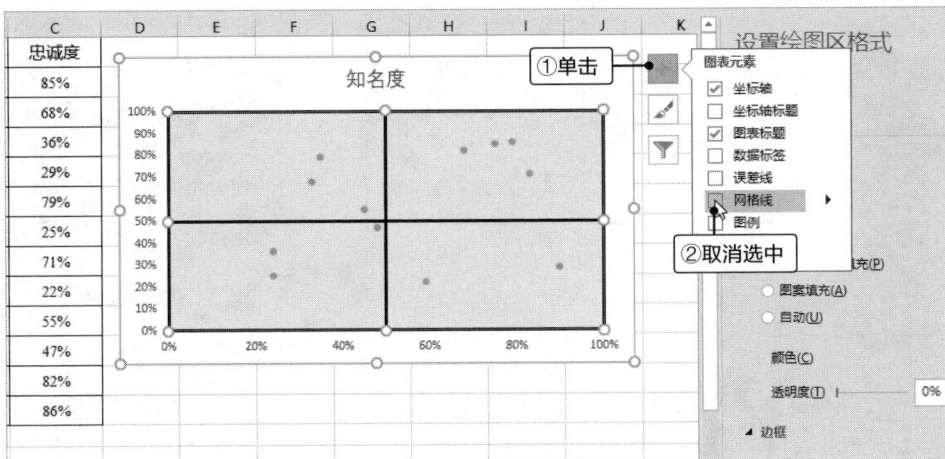

图 8-48　取消绘图区中显示的网格线

选择数据系列，单击"填充与线条"选项卡，在"标记"选项卡中展开"数据标记选项"栏，选中"内置"单选按钮，将其标记大小设置为10，如图 8-49 所示。

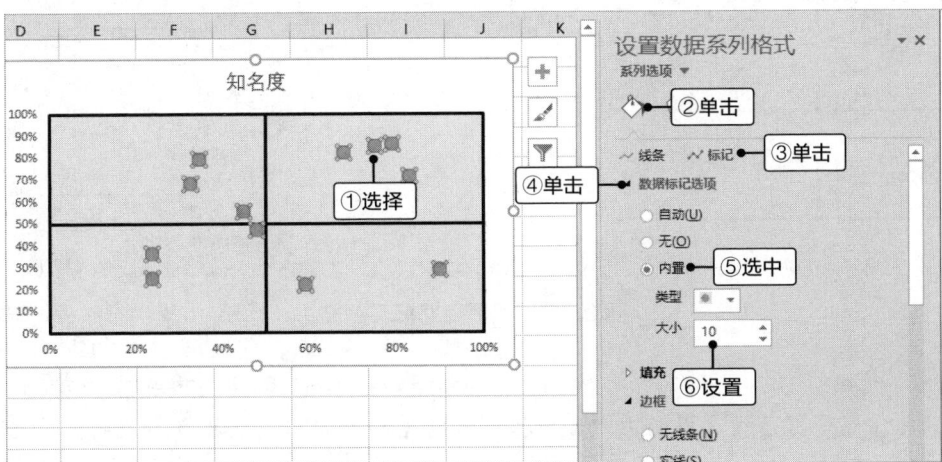

图 8-49　设置标记大小

展开"填充"栏，选中"纯色填充"单选按钮，将标记的填充色设置为深红，如图 8-50 所示。

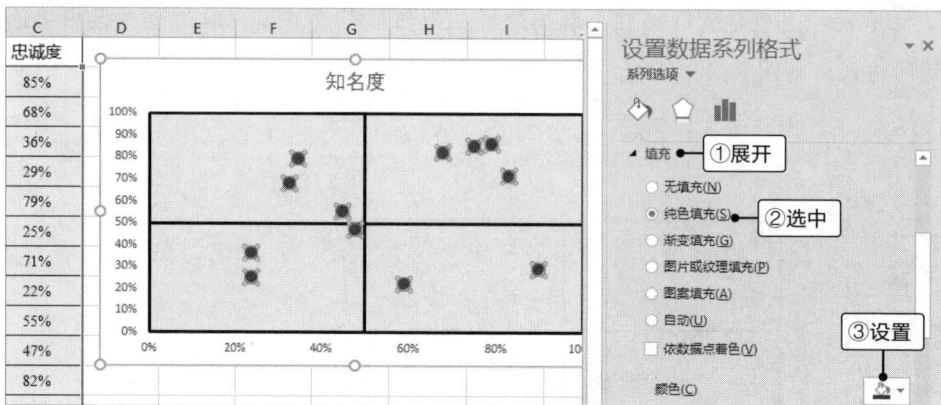

图 8-50　设置标记填充色

为数据系列添加数据标签，选择添加的数据标签，在"设置数据标签格式"任务窗格中展开"标签选项"栏，取消选中"显示引导线"复选框，即仅选中"Y值"复选框，如图 8-51 所示。

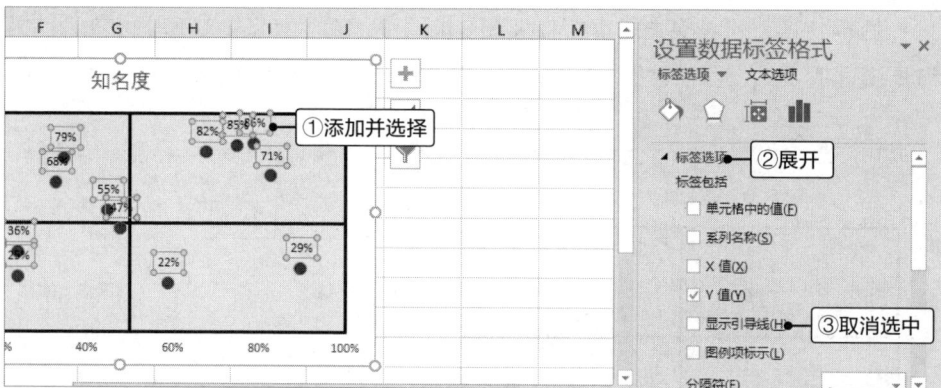

图 8-51　设置数据标签格式

单独选择一个数据标签，将鼠标光标指向该数据标签可以弹出一个提示信息框（结合提示信息框的内容和数据标签的 Y 值确定当前数据点对应的冰箱品牌单元格，例如当前选择的数据点对应的冰箱品牌为品牌 5），在编辑栏中输入"＝"号后，选择"品牌 5"所在的单元格，按【Enter】键确认输入的公式，完成该数据点数据标签文本的修改，如图 8-52 所示。

用相同的方法更改其他数据点对应的数据标签文本，并对每个数据点的数据标签位置进行调整，使其显示在合适的位置。

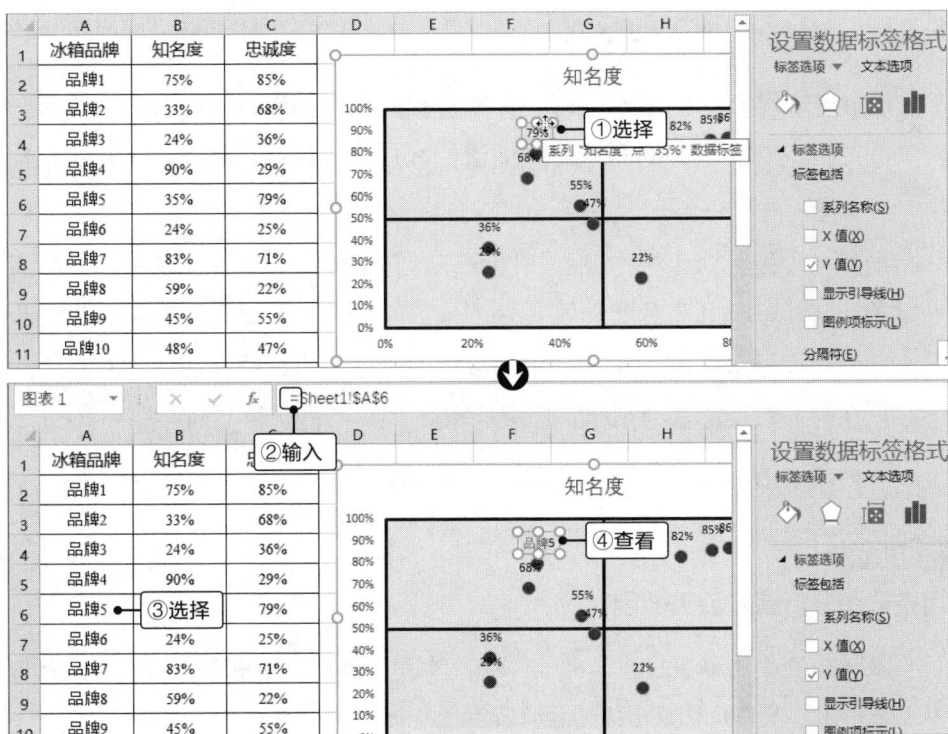

图 8-52　修改数据点数据标签文本

修改图表的标题，为横坐标轴和纵坐标轴添加对应的坐标轴标题，最后再对图表中的文本格式进行设置，并调整图表的大小和外观效果，最后关闭任务窗格完成整个操作，其最终效果如图 8-53 所示。

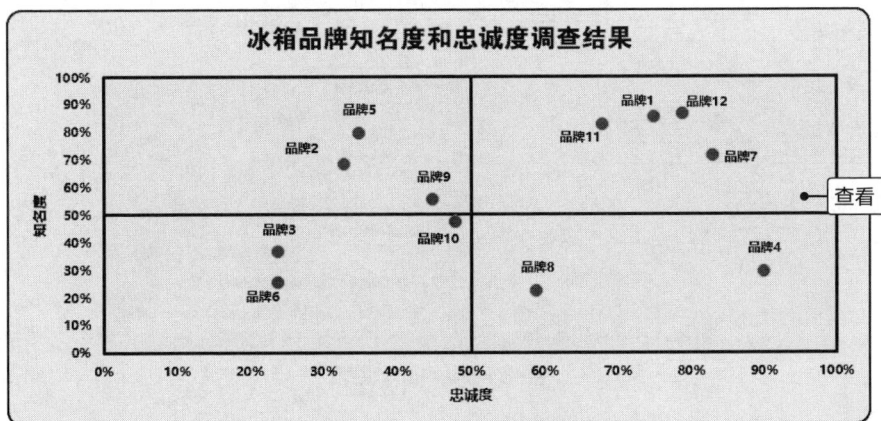

图 8-53　最终效果

8.2.2　分析客户流失的原因

在销售行业，客户就是上帝，没有客户就没有销量，因此对于造成客户流失的原因进行分析，有利于更好地留住客户，而且对产品的优化升级也提供一个参考。

虽然条形图相对于柱形图和饼图来说，在处理分类标签较长的情况时有一定的优势，但是如果分类标签长短不一，整个图表效果也不利于数据的查看。此时可以通过在图表中依据相同数据源创建图表，从而巧妙地将其中一个数据系列的数据标签"用作"分类标签。

下面通过条形图来分析客户流失的原因。

实例演示

用条形图分析客户流失原因

在工作表中选择 A2:B8 单元格区域，单击"插入"选项卡中的"插入柱形图或条形图"下拉按钮，选择"簇状条形图"选项，如图 8-54 所示。

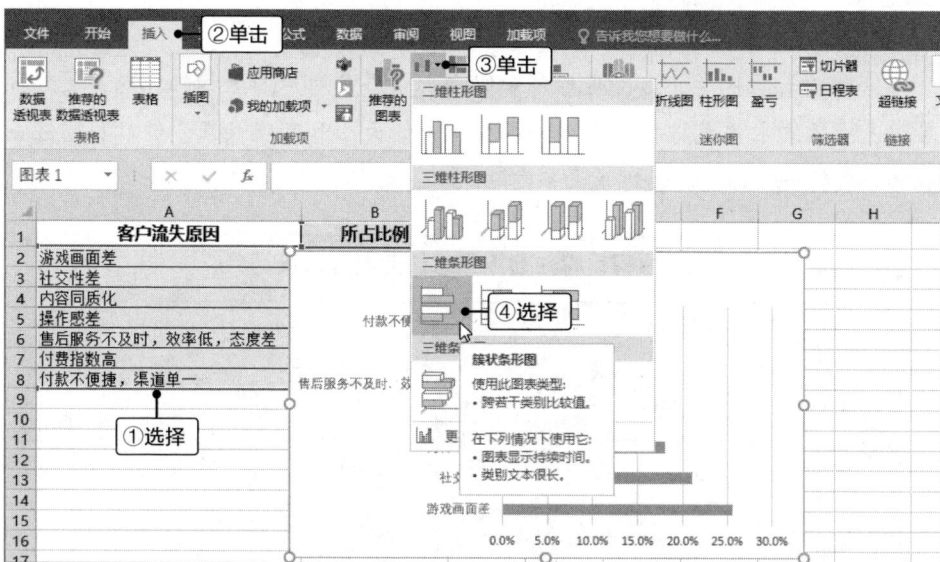

图 8-54　插入图表

将图表移动到空白位置，重新复制 A2:B8 单元格区域，选择图表，直接按

【Ctrl+V】组合键将选择的数据源粘贴到图表中，程序自动在图表中添加一个相同的数据系列，如图 8-55 所示。

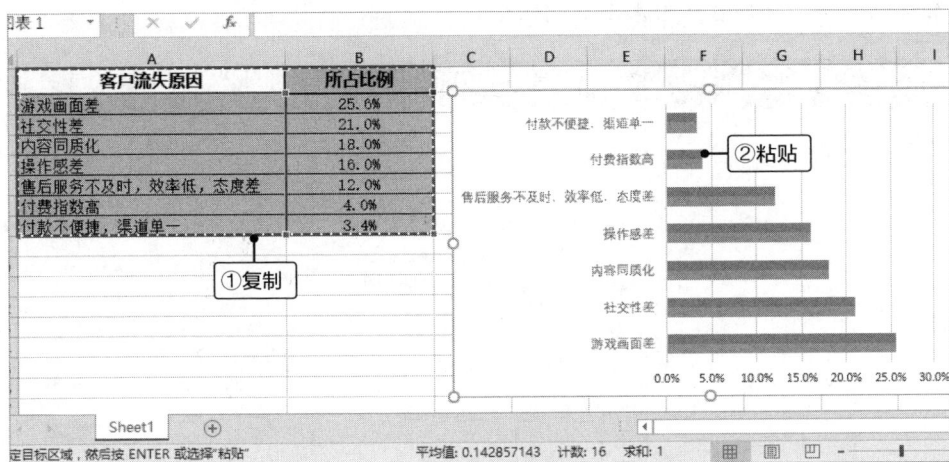

图 8-55　添加图表

双击分类坐标轴打开"设置坐标轴格式"对话框，在"坐标轴选项"选项卡中选中"逆序类别"复选框，程序自动将条形图的顺序进行逆序调整，从而让条形图从上到下降序排列，如图 8-56 所示。（需要说明，这里的原图是从上到下升序排列，所以通过将分类坐标轴设置为逆序，才能让条形图从上到下降序排列。）

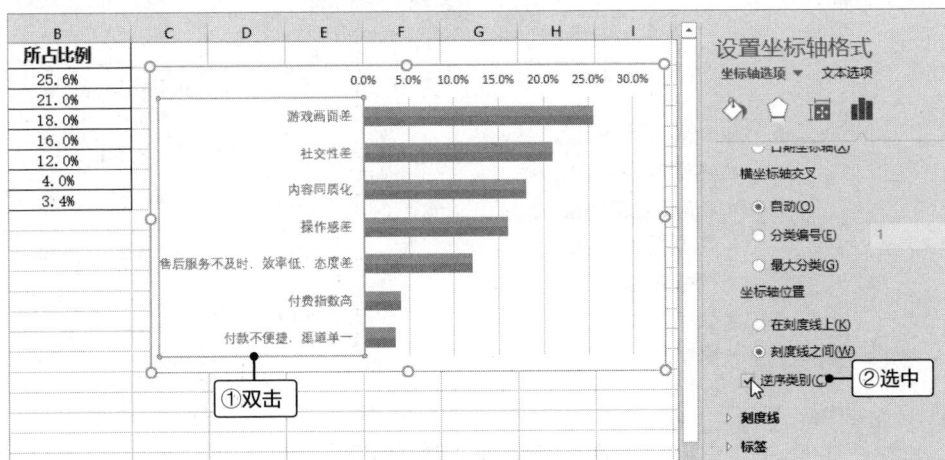

图 8-56　让条形图从上到下降序排列

选择横坐标轴,展开"标签"栏,单击"标签位置"下拉列表框右侧的下拉按钮,在弹出的下拉列表中选择"高"选项,如图 8-57 所示。通过这个操作可以将横坐标轴的坐标轴内容在条形图底端显示。

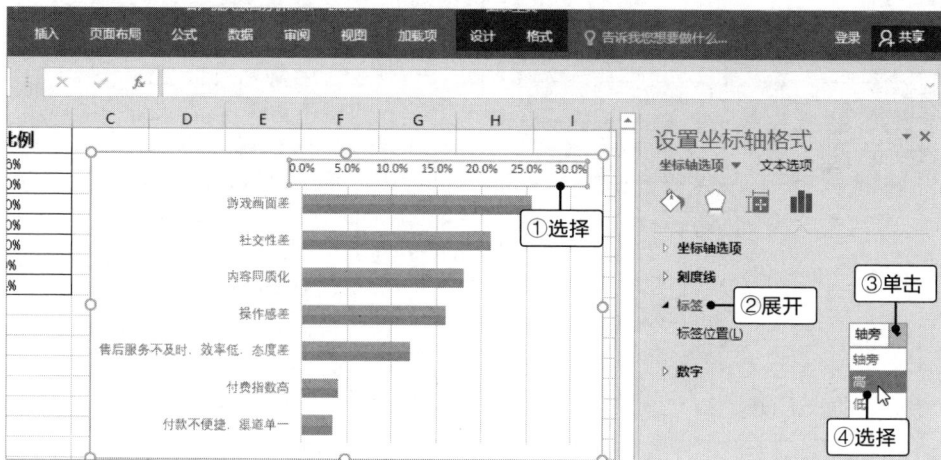

图 8-57　选择选项

选择顶部的数据系列,单击"图表元素"按钮,单击"数据标签"右侧的展开按钮,在弹出的菜单中选择"轴内侧"选项为数据系列添加数据标签,如图 8-58 所示。

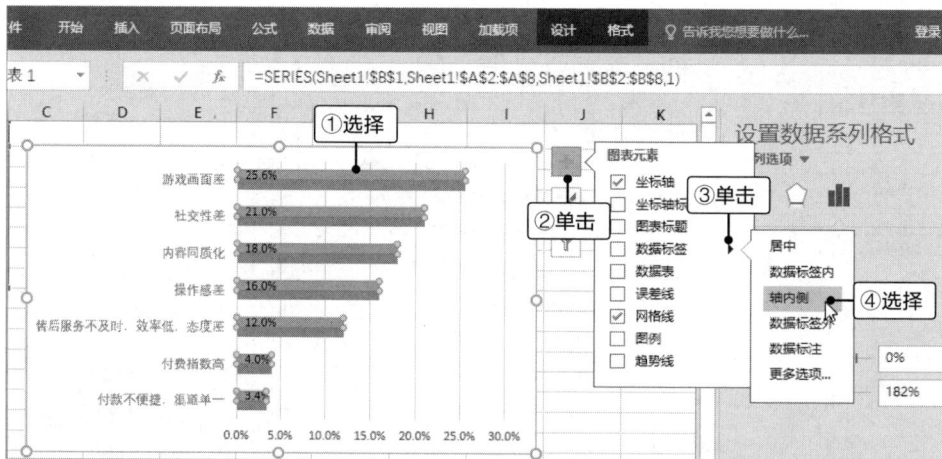

图 8-58　添加数据标签

选择添加的数据标签,在"设置数据标签格式"任务窗格中展开"标签选项"

栏，选中"类别名称"复选框，取消选中"值"复选框，即可将数据系列的数据标签显示为对应的分类坐标轴内容，如图 8-59 所示。

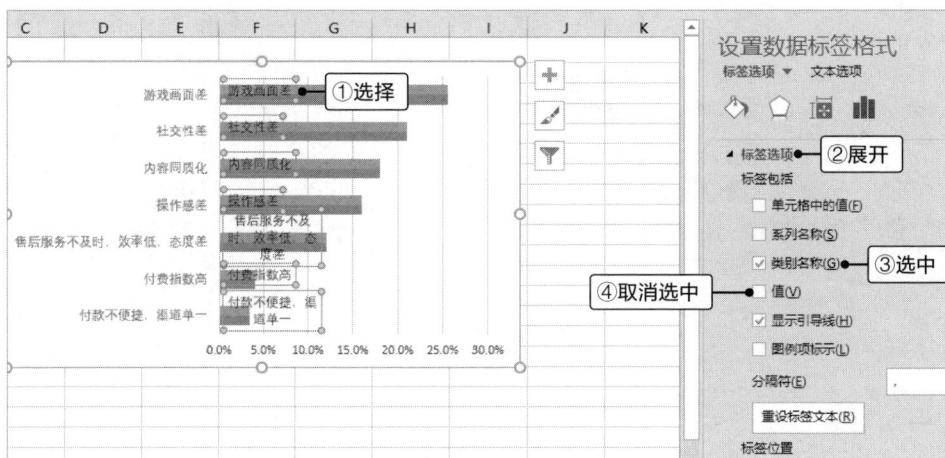

图 8-59　将数据标签显示为对应的分类坐标轴内容

选择较长的数据标签对应的文本框，调整文本框的宽度将其调整为一行显示；选择所有数据标签，单击"开始"选项卡，在"对齐方式"组中依次单击"底端对齐"和"左对齐"按钮，程序自动将所有数据标签内容进行左端对齐，如图 8-60 所示。

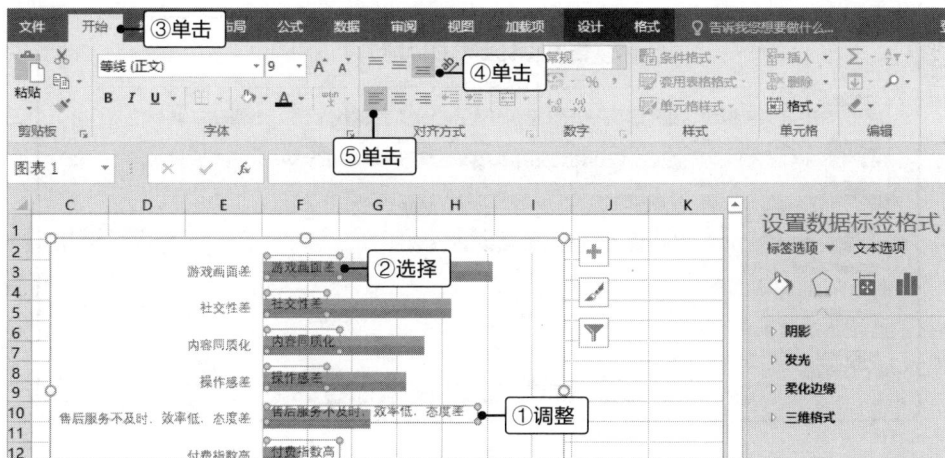

图 8-60　自动将所有数据标签内容进行左端对齐

选择数据系列，在"设置数据系列格式"任务窗格中展开"系列选项"栏，在"分类间距"数值框中将分类间距设置为 60%，以此增大数据系列的宽度，减小各类别数据系列之间的间距，如图 8-61 所示。

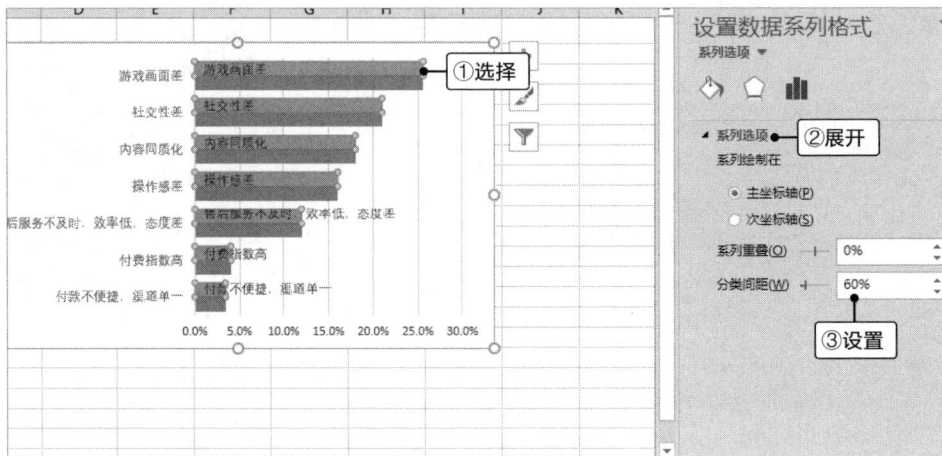

图 8-61 设置分类间距

保持数据系列的选中状态，将其填充色设置为无填充，为另一个数据系列添加相应的数据标签，然后删除分类坐标轴，为图表添加对应的图表标题，最后对图表进行格式设置，关闭任务窗格完成所有操作，其最终效果如图 8-62 所示。

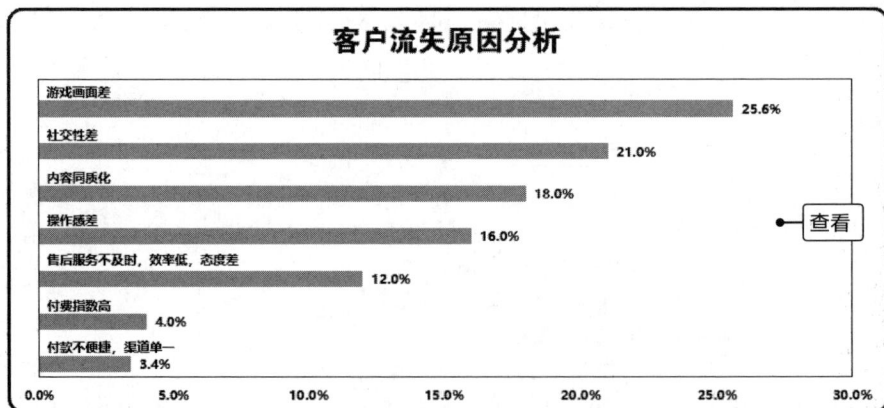

图 8-62 最终效果

第9章
销量数据的管理与统计预测

　　在现代销售活动中，数据已经成为一种竞争优势，随着销售活动的不断开展，产生的各种数据也越来越多，对数据进行分析已经成为销售人员必须要掌握的一门技能。在进行数据分析之前，销售人员对必要的数据管理和统计预测操作要有所掌握。

9.1 销量数据的查阅与汇总分析

对于销售人员来说，销售商品是他们擅长的技能，然而使用 Excel 工具对数据进行简单的管理操作对于许多销售人员来说还是有一定的难度，下面就针对一些常见的特殊数据的查阅以及汇总等管理操作进行介绍。

9.1.1 对销量数据进行排序

对销量数据进行排序可以快速将销量最大或最小的记录整理到表格的最前方，方便对销量的最值记录进行查阅。同时，将销量数据进行排序，还可以按从小到大或者从大到小的顺序来查阅整个销售情况。

其实对数据进行排序的操作非常简单，直接选择排序列的任意数据单元格后，在"数据"选项卡"排序和筛选"组中单击"升序"或者"降序"按钮即可，如图 9-1 所示。

图 9-1 排序操作

这种是最简单的排序操作，除此之外，销售人员还可以通过多个字段列的数据来排序，该操作一般在排序结果存在重复值的情况下使用，例如在图9-1的排序结果中，升序排序后第二条记录和第三条记录的总销量数据相同，程序默认按照原始的先后顺序进行排序，此时销售人员可以指定以其他某列数据的某种顺序进行排序。

例如，下面以对总销量数据进行降序排序后，再根据员工姓名首字母的升序顺序进行排序为例讲解设置各个排序依据对表格排序的相关操作。

实例演示

按销量的降序顺序查阅一季度各员工的销售情况

在第一季度总销量列选择任意数据单元格，在"数据"选项卡"排序和筛选"组中单击"排序"按钮，在打开的"排序"对话框中可以看到已经有一个主要关键字的排序条件设置项，在"列"下拉列表框中选择"第一季度总销量"选项，保持排序依据为数值，在"次序"下拉列表框中选择"降序"选项，单击"添加条件"按钮，如图9-2所示。

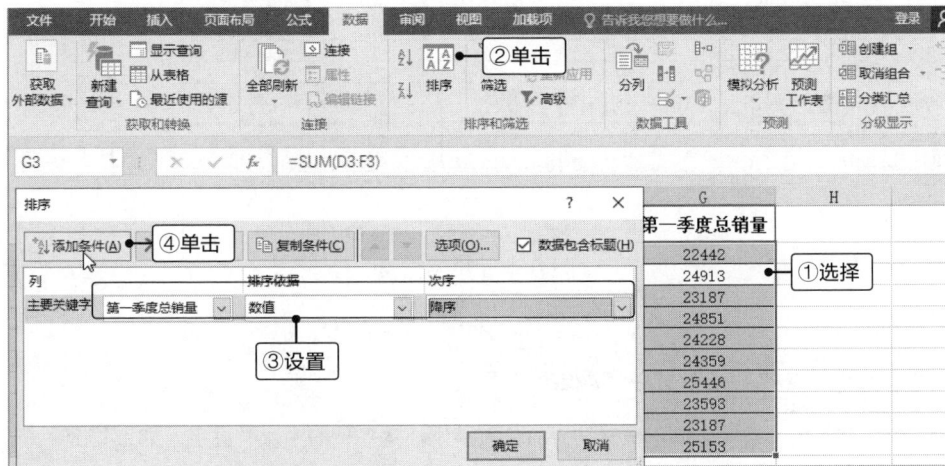

图9-2 添加排序条件

程序自动添加一个次要关键字的排序条件设置项，在"列"下拉列表框中选择"员工姓名"选项，保持默认的排序依据和次序设置，单击"确定"按钮，如图9-3所示。

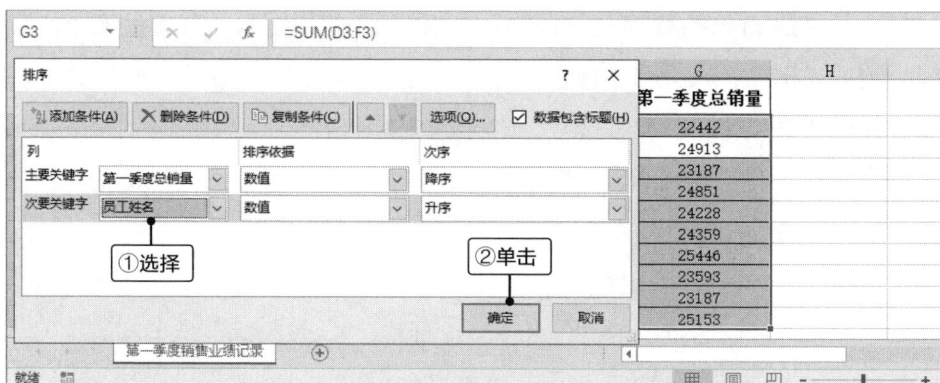

图9-3　单击按钮

在返回的工作表中即可查看到程序按照第一季度总销量的降序顺序对整个数据表的顺序进行了重新排列，并将最大销量的记录排在靠前的位置，同时，对于相同的总销量数据，程序按员工姓名首字母的升序顺序重新排序这两条记录，如图9-4所示。

	A	B	C	D	E	F	G	H
1	序号	员工姓名	所在小组	1月	2月	3月	第一季度总销量	
2	7	杨晓莲	第2小组	8421	8414	8611	25446	
3	10	赵佳佳	第2小组	8645	7854	8654	25153	
4	2	张炜	第1小组	9525	7849	7539	24913	
5	4	何阳	第1小组	6972	9926	7953	24851	
6	6	胡艳	第2小组	9157	6863	8339	24359	
7	5	李晴	第1小组	7774	6470	9984	24228	
8	8	祝苗	第2小组	7606	9452	6535	23593	
9	9	刘梅	第2小组	8328	8778	6081	23187	查看
10	3	薛敏	第1小组	7548	9373	6266	23187	
11	1	杨娟	第1小组	7694	7674	7074	22442	
12								
13								

图9-4　排序结果

小贴士　**主次关键字的顺序不同结果不同**

在使用多条件来排序数据结果时，要特别注意条件的主次关键字，如果关键字的主次顺序弄错了，排序结果也肯定是不一样的。尤其是多个排序条件的次序为不同次序（即整个排序条件中次序既有升序，也有降序），更能确定数据的排序结果是不同的。

从以上的排序结果中可以查看到，程序在对表格进行排序后，整个数据表记录的顺序都被打乱了，如果要恢复到排序前的效果，此时可以直接执行撤销操作来撤销排序的操作。但是如果不小心保存并关闭了工作表，此时要恢复到排序前的效果，就比较麻烦了。

在本例中，本身有一列"序号"数据列，如果要恢复到排序前的效果，此时可以重新根据序号列数据进行升序排序来恢复到排序前的效果。但是如果表格中没有类似于这种序号的列，此时就不能恢复到排序前的效果。

因此，为了避免意外操作，如果仅仅是临时查阅数据，销售人员最好手动在表格右侧添加一列辅助列，在其中填充等差序列数据再执行排序操作，如图9-5左所示。当要恢复排序前的效果时，直接对辅助列进行升序排序即可，如图9-5右所示。

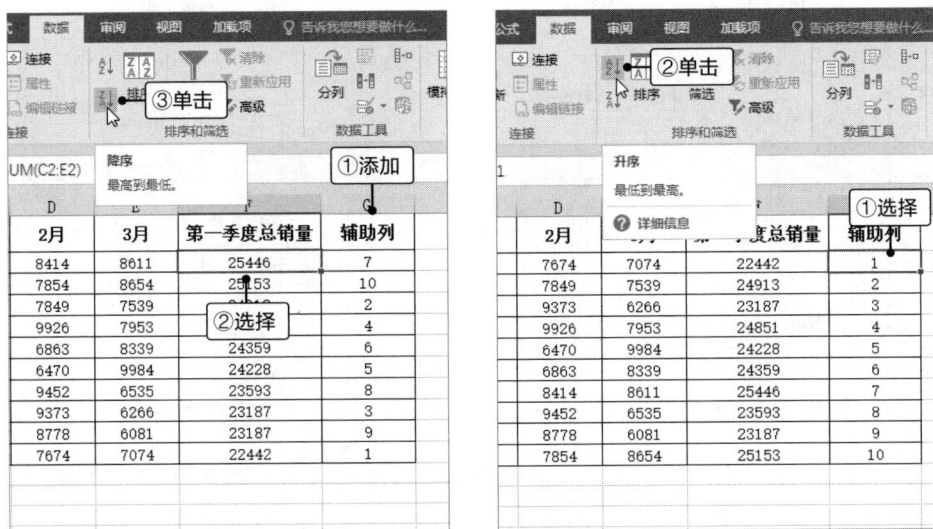

图9-5 添加辅助列

9.1.2 快速查看某一类产品的销量情况

如果在销量统计表中同时对多种类型的产品情况进行了统计，且要查看其中某一类产品的销量情况，直接使用 Excel 提供的筛选数据功能可快速将符合条件的数据筛选出来，同时将不符合筛选条件的数据记录隐藏。

实例演示

在月销量报表中查看所有"家庭清洁剂"品种的销量情况

在销量报表中选择任意数据单元格，单击"数据"选项卡，在"排序和筛选"组中单击"筛选"按钮进入筛选状态，如图9-6所示。

单击"品种"字段单元格右侧的下拉按钮，在弹出的筛选器中取消选中"（全选）"复选框，再选中"家庭清洁剂"复选框，单击"确定"按钮即可完成筛选操作，如图9-7所示。

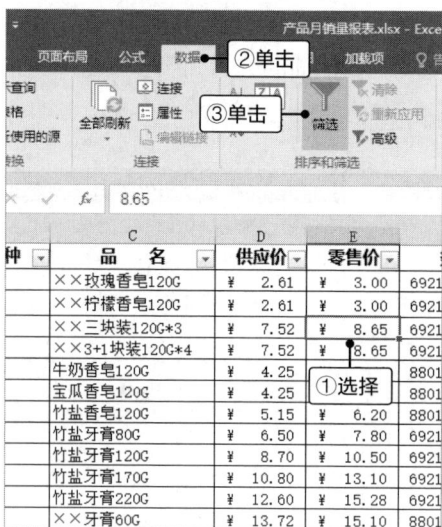

图9-6 进入筛选状态

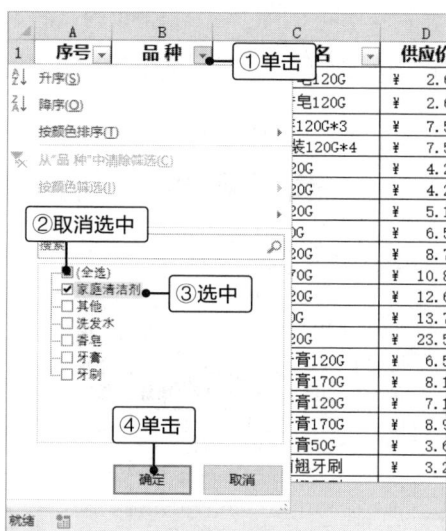

图9-7 完成筛选操作

在返回的工作表中可查看程序自动将"家庭清洁剂"品种的所有商品的相关销售信息保留，将其余品种的销售信息隐藏，如图9-8所示。

	A	B	C	D	E	F	G	H	I
1	序号	品种	品 名	供应价	零售价	条形码	月销量	利润	
33	32	家庭清洁剂	××之星厨房450G	¥ 8.40	¥ 10.00	8801051264210	963	¥1,540.80	
34	33	家庭清洁剂	××之星厨房800G	¥ 12.50	¥ 15.00	8801051264227	987	¥2,467.50	
35	34	家庭清洁剂	××之星卫浴450G	¥ 8.40	¥ 10.00	8801051264258	321	¥ 513.60	
36	35	家庭清洁剂	××之星卫浴800G	¥ 12.30	¥ 15.00	8801051264248	455	¥1,228.50	
37	36	家庭清洁剂	××之星玻璃660ml	¥ 14.40	¥ 18.00	8801051267037	124	¥ 446.40	
42									
43	查看								
44									

图9-8 筛选结果

需要说明的是，利用筛选功能进行数据筛选，其实质是将符合筛选条件的数据暂时存放到一个筛选容器中，当不需要筛选结果时，再次执行筛选操作退出筛选状态又可以返回到原始数据的效果上，在这个过程中，原始数据并不会被修改，即确保了原始数据的完整性。

此外，保存到筛选器中的数据是符合条件的数据所在的整条记录，而不仅仅是某个数据。

小贴士 *通过快捷键进入 / 退出筛选状态*

在 Excel 中，选择任意数据单元格后，按【Ctrl+Shift+L】组合键即可快速进入到筛选状态，再次按【Ctrl+Shift+L】组合键即可退出筛选状态。

9.1.3 筛选销量靠前的几条记录

虽然通过降序排列表格也可以将销量靠前的数据记录排列到表格的前面，但如果仅仅是查看销量靠前的几条记录，而不需要显示其他销量信息，此时可以利用筛选功能的自定义筛选条件来实现。

实例演示

查阅销量最高的前 3 名员工各月的销量情况

选择任意数据单元格，按【Ctrl+Shift+L】组合键快速进入到工作表的筛选状态，单击"合计"单元格右侧的下拉按钮，选择"数字筛选"命令，在弹出的子菜单中选择"前 10 项"命令，如图 9-9 所示。

小贴士 *数据类型决定筛选命令的内容*

在使用筛选器进行数据筛选时，其中的命令经常显示不一样，有时候显示"数字筛选"命令，有时候显示"文本筛选"命令，有时候显示"日期筛选"命令，这主要与筛选数据源的数据类型不同有关，对于数字数据、货币类型的数据，其对应的筛选器都显示"数字筛选"命令。对于文本类型的数据和日期数据，其对应的筛选器分别显示"文本筛选"命令和"日期筛选"命令。

在打开的"自动筛选前 10 个"对话框的第一个下拉列表框中保持"最大"选项，在中间的数值框中输入"3"，单击"确定"按钮，如图 9-10 所示。

图 9-9　选择命令

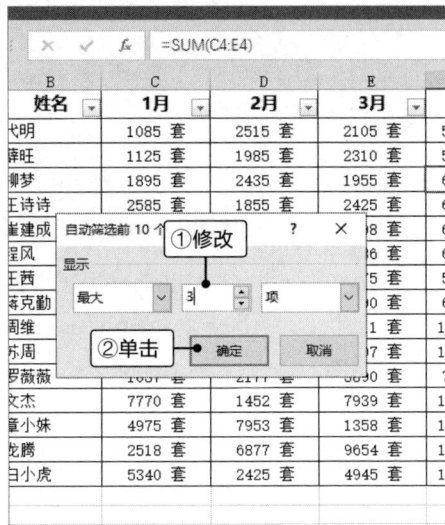

图 9-10　设置筛选

程序自动在合计列中判断最大的值，并将这 3 个值对应的数据记录筛选出来，其他的全部数据都被隐藏，如图 9-11 所示。

图 9-11　筛选结果

9.1.4　按类别汇总销量数据

在数据分析时，如果多条记录中的某个数据具有相同值，则将其整理到一起，归类分析才更有实际意义。

例如，在产品的月销量报表中要查看每种类型的产品当月的销售总量情况，可以通过如下操作实现。

实例演示

查阅各类产品当月的总销量

选择任意数据单元格，单击"数据"选项卡，在"分级显示"组中单击"分类汇总"按钮，如图 9-12 所示。

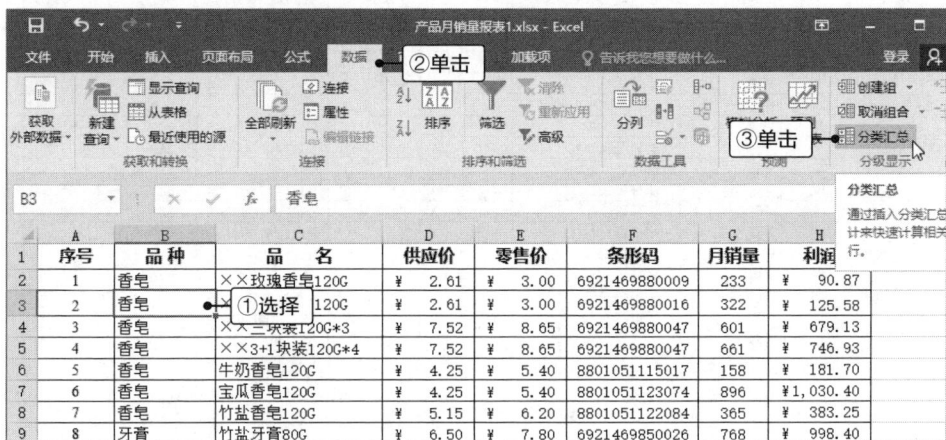

图 9-12　单击按钮

在打开的"分类汇总"对话框的"分类字段"下拉列表框中选择"品种"选项，保持"汇总方式"下拉列表框中选择"求和"选项，因为是根据品种汇总销量，因此取消选中"利润"复选框，选中"月销量"复选框，单击"确定"按钮，如图 9-13 所示。

图 9-13　设置分类汇总

程序自动依据品种对表格中相同品种的产品的月销量进行求和，并在每种类别下方添加一行汇总行，如图9-14所示。

图9-14　汇总结果

从图9-14可以看到，程序自动将汇总结果分为3个级别，汇总级别3显示的信息最详细，销售人员可以根据需要单击左侧任务窗格左上方的①、②和③按钮进行不同级别的汇总数据切换。

例如，单击②按钮可以查阅汇总字段的汇总数据，如图9-15所示。

图9-15　查阅汇总数据

又如，单击①按钮可以只能查阅所有汇总关键字的汇总数据，如图9-16所示。

图9-16　查阅汇总数据

小贴士 │ *创建分类汇总的前提说明* │

在 Excel 中，分类汇总只对类别相同的相邻记录进行汇总统计，因此在进行分类汇总之前，必须确保整个表格的内容是根据汇总关键字列的类别整理到一起了。否则，程序会在多处对同类记录进行汇总。如图 9-17 所示，由于没有将品种相同的销售记录整理到一起，因此香皂品种的销售记录被汇总了两次。

	序号	品种	品　名	供应价	零售价	条形码	月销量	利润
1								
2	1	香皂	××玫瑰香皂120G	¥　2.61	¥　3.00	6921469880009	233	¥　90.87
3	2	香皂	××柠檬香皂120G	¥　2.61	¥　3.00	6921469880016	322	¥　125.58
4	3	香皂	××三块装120G*3	¥　7.52	¥　8.65	6921469880047	601	¥　679.13
5	4	香皂	××3+1块装120G*4	¥　7.52	¥　8.65	6921469880047	661	¥　746.93
6	5	香皂	牛奶香皂120G	¥　4.25	¥　5.40	8801051115017	158	¥　181.70
7	6	香皂	宝瓜香皂120G	¥　4.25	¥　5.40	8801051123074	896	¥1,030.40
8	7	香皂	竹盐香皂120G	¥　5.15	¥　6.20	8801051122084	365	¥　383.25
9		香皂 汇总					3236	
10	8	牙膏	竹盐牙膏80G	¥　6.50	¥　7.80	6921469850026	768	¥　998.40
11	9	牙膏	竹盐牙膏120G	¥　8.70	¥　10.50	6921469850019	369	¥　664.20
12	10	牙膏	竹盐牙膏170G	¥　10.80	¥　13.10	6921469850002	125	¥　287.50
13	11	牙膏	竹盐牙膏220G	¥　12.60	¥　15.28	6921469850064	547	¥1,465.96
14		牙膏 汇总					1809	
15	4	香皂	××3+1块装120G*4	¥　7.52	¥　8.65	6921469880047	661	¥　746.93
16	5	香皂	牛奶香皂120G	¥　4.25	¥　5.40	8801051115017	158	¥　181.70
17	6	香皂	宝瓜香皂120G	¥　4.25	¥　5.40	8801051123074	896	¥1,030.40
18	7	香皂	竹盐香皂120G	¥　5.15	¥　6.20	8801051122084	365	¥　383.25
19		香皂 汇总					2080	

图 9-17　多处同类记录汇总

9.1.5　按类别对销量数据进行多种方式汇总

所谓多方式的汇总是指将销量方式进行两种或两种以上的方式汇总，最后得到多条汇总记录。默认情况下，基于一个字段多次创建不同方式的分类汇总，程序自动会用后面的分类汇总覆盖前面创建的分类汇总，要实现对同一个字段进行多种汇总方式的分类汇总，只需要设置不覆盖前面创建的分类汇总即可，下面通过具体的实例演示相关操作。

实例演示
同时查看各产品的月度销售总量和平均销量

在已经根据品种对月销量进行汇总的工作表中再次打开"分类汇总"对话框。将分类字段设置为"品种"，将汇总方式设置为"平均值"，将选定汇总项设置为仅选中"月销量"复选框，取消选中"替换当前分类汇总"复选框（这个步骤非常关键），单击"确定"按钮，如图9-18所示。

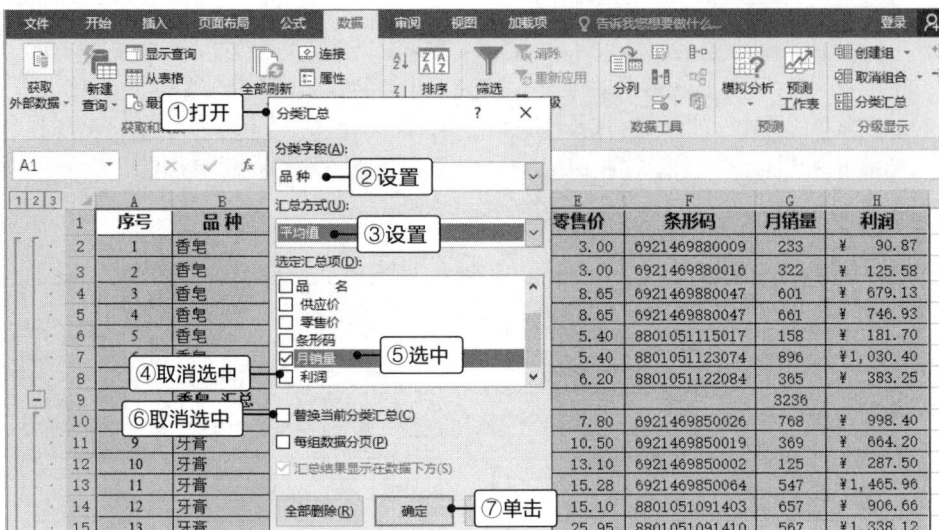

图9-18　设置分类汇总

在返回的工作表中单击左侧任务窗格的 3 按钮即可查看到每个品种除了有月销量的总量汇总，还有月销量的平均销量汇总，如图9-19所示。

图9-19　查看汇总结果

需要特别说明的是，默认情况下，创建一个分类汇总，程序会创建3个级别的汇总明细，但是如果创建的分类汇总超过一个，则程序建立的汇总明细级别也会超过3个，如上例创建两个分类汇总后，程序创建了4个级别的汇总明细。

9.1.6 根据需要查看指定的汇总明细数据

前面介绍的单击左侧任务窗格左上方的1、2和3按钮进行不同级别的汇总数据切换是对整个工作表中的同一级别的所有汇总明细数据进行查看。

其实，在 Excel 中，销售人员可以根据实际需要只对汇总数据中的某些指定汇总项的明细数据进行查看。

下面通过具体的实例来演示在 Excel 中如何隐藏和显示指定分类汇总明细的相关操作。

实例演示

显示 / 隐藏指定汇总项的销售明细

将鼠标光标移动到需要展开的香皂品种的汇总行左侧任务窗格中对应的+按钮上，单击该按钮即可只展开香皂品种的销售明细数据，此时+按钮变为-按钮，如图 9-20 所示。如果要隐藏香皂品种的明细数据，只展示汇总行数据，则直接单击该品种汇总行左侧任务窗格中对应的-按钮即可。

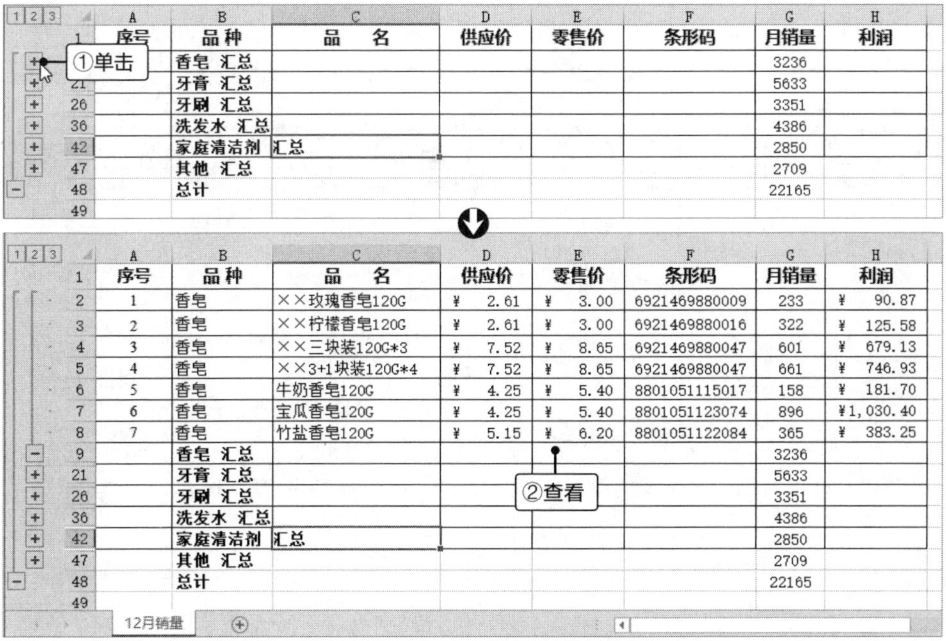

	A	B	C	D	E	F	G	H
1	序号	品种	品　名	供应价	零售价	条形码	月销量	利润
		香皂 汇总					3236	
21		牙膏 汇总					5633	
26		牙刷 汇总					3351	
36		洗发水 汇总					4386	
42		家庭清洁剂 汇总					2850	
47		其他 汇总					2709	
48		总计					22165	
49								

	A	B	C	D	E	F	G	H
1	序号	品种	品　名	供应价	零售价	条形码	月销量	利润
2	1	香皂	××玫瑰香皂120G	¥ 2.61	¥ 3.00	6921469880009	233	¥ 90.87
3	2	香皂	××柠檬香皂120G	¥ 2.61	¥ 3.00	6921469880016	322	¥ 125.58
4	3	香皂	××三块装120G*3	¥ 7.52	¥ 8.65	6921469880047	601	¥ 679.13
5	4	香皂	××3+1块装120G*4	¥ 7.52	¥ 8.65	6921469880047	661	¥ 746.93
6	5	香皂	牛奶香皂120G	¥ 4.25	¥ 5.40	8801051115017	158	¥ 181.70
7	6	香皂	宝瓜香皂120G	¥ 4.25	¥ 5.40	8801051123074	896	¥1,030.40
8	7	香皂	竹盐香皂120G	¥ 5.15	¥ 6.20	8801051122084	365	¥ 383.25
9		香皂 汇总					3236	
21		牙膏 汇总					5633	
26		牙刷 汇总					3351	
36		洗发水 汇总					4386	
42		家庭清洁剂 汇总					2850	
47		其他 汇总					2709	
48		总计					22165	
49								

图 9-20 展开明细数据

在牙刷汇总行中选择任意单元格，单击"数据"选项卡，在"分级显示"组中单击"显示明细数据"按钮，如图9-21所示。程序自动将牙刷类别的所有销售明细数据展开。

图 9-21　显示明细数据

在牙刷类别的汇总行或者明细数据中选择任意单元格，单击"数据"选项卡，在"分级显示"组中单击"隐藏明细数据"按钮，如图9-22所示。程序自动将所有的牙刷类别的销售明细数据隐藏起来，只显示牙刷类别的汇总行信息。

图 9-22　隐藏明细数据

小贴士 *删除工作表中创建的分类汇总*

如果不需要对表格数据进行分类汇总，可以通过删除分类汇总功能，在不影响表格数据的前提下将工作表中创建的分类汇总删除。

删除分类汇总的方法是：在创建了分类汇总的工作表中任意选择一个数据单元格，在"数据"选项卡"分级显示"组中单击"分类汇总"按钮，在打开的对话框中直接单击"全部删除"按钮即可，如图9-23所示。

特别提醒一下，如果当前数据表中创建了多个字段的分类汇总，或者在同一个分类字段上创建的多个汇总方式的分类汇总，执行以上操作后，数据表中的所有分类汇总都将被删除。

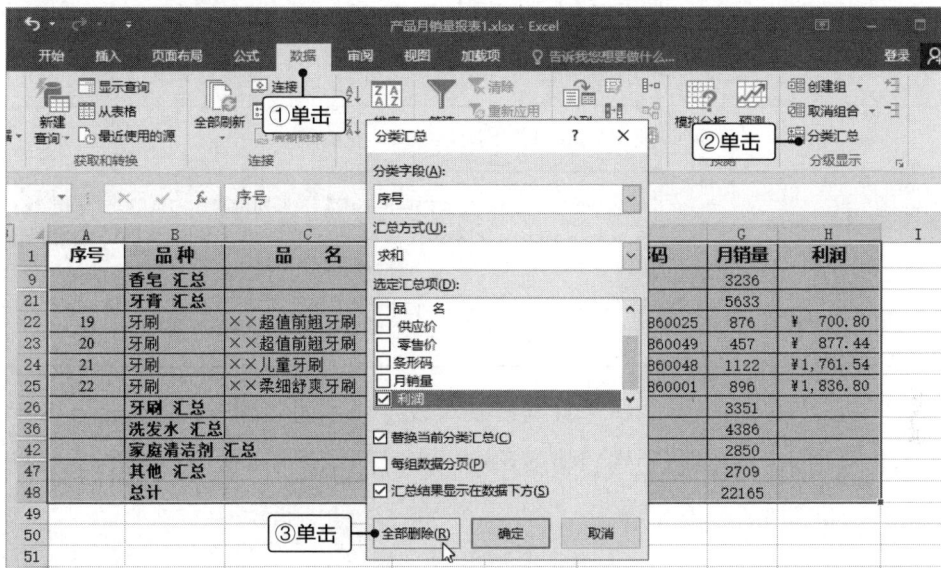

图9-23 删除分类汇总

9.2 销售数据的精准统计与预测

对销售数据进行精准统计与预测，可以让销售人员提高对未来市场判断的准确度，从而更好地开展销售活动。

9.2.1　添加趋势线预测未来时间的销售情况

根据趋势线来预测未来时间的销售情况的预测原理是根据现有数据创建出对应的折线图，然后为折线图添加趋势线，以此得到趋势线公式，最后基于该公式得到未来一段时间的销量预测。

在 Excel 中，程序提供的趋势线类型有 6 种，其具体介绍见表 9-1。

表 9-1　不同类型的趋势线介绍

趋势线类型	具体介绍
线性趋势线	用于简单线性数据集的最佳拟合直线
指数趋势线	用于表示数据变化越来越快，是一种斜度越来越大的曲线
对数趋势线	用于表示数据的增加或减小速度刚开始很快，随即又迅速趋于平稳
幂数趋势线	用于表示以一个相对恒定的速率变化的数据
多项式趋势线	用于表示数据之间存在较大偏差的数据，其阶数可由曲线的拐点数来预估，一般数据越复杂，阶数越高
移动平均趋势线	用于取邻近数据的平均值，将平均值作为趋势线中的一个点，然后取下一组邻近数据的平均值，以此类推，以平均值作为趋势线的点

下面以根据上半年的销量数据，以对数趋势线为预测方式来预测下半年的销售数据为例，讲解利用趋势线预测未来时间销售情况的相关操作，其具体操作方法如下。

实例演示
根据上半年的销量数据来预测下半年的销售数据

在创建的折线图中选择数据系列，单击"图表工具 设计"选项卡，在"图表布局"组中单击"添加图表元素"下拉按钮，在弹出的下拉菜单中选择"趋势线"命令，在弹出的子菜单中选择"其他趋势线选项"命令，如图 9-24 所示。（也可以直接选择数据系列后右击，在弹出的快捷菜单中选择"添加趋势线"命令。）

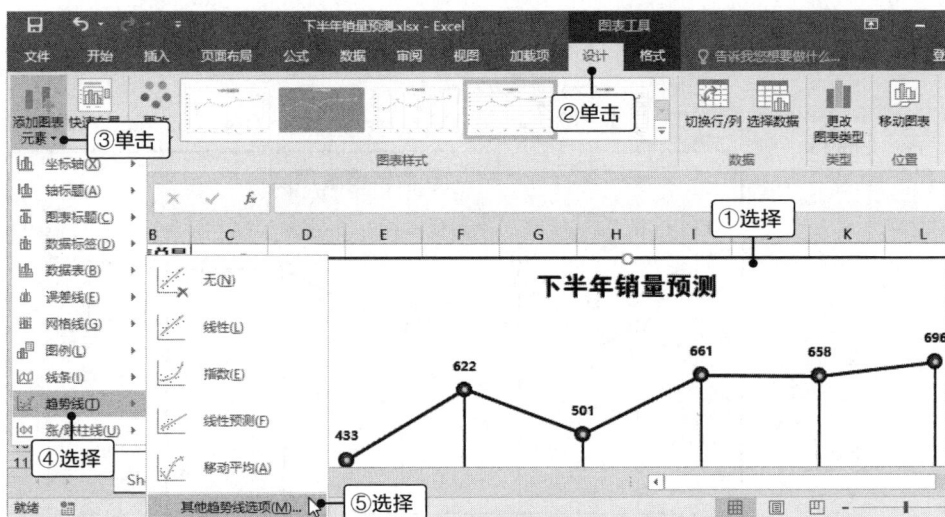

图9-24 添加趋势线

　　程序自动打开"设置趋势线格式"任务窗格，在"趋势线选项"栏中选中"对数"单选按钮，在任务窗格底端选中"显示公式"复选框即可将当前添加的对数趋势线的公式显示出来，如图9-25所示。

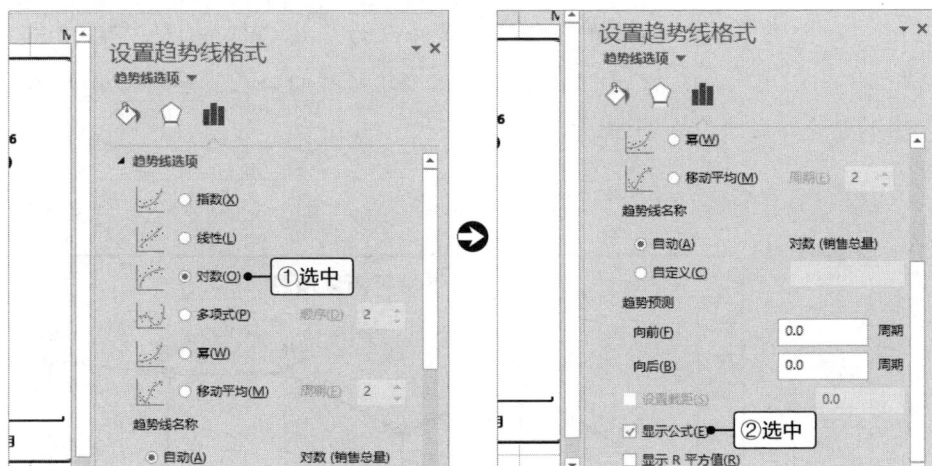

图9-25 设置趋势线格式

　　在工作表中即可查看到已经添加的趋势线，并且显示出了趋势线对应的公式。选择数据源表格中的B8:B13单元格区域，在编辑栏中根据趋势线公式输入"=ROUND(131.27*LN(LEFT(A8,1))+451.22,0)"公式，按【Ctrl+Enter】组合键确认输入的公式，并预测出 7~12 月的销量数据，如图 9-26 所示。

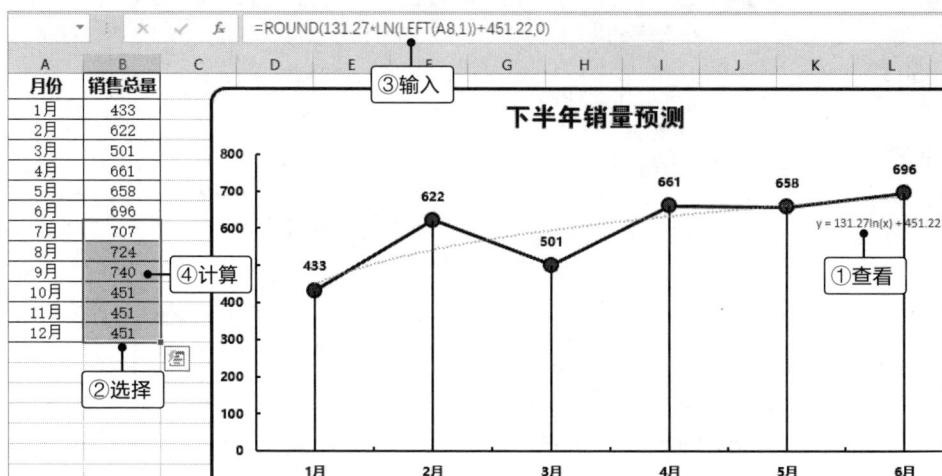

图 9-26 预测出 7 月 ~12 月的销量数据

由于 LN() 函数只能处理数字，而月份列的数据是文本数据，因此本例使用了 LEFT() 函数来提取月份中的数字，但是 10~12 月只提取了左侧的一个数字，因此得到的预测数据都是 451，此时就需要对预测公式进行修正。选择 B11:B13 单元格区域，在编辑栏中将公式修改为 "=ROUND(131.27*LN(LEFT(A11,2))+451.22,0)"，按【Ctrl+Enter】组合键确认修改的公式，并预测出 10 月~12 月的销量数据，如图 9-27 所示。

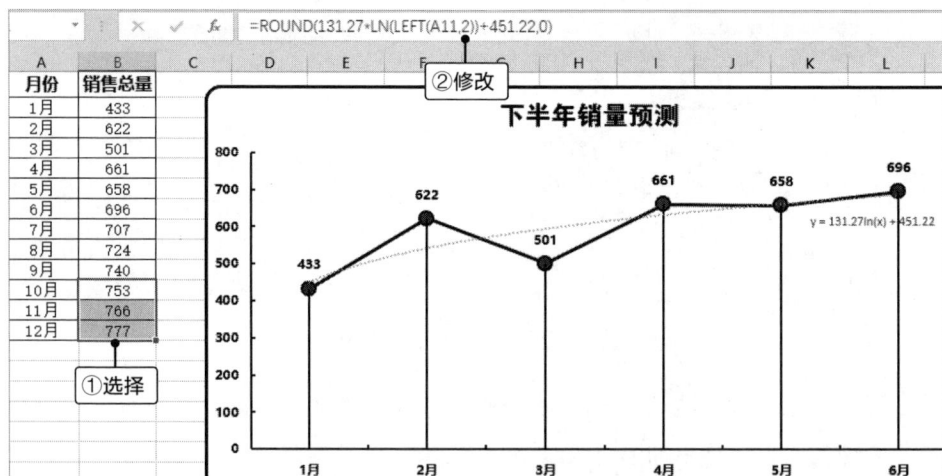

图 9-27 预测出 10 月 ~12 月的销量数据

选择折线图，将鼠标光标移动到左侧数据源中的蓝色矩形框的右下角，按住鼠标左键不放，垂直向下拖动鼠标将 7~12 月的预测数据添加到折线图中，如图 9-28 所示。

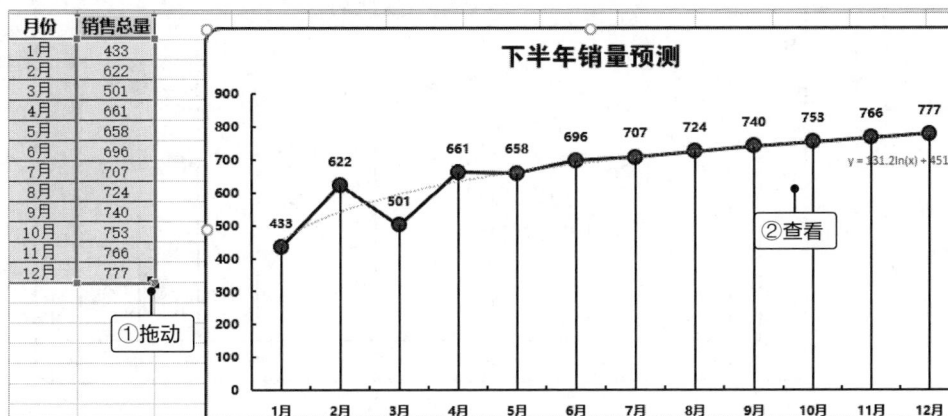

图 9-28　将预测数据添加到折线图中

由于 7 月以后的数据都是预测的数据，因此，为了让数据在图表中能够与实际销量走势数据形成区别，因此本例采用虚线折线效果来表示预测数据。两次选择 7 月对应的数据点将当前数据点选中，在"设置数据点格式"任务窗格的"线条"栏中单击"短划线类型"下拉按钮，在弹出的下拉列表中选择"圆点"选项，如图 9-29 所示。

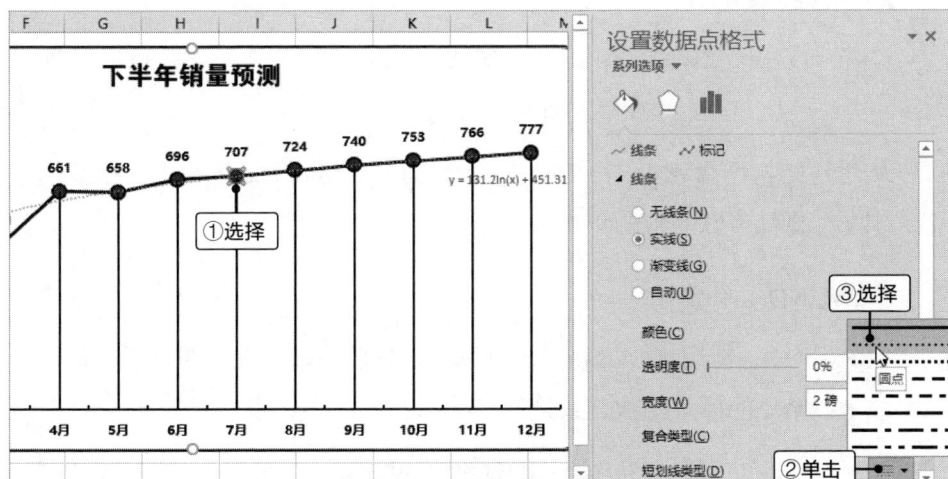

图 9-29　设置数据点格式

用相同的方法将 8~12 月数据点对应的折线段设置为圆点效果，完成整个预测数据的处理，其最终效果如图 9–30 所示。

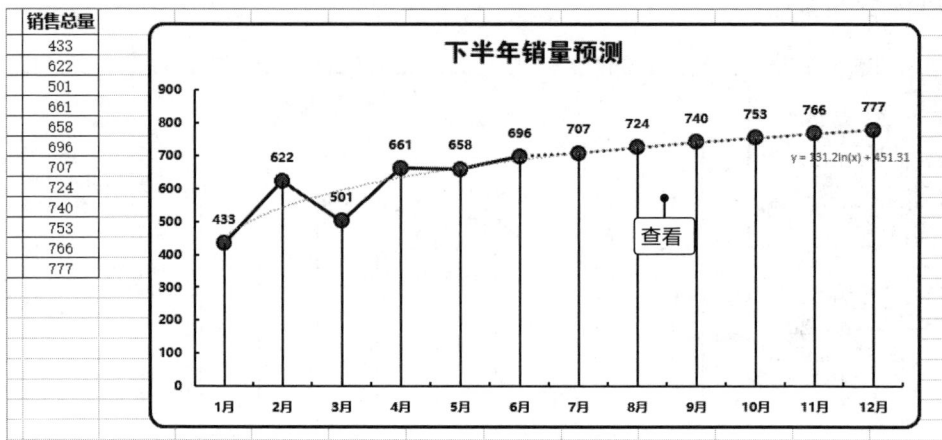

销售总量
433
622
501
661
658
696
707
724
740
753
766
777

图 9–30　最终效果

1. 本例公式说明

在本例中，根据上半年销量数据得到的对数趋势线的公式为 "131.27*LN(X)+ 451.22"，但是这个公式得到的最终数据结果是小数，因此本例使用了 ROUND 函数对小数部分进行了处理。

2.LN() 函数介绍

LN() 函数用于返回一个数的自然对数，其语法格式为：

$$LN(number)$$

从语法结构中可以看出，LN() 函数只有一个 number 参数，该参数用于指定想要计算其自然对数的正实数。

3.ROUND() 函数介绍

在 Excel 中，使用 ROUNND() 函数可以对数据按位进行四舍五入运算，该函数是最常用的取舍函数，其语法结构为：

$$ROUND(number,num\_dgits)$$

从语法结构中可以看出，该函数有两个参数，各参数的具体含义如下。

◆ **number：** 用于指定需要进行四舍五入的数据，它可以是具体数字数据，也可以是包含数字数据的单元格引用。

◆ **num_digits：** 用于指定四舍五入的位数，其值为整数。当 num_digits 参数等于 0 时，表示在小数点右侧的第一位进行四舍五入运算；当 num_digits 参数大于 0 时，表示在小数点右侧的指定位进行四舍五入运算；当 num_digits 参数小于 0 时，表示在小数点左侧的指定位进行四舍五入运算。

9.2.2　使用预测函数预测未来的数据

在 Excel 中，程序还提供了许多内置的预测函数，通过这些函数可以方便地预测未来数据。下面介绍一个比较常用的预测函数——FORECAST()。

FORECAST() 函数的作用是根据现有值通过线性回归来计算或预测未来值。实战中，通常用于预测未来的销售、库存需求或消费者趋势等。其语法格式为：

$$FORECAST(x,known\_y's,known\_x's)$$

从语法格式中可以查看到该函数有 3 个参数，各参数的作用如下。

◆ **x：** 用于指定需要进行值预测的数据点，该参数必须是数字，如果 x 为非数字，则函数返回 #VALUE! 错误值。

◆ **known_y's：** 用于指明已知的输出值的集合，它可以是一个单元格区域的引用，也可以是一个数组集合。

◆ **known_x's：** 用于指明已知的输入值的集合，它可以是一个单元格区域的引用，也可以是一个数组集合。在该集合中，各数据之间的差值不能为 0，否则函数要返回 #DIV/0! 错误值。

此外，需要特别说明的是，如果 known_y's 参数或 known_x's 参数为空，或者一个参数的数据点比另一个参数的数据点多，则 FORECAST() 函数将返回 #N/A 错误值。

下面通过一个具体的实例来了解运用该函数预测未来数量的方法。

实例演示

根据一季度的销量预测二季度的销量

在工作表中选择 C5:C7 单元格区域，在编辑栏输入"=INT(FORECAST
(B5,C\$2:C4,B\$2:B4))"公式，按【Ctrl+Enter】组合键完成二季度销量数据的
预测，如图 9-31 所示。

图 9-31　输入公式

在本例的"=INT(FORECAST(B5,C\$2:C4,B\$2:B4))"公式中，B5 用于指
定需要进行值预测的数据点，在本例直接引用 B5 单元格的值，是因为 B5 单
元格本身只是一个数字，其显示效果为"数字 + 月"，是因为通过设置单元
格格式在显示内容后面通过自定义的方式加的"月"，如图 9-32 所示，如
果 B5 单元格中本身是文本"4 月"，这里的公式就会返回 #VALUE! 错误值。

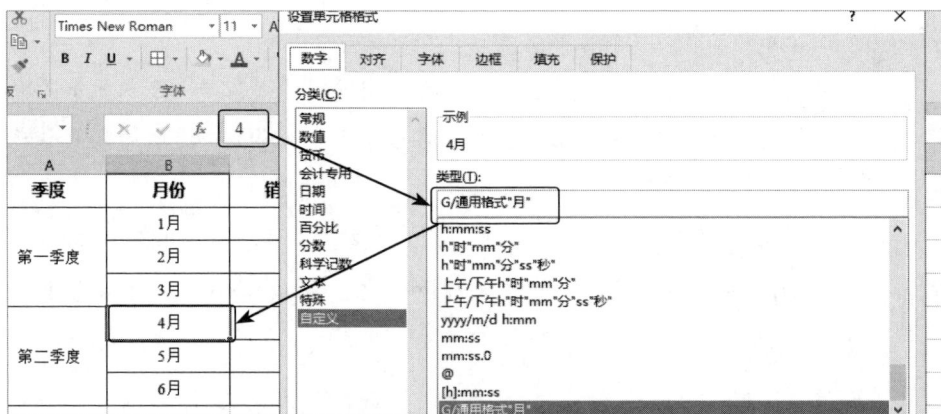

图 9-32　数字格式

第10章
销售额的直观呈现与透视分析

　　利润是商业经济活动中的行为目标，如果没有足够的利润，企业就无法正向生存。因此，对于销售中的销售额数据的处理与分析也是一项十分重要的工作。而销售额的多少是核算销售利润的基础，对于销售管理者来说，除了要掌握基本的销售额处理以外，还要学会销售额结果的直观呈现与透视分析。

10.1　销售额数据的图形化分析

　　所谓销售额数据的图形化分析就是将销售额的分析结果用图形的方式进行直观展示。在 Excel 中，既可以通过条件格式功能来实现数据的突出表达，也可以用图表来直观展示枯燥的分析结果。

10.1.1　始终突出显示最值销售额记录

　　在销售额数据的管理中，最值数据始终都是销售管理者比较重视的数据。前面我们介绍了通过排序的功能可以将某个值最大或者最小的记录排列到表格的靠前位置。在本节，将介绍如何在不打乱表格记录顺序的前提下，始终突出显示最值的销售记录，这就要使用到自定义条件格式的功能，下面通过具体的实例讲解相关操作。

实例演示

在不改变表格记录顺序的前提下始终显示最大销售额和最小销售额记录

　　【本例假设】

　　为了区分突出显示的最大值记录和最小值记录，可以使用两种不同的颜色来识别，年度销售额最高的数据记录用绿色填充，年度销售额最低的数据记录用红色填充。

　　由于原始数据的文本颜色为黑色，如果用红色或者绿色进行填充后，有可能让数据显示不清晰，因此在设置条件格式时，同步更改文本字体的格式为"白色，加粗"效果。

　　其设置的具体操作步骤如下。

　　选择 A2:H13 单元格区域，打开"新建格式规则"对话框，在"选择规则类型"列表框中选择"使用公式确定要设置格式的单元格"选项，在"编辑规则说明"栏的"为符合此公式的值设置格式"参数框中输入"=$H2=MAX($H$2:$H$13)"公式，单击"格式"按钮，如图 10-1 所示。

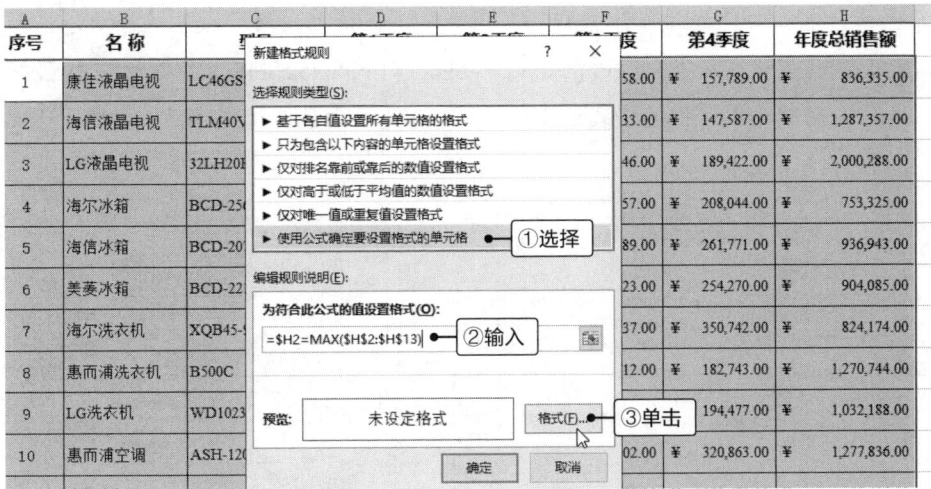

图 10-1　新建格式规则

在打开的"设置单元格格式"对话框中单击"字体"选项卡，在"字形"列表框中选择"加粗"选项，单击"颜色"下拉列表框右侧的下拉按钮，选择"白色，背景 1"选项，如图 10-2 所示。在"填充"选项卡中设置突出显示的记录的填充色为绿色，单击"确定"按钮。

在返回的"新建格式规则"对话框中即可预览到符合条件规则的记录的显示效果，确认效果后单击"确定"按钮确认设置的效果，如图 10-3 所示。

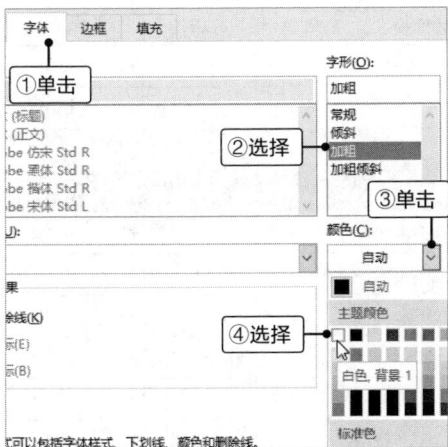

图 10-2　设置单元格格式

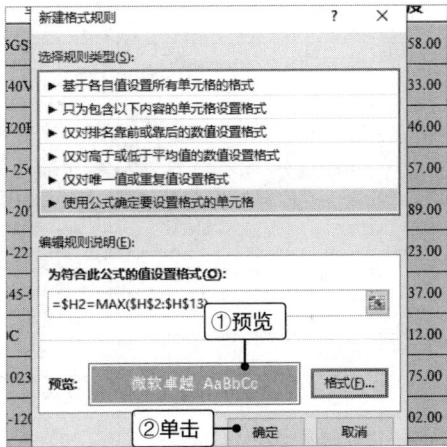

图 10-3　确认设置效果

在返回的工作表中即可查看到程序自动将年度总销售额最大的销售记录用

绿色填充色，白色加粗字体进行了突出显示。保持单元格区域的选择状态，再次打开"新建格式规则"对话框，用"=$H2=MIN($H$2:$H$13)"公式定义规则，并将符合规则的单元格的格式设置为深红色填充，白色加粗文字显示，单击"确定"按钮，如图 10-4 所示。

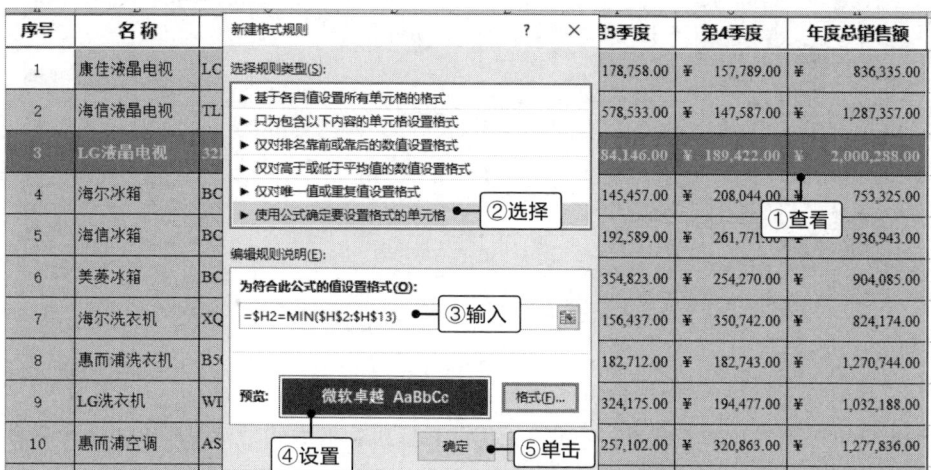

图 10-4 设置格式规划

在返回的工作表中即可查看到，程序自动将年度销售额最小的数据记录以深红色填充，白色加粗文字进行突出显示，如图 10-5 所示。

	A	B	C	D	E	F	G	H
	序号	名称	型号	第1季度	第2季度	第3季度	第4季度	年度总销售额
	1	康佳液晶电视	LC46GS80DC	¥ 352,265.00	¥ 147,523.00	¥ 178,758.00	¥ 157,789.00	¥ 836,335.00
	2	海信液晶电视	TLM40V68PK	¥ 235,452.00	¥ 325,785.00	¥ 578,533.00	¥ 147,587.00	1,287,357.00
	3	LG液晶电视	32LH20R	¥ 472,568.00	¥ 654,152.00	¥ 684,146.00	¥ 189,422.00	¥ 2,000,288.00
	4	海尔冰箱	BCD-256KT	¥ 141,255.00	¥ 258,569.00	¥ 145,457.00	¥ 208,044.00	753,325.00
	5	海信冰箱	BCD-207HA	¥ 168,458.00	¥ 314,125.00	¥ 192,589.00	¥ 261,771.00	936,943.00
	6	美菱冰箱	BCD-221ZM3BS	¥ 185,421.00	¥ 109,571.00	¥ 354,823.00	¥ 254,270.00	904,085.00
	7	海尔洗衣机	XQB45-918A	¥ 168,254.00	¥ 148,741.00	¥ 156,437.00	¥ 350,742.00	824,174.00
	8	惠而浦洗衣机	B500C	¥ 254,785.00	¥ 650,504.00	¥ 182,712.00	¥ 182,743.00	1,270,744.00
	9	LG洗衣机	WD10230D	¥ 192,784.00	¥ 320,752.00	¥ 324,175.00	¥ 194,477.00	1,032,188.00
	10	惠而浦空调	ASH-120B	¥ 345,125.00	¥ 354,746.00	¥ 257,102.00	¥ 320,863.00	1,277,836.00
	11	海尔空调	KFRd-23GW/E2-S5	¥ 268,452.00	¥ 257,789.00	¥ 256,772.00	¥ 352,472.00	1,135,485.00

图 10-5 突出显示效果

在本例判断最大值和最小值时，分别使用了 MAX() 函数和 MIN() 函数，二者的具体介绍如表 10-1 所示。

表 10-1　MAX() 和 MIN() 函数介绍

函数名	功　能	语法结构	参数意义
MAX()	从指定的数据集中返回数值的最大值	MAX(number1,number2,…)	number 参数主要用于指定一组数据或者单元格区域的引用，其个数的取值范围为 1~255
MIN()	从指定的数据集中返回数值的最小值	MIN(number1,number2,…)	

需要特别注意的是，在 Excel 中，如果 MAX() 和 MIN() 函数的 number 参数是单元格或者单元格区域的引用，那么指定的单元格或者单元格区域中必须存储的是数字数据。对于指定的单元格或者单元格区域中包含的文本数据、逻辑值或空白单元格，系统都将忽略这些值，其函数返回 0 值。

10.1.2　对比分析实际销售额与计划销售额

在销售行业，制定销售任务是很常见的，它既可以督促销售人员认真工作，也为销售人员的工资核算提供依据。销售任务通常是公司下达给部门，部门下达给小组，小组再分配给每个销售人员。如果没有小组，则部门直接分配给每个销售人员。

作为销售管理者，为了更好地掌握实际销售情况，实时调整销售计划，就必须掌握各月任务的完成情况。为了更直接地反映比较结果，让阅读者一目了然地看清实际销售额与计划销售额的对比结果，通常使用柱形图嵌套的方法进行分析展示。下面具体演示这种图表的制作过程。

实例演示

对比各月实际销售额与计划销售额的差距

选择数据表中的数据区域，创建一个簇状柱形图图表，将其图表标题修改为"公司上半年销售完成情况分析"，选择图表，单击"图表工具格式"选项卡，在"大小"组的"高度"数值框和"宽度"数值框中分别输入 10 厘米和 19 厘米，完成图表大小的设置，如图 10-6 所示。

图 10-6　设置图表大小

单击图表右上角的"图表元素"按钮，在弹出的面板中单击"图例"选项右侧的展开按钮，在弹出的下拉菜单中选择"顶部"选项将图例位置调整到图表上方显示，如图 10-7 所示。

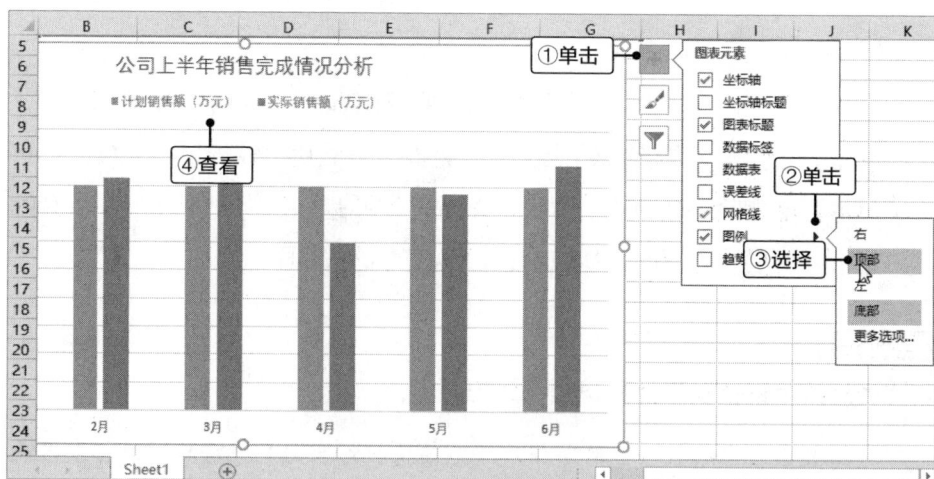

图 10-7　调整图例位置

双击"计划销售额（万元）"数据系列，在打开的"设置数据系列格式"任务窗格的"系列选项"栏中选中"次坐标轴"单选按钮将该数据系列绘制到次要坐标轴上，并将分类间距设置为 200%，如图 10-8 所示。

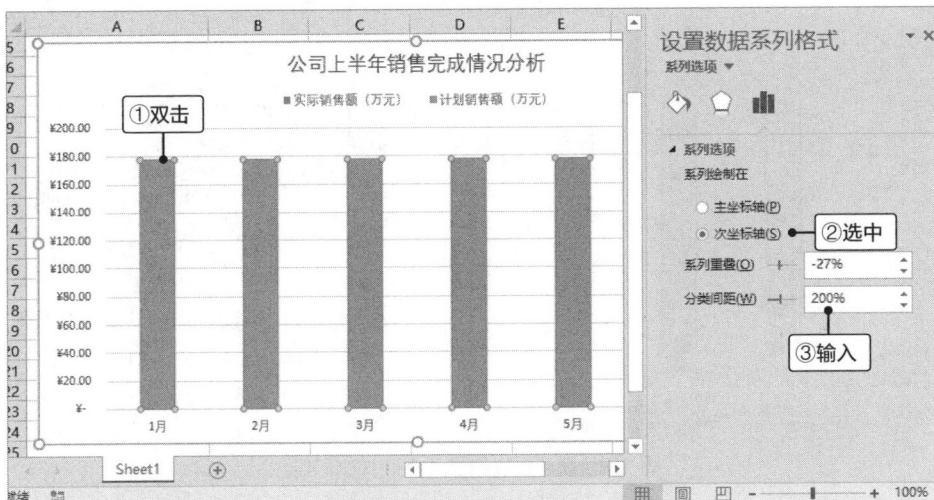

图 10-8　设置次坐标轴

单击"填充与线条"选项卡，展开"填充"栏，在其中选中"无填充"单选按钮取消数据系列的填充色，如图 10-9 所示。

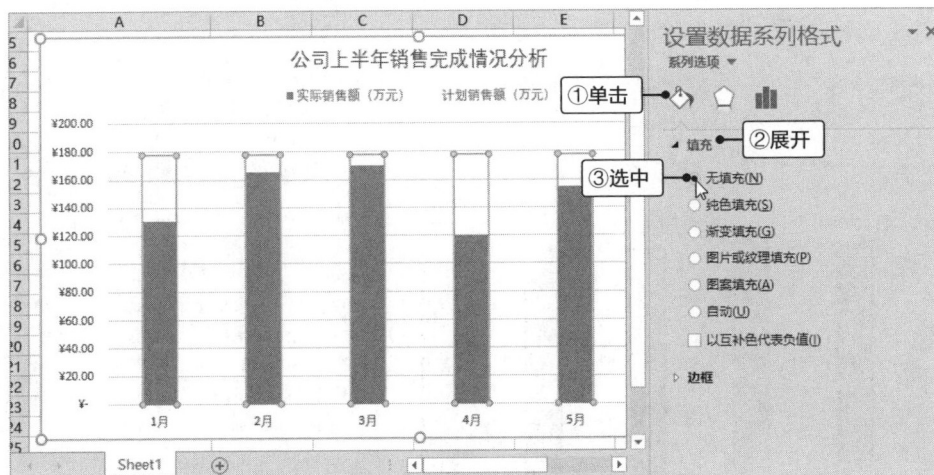

图 10-9　取消数据系列的填充色

展开"边框"栏，选中"实线"单选按钮，将数据系列的边框颜色设置为"黑

色，文字 1"颜色，在"宽度"数值框中输入"2 磅"更改数据系列的轮廓效果，
如图 10-10 所示。

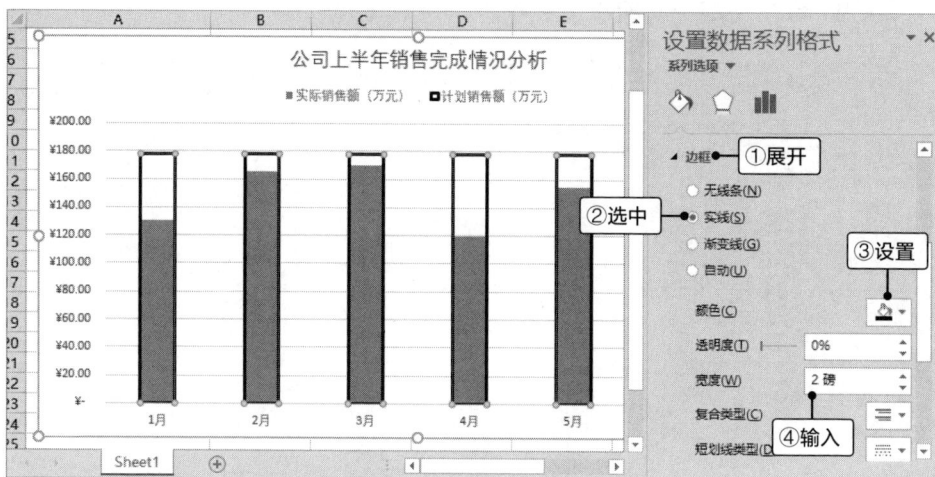

图 10-10　更改数据系列的轮廓效果

在图表中选择次要坐标轴，单击"坐标轴选项"选项卡，展开"坐标轴选项"
栏，在"最大值"文本框中输入"200"数值，将次要坐标轴的最大刻度坐标设
置为与纵坐标轴一样的坐标刻度，如图 10-11 所示。由于次要坐标轴不需要显示，
这里可以将其字体设置为白色（颜色的选择取决于图表的背景色），或者直接
按【Delete】键将其删除。

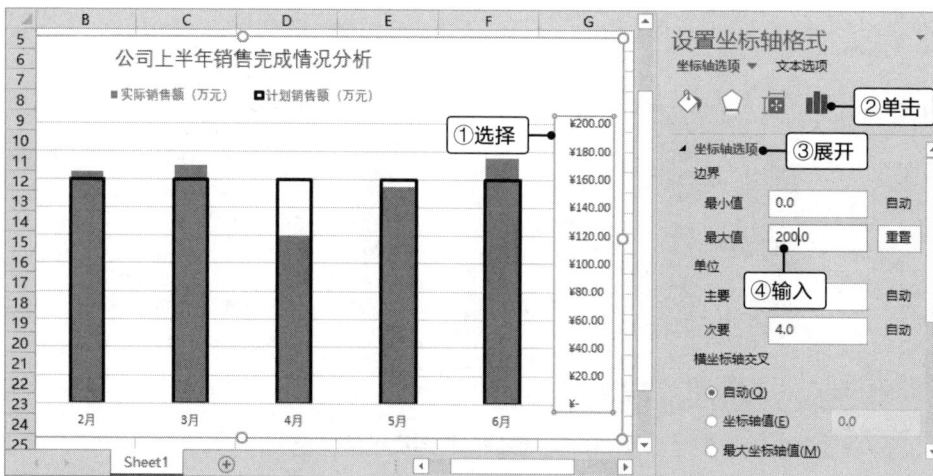

图 10-11　设置次要坐标轴的最大刻度

选择"实际销售额(万元)"数据系列,在"设置数据系列格式"任务窗格的"分类间距"数值框中输入"200%",将其分类间距设置为与"计划销售额(万元)"数据系列一样,如图 10-12 所示。

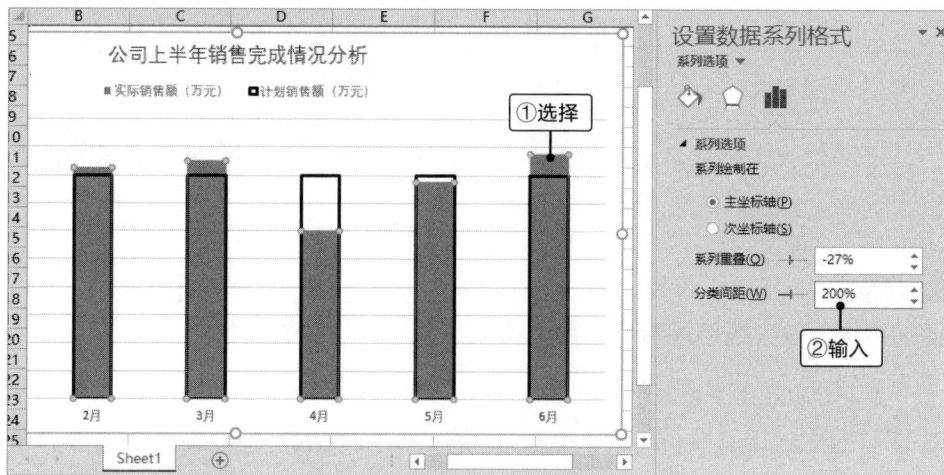

图 10-12　设置分类间距

分别为纵坐标轴和横坐标轴设置对应的坐标刻度效果,取消图表的网格线显示,并为图表中的文本设置对应的字体格式和图表外观,关闭任务窗格完成整个操作,其最终效果如图 10-13 所示。

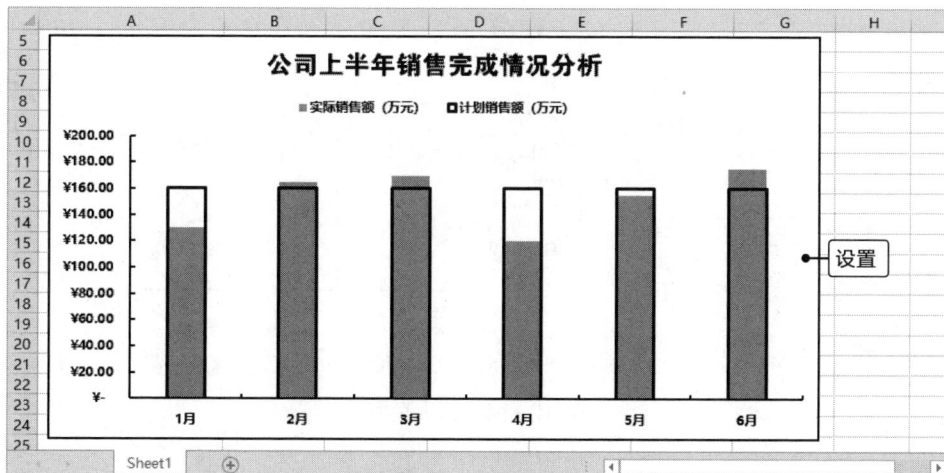

图 10-13　最终效果

10.1.3　在年度销售毛利趋势分析图表中添加参考线

折线图的作用是对数据的变化趋势进行展示。如果要了解每个数据与目标数据之间的对比情况，是高出、低于还是等于目标数据，此时可以在折线图中添加一条表示目标值的参考线，这样就可以让折线图中的各数据点与目标值之间的关系一目了然。

这根参考线也是通过辅助列的数据添加到图表中的。下面通过具体的实例讲解相关的操作方法。

实例演示

添加平均值参考线直观查看各月销售额与平均销售额的差距

在 C1 单元格中输入"平均销售额"文本，选择 C2:C13 单元格区域，在编辑栏中输入"=INT(AVERAGE($B$2:$B$13))"公式，按【Ctrl+Enter】组合键确认输入的公式，获平均值的整数，如图 10–14 所示。

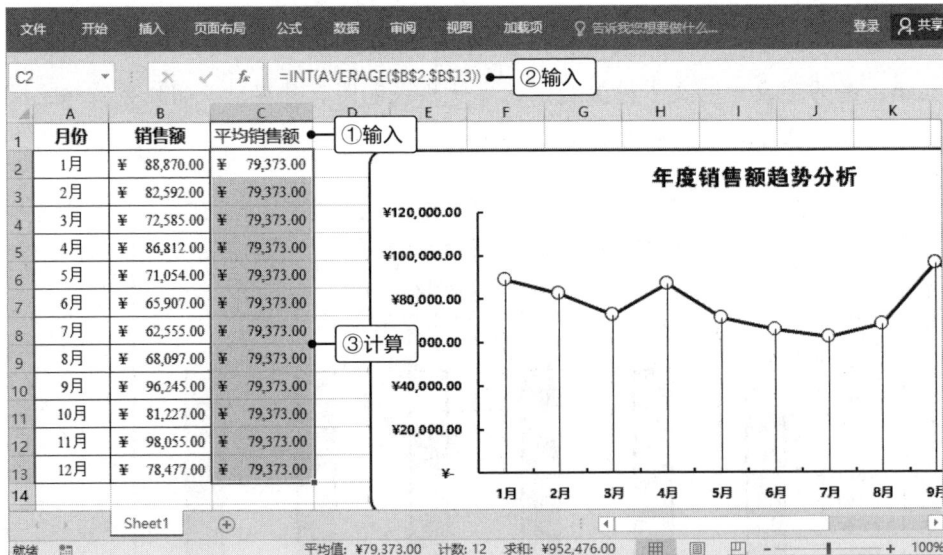

图 10-14　输入公式

选择图表，在数据源中拖动蓝色矩形框到 C13 单元格，将辅助列数据添加到图表中，如图 10–15 所示。

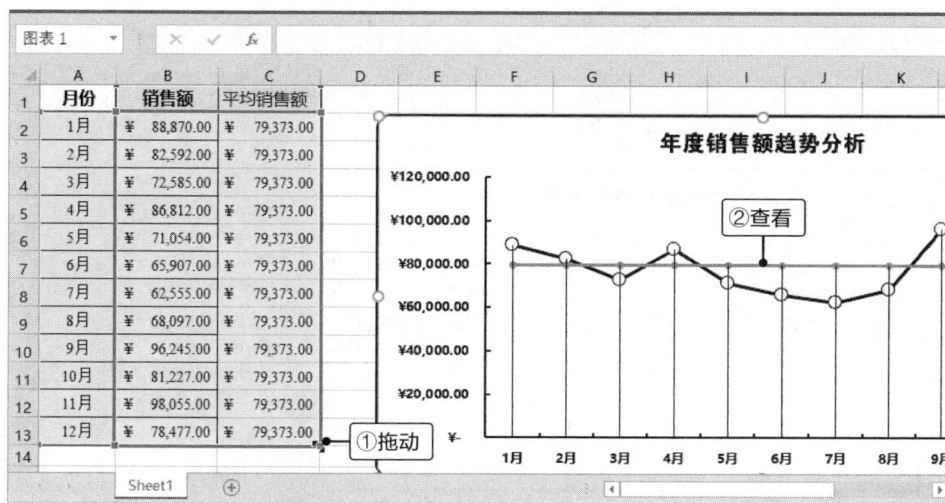

图 10-15　将辅助列数据添加到图表中

在图表中双击添加的平均销售额参考线数据系列，打开"设置数据系列格式"任务窗格，单击"填充与线条"选项卡，单击"标记"选项卡，展开"数据标记选项"栏，选中"无"单选按钮取消数据系列线上的数据点样式效果的显示，如图 10-16 所示。

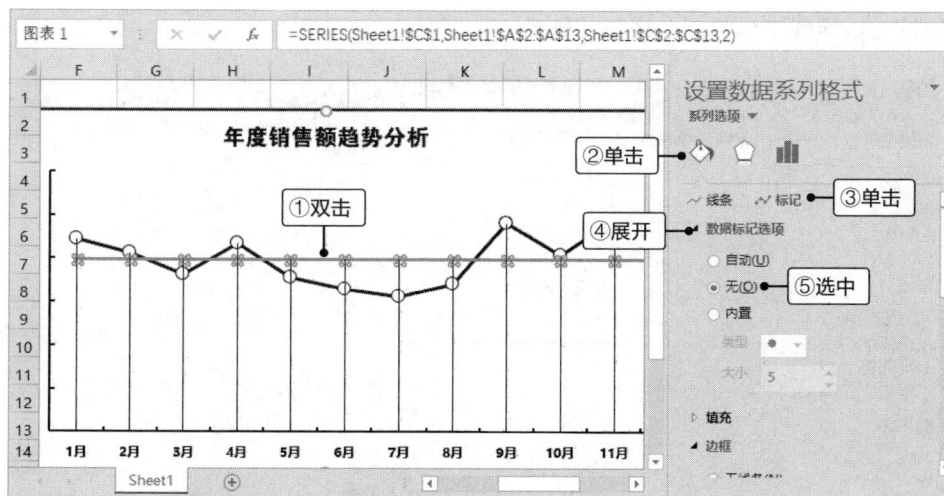

图 10-16　取消数据系列线上的数据点样式效果的显示

单击"线条"选项卡，展开"线条"栏，选中"实线"单选按钮，将线条颜色设置为深红，在"宽度"数值框中输入"2 磅"更改平均销售额参考线数据系列的折线效果，如图 10-17 所示。

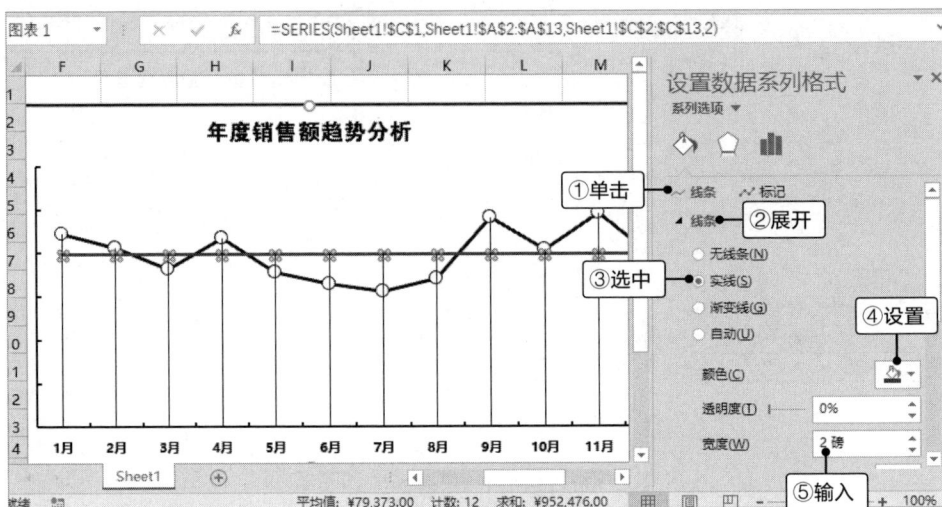

图 10-17　更改平均销售额参考线数据系列的折线效果

单独选择平均销售额参考线数据系列的最后一个数据点，单击"图表工具设计"选项卡，在"图表布局"组中单击"添加图表元素"下拉按钮，在弹出的下拉菜单中选择"数据标签"命令，在弹出的子菜单中选择"下方"命令为数据点添加数据标签，如图 10-18 所示。

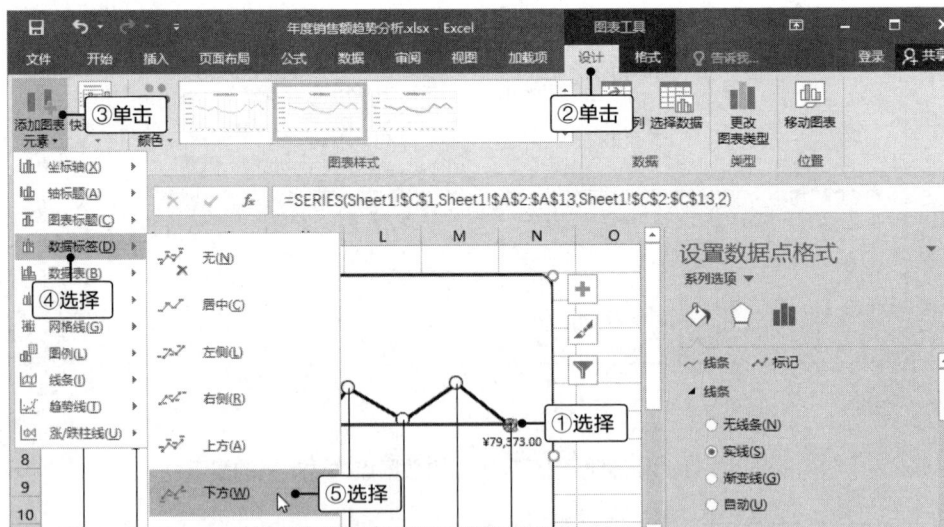

图 10-18　为数据点添加数据标签

选择添加的数据标签，在"设置数据标签格式"任务窗格中单击"标签选项"选项卡，展开"数字"栏，在"格式代码"文本框中的"G/ 通用格式"文本前面输入"平均销售额："文本，单击"添加"按钮完成数据标签文本的自定义设置，如图 10-19 所示。

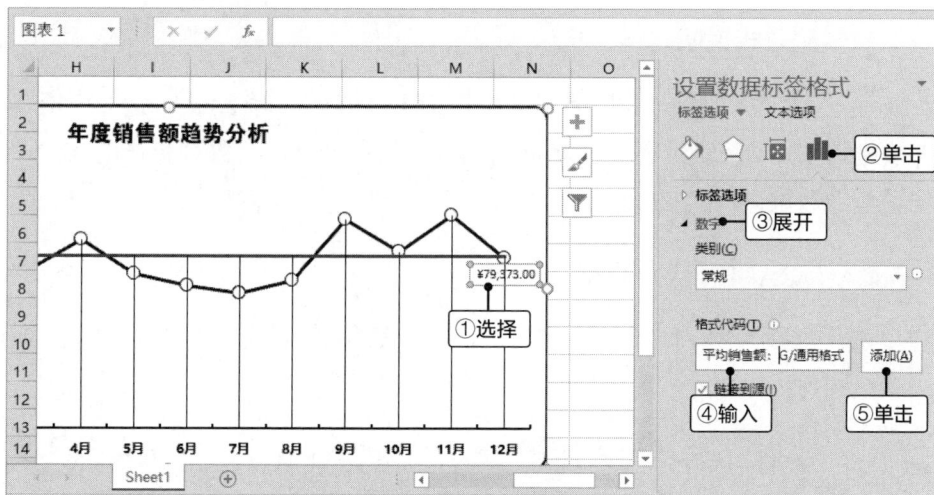

图 10-19　自定义数据标签文本

保持数据标签的选中状态，为其设置对应的字体格式，最后关闭任务窗格完成整个操作，其最终效果如图 10-20 所示。

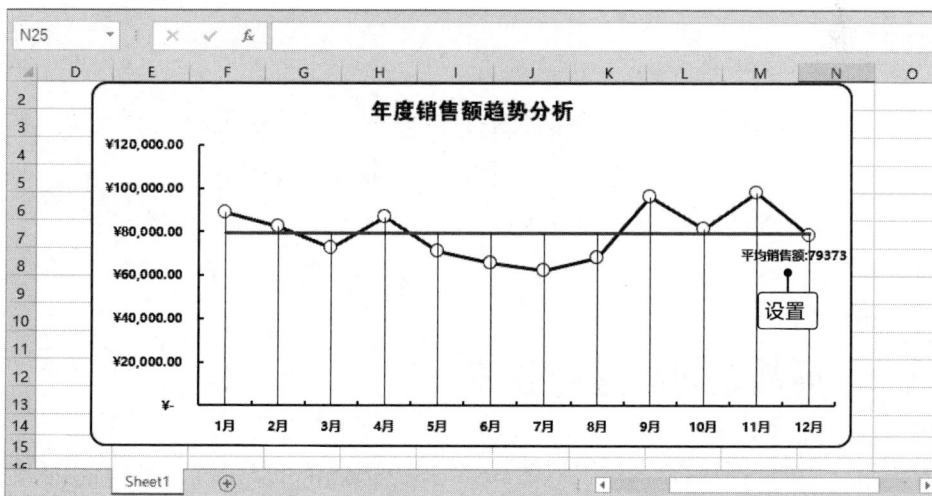

图 10-20　最终效果

从上图可以看到，3 月和 5~8 月的销售额是低于平均销售额的，尤其是 7 月，向下偏离平均销售额参考线最多，是一年中销售额最低的月份；而其他月的销售额都超过了平均销售额，其中，9 月和 11 月这两个月的销售额向上偏离平均销售额参考线最多，是一年中销售额最高的两个月份。

1. 本例公式说明

在本例使用的 "=INT(AVERAGE($B$2:$B$13))" 公式中，首先使用 AVERAGE() 函数计算年度平均销售额，再使用 INT() 函数对获得的年度平均销售额数据进行取整处理。

2.AVERAGE() 函数介绍

在 Excel 中，AVERAGE() 函数用于对指定数据集合进行平均值计算，其语法结构为：

$$AVERAGE(number1,number2,\cdots)$$

从语法结构中可以看出，AVERAGE() 函数至少要包含一个参数，在使用该函数计算平均值时，需要注意以下几点。

- ◆ number 参数表示用于指定数据集合或者单元格区域，其参数的个数的取值范围为 1 ~ 255，即 number1 参数为必须参数，其他的参数为可选参数。当只有一个参数时，使用 AVERAGE() 函数进行平均值计算，其返回结果为参数本身。

- ◆ 如果区域或单元格引用参数包含文本型的数字、逻辑值或空单元格，则这些值将被忽略，但包含零值的单元格将被计算在内。

- ◆ 如果参数为错误值或为不能转换为数字的文本，将会导致错误。

10.2 商品销售额透视分析

有些时候，数据源表格中只能浅显地反映出一些销售信息，然而，通过 Excel 提供的透视分析功能，可以基于一张数据源表格得到不同分析需求的报表，该功能在进行销售数据的综合分析或者制作销售报表的工作中非常实用。下面具体介绍一些透视功能的常规用法。

10.2.1 创建透视表透视分析销售额数据

在一张数据源表格中，往往都会规范地记录与销售相关的所有信息，如图 10-21 所示的商品销售明细表格中，详细记录了编号、销售日期、地区、城市、商品名称、商品类型、商品编号、商品毛重、单价、销售数量、折扣、销售金额和经手人等信息。

	A	B	C	D	E	F	G	H	I	J	K	L	M
	编号	销售日期	地区	城市	商品名称	商品类型	商品编号	商品毛重	单价	销售数量	折扣	销售金额	经手人
	N010248	2022/1/1	华北	北京	316不锈钢国标丝杆	国标丝杆	12530273329	1.0kg	¥ 16.00	1254	0%	¥ 20,064.00	何阳
	N010248	2022/1/1	华北	北京	304不锈钢螺纹套	螺纹套	11144247318	200.00g	¥ 0.26	150000	93%	¥ 36,270.00	何阳
	N010248	2022/1/1	华北	北京	304不锈钢螺纹套	螺纹套	11144247317	200.00g	¥ 0.18	130000	0%	¥ 23,400.00	何阳
	N010249	2022/1/2	华中	武汉	304不锈钢六角螺母	六角螺母	12531369200	1.0kg	¥ 4.20	8600	0%	¥ 36,120.00	何阳
	N010249	2022/1/2	华中	武汉	金属螺杆轴承	轴承	49375069281	100.00g	¥ 15.58	1025	81%	¥ 12,935.30	何阳
	N010250	2022/1/4	华东	济南	304不锈钢膨胀螺丝钉	膨胀螺丝钉	12591771769	1.0kg	¥ 3.50	8674	0%	¥ 30,359.00	何阳
	N010250	2022/1/4	华东	济南	304不锈钢国标丝杆	国标丝杆	12530273336	1.0kg	¥ 9.60	1600	0%	¥ 15,360.00	何阳
	N010250	2022/1/4	华东	济南	304不锈钢国标丝杆	国标丝杆	12530273320	1.0kg	¥ 31.00	568	0%	¥ 17,608.00	何阳
	N010251	2022/1/5	华东	南京	316不锈钢国标丝杆	国标丝杆	12530273334	1.0kg	¥ 7.10	1200	0%	¥ 8,520.00	何阳
	N010251	2022/1/5	华东	南京	304不锈钢国标丝杆	国标丝杆	12530273336	1.0kg	¥ 9.60	1500	0%	¥ 14,400.00	何阳
	N010252	2022/1/5	华南	广东	316不锈钢六角螺母	六角螺母	12531376602	1.0kg	¥ 7.50	9564	85%	¥ 60,970.50	何阳
	N010252	2022/1/5	华南	广东	316不锈钢国标丝杆	国标丝杆	12530273319	1.0kg	¥ 98.00	145	79%	¥ 11,225.90	何阳
	N010253	2022/1/5	西南	成都	316不锈钢国标丝杆	国标丝杆	12530273319	1.0kg	¥ 98.00	754	0%	¥ 73,892.00	何阳
	N010253	2022/1/5	西南	成都	316不锈钢六角螺母	六角螺母	12531376612	1.0kg	¥ 5.90	12854	0%	¥ 75,838.60	何阳
	N010253	2022/1/5	西南	成都	304不锈钢国标丝杆	国标丝杆	12530273336	1.0kg	¥ 9.60	6985	0%	¥ 67,056.00	何阳
	N010254	2022/1/6	华中	郑州	304不锈钢螺纹套	螺纹套	11144247317	200.00g	¥ 0.18	240000	0%	¥ 43,200.00	李晓燕
	N010254	2022/1/6	华中	郑州	304不锈钢六角螺母	六角螺母	14411023553	1.0kg	¥ 14.00	5468	0%	¥ 76,552.00	李晓燕
	N010254	2022/1/6	华中	郑州	316不锈钢国标丝杆	国标丝杆	12530273319	1.0kg	¥ 98.00	965	80%	¥ 75,656.00	李晓燕
	N010255	2022/1/8	华北	天津	304不锈钢膨胀螺丝钉	膨胀螺丝钉	12591771760	1.0kg	¥ 2.80	26587	81%	¥ 60,299.32	李晓燕
	N010255	2022/1/8	华北	天津	304不锈钢六角螺母	六角螺母	12531369190	1.0kg	¥ 5.80	7841	0%	¥ 45,477.80	李晓燕
	N010256	2022/1/8	华北	山西	304不锈钢国标丝杆	国标丝杆	12530273336	1.0kg	¥ 9.60	6895	91%	¥ 60,234.72	李晓燕

图 10-21 数据源表格

在实际数据处理与分析过程中，可能不会需要表格中的所有数据，例如要从数据源中直观地查看各地区不同城市的商品销售总额，此时可以直接通过创建数据透视表来完成。

在 Excel 中，创建数据透视表需要两个过程：第一，创建空白数据透视表；第二，在空白数据透视表中添加字段。而对数据进行透视分析，主要是通过"数据透视表字段"任务窗格来灵活设置报表中需要呈现的内容，因此，对"数据透视表字段"任务窗格进行基本认识是透视分析数据的前提。

创建空白数据透视表后程序会自动打开"数据透视表字段"任务窗格，在该任务窗格中有一个搜索框、一个"选择要添加到报表的字段"列表框和4 个字段区域，这 4 个字段区域分别是筛选区域、列区域、行区域和值区域，各组成部分的具体作用如图 10-22 所示。

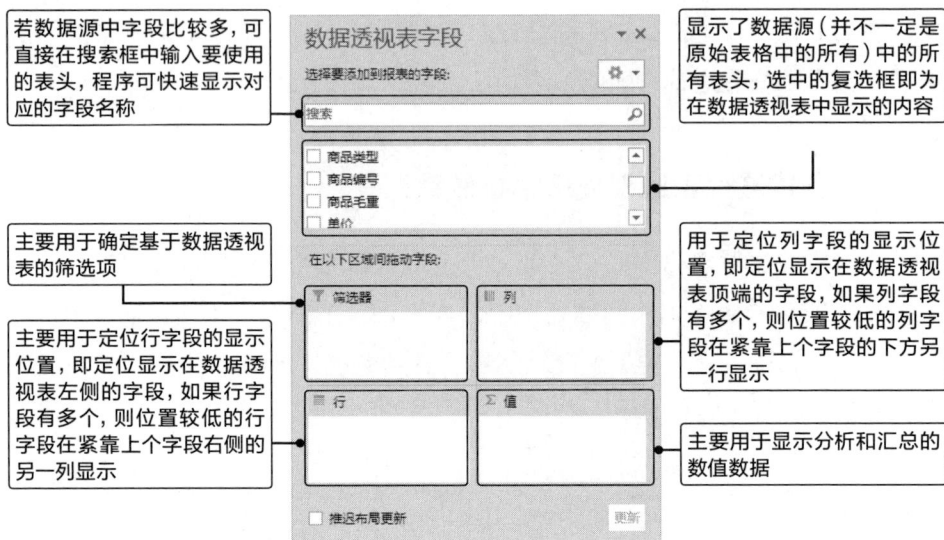

图 10-22 字段区域各组成部分的作用

下面以按各地区不同城市的商品销售总额制作月销售额报表为例，讲解透视分析数据的相关操作方法。

实例演示

按各地区不同城市的商品销售总额制作月销售额报表

选择任意数据单元格，单击"插入"选项卡，在"表格"组中单击"数据透视表"按钮，如图 10-23 所示。

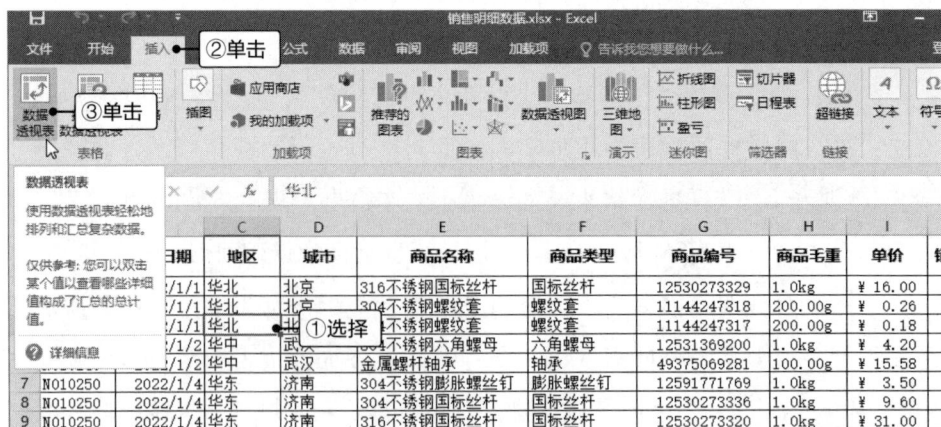

图 10-23 单击按钮

在打开的"创建数据透视表"对话框的"表 / 区域"参数框中自动选择整个数据表格单元格区域，并选中"新建工作表"单选按钮（表示将数据透视表新建到新工作表中），单击"确定"按钮，如图 10-24 所示。

程序自动新建空白工作表，并在其中创建一个空白的数据透视表，同时打开"数据透视表字段"任务窗格，将工作表名称重命名为"商品月销售额报表"，并将其移动到数据源表的右侧，如图 10-25 所示。

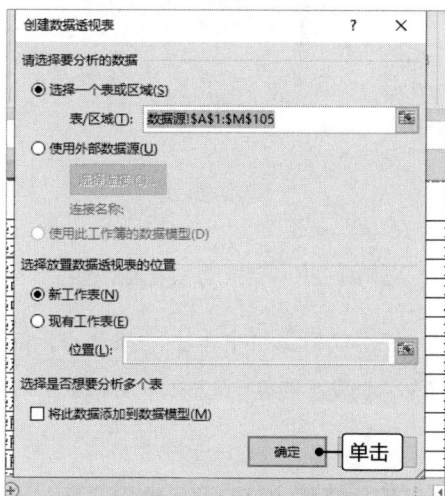

图 10-24　新建数据透视表

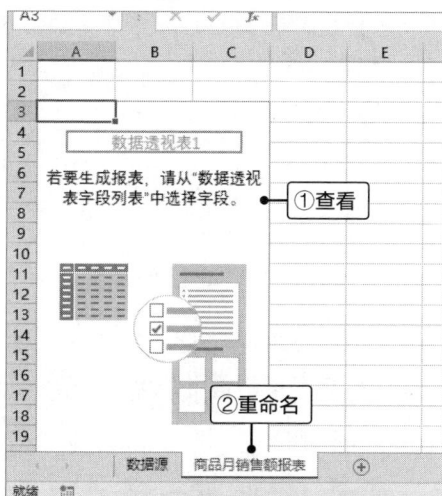

图 10-25　工作表重命名

小贴士　创建数据透视表设置说明

在 Excel 中，如果选择其他任意一个空单元格后，再打开"创建数据透视表"对话框，此时，系统会自动选中"现有工作表"单选按钮，并在"位置"参数框中显示当前选择的空单元格的地址；此时需要手动设置"表 / 区域"参数。

依次在"数据透视表字段"任务窗格中选中"地区"和"城市"字段对应的复选框，选择"商品类型"字段，按住鼠标左键不放将其拖动到列区域中，如图 10-26 所示（需要注意的是，本例是将城市按地区进行分组，因此在行区域中，需要先添加地区字段，再添加城市字段。）

在"数据透视表字段"任务窗格中选中"销售金额"字段对应的复选框，程序自动将该字段添加到值区域中，完成动态报表的创建，如图 10-27 所示。

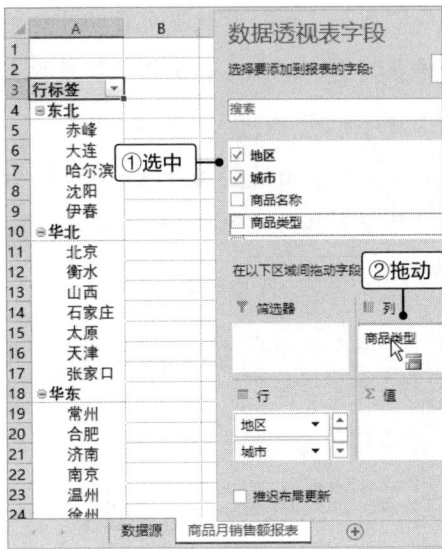

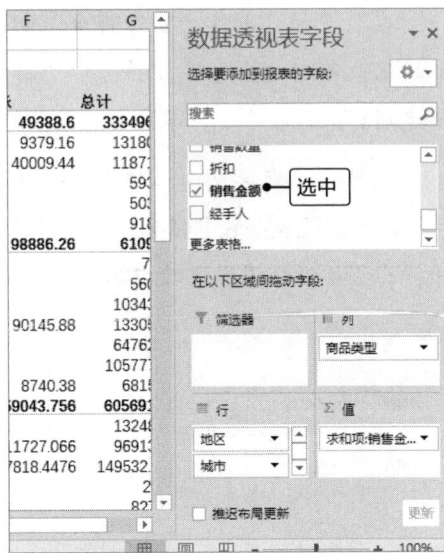

图 10-26　进行拖动　　　　　图 10-27　完成动态报表的创建

单击"数据透视表工具 设计"选项卡，在"布局"组中单击"报表布局"下拉按钮，选择"以表格形式显示"选项更改数据透视表的报表布局格式，如图 10-28 所示。

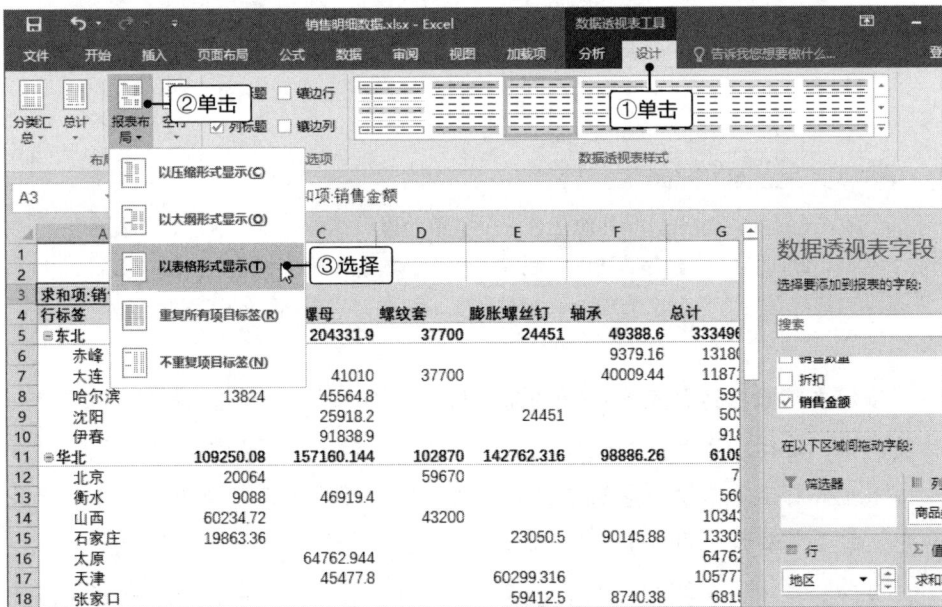

图 10-28　更改数据透视表的报表布局格式

在"数据透视表样式"列表框中选择一种内置的样式更改透视表的样式,
完成该报表的制作,如图 10-29 所示。

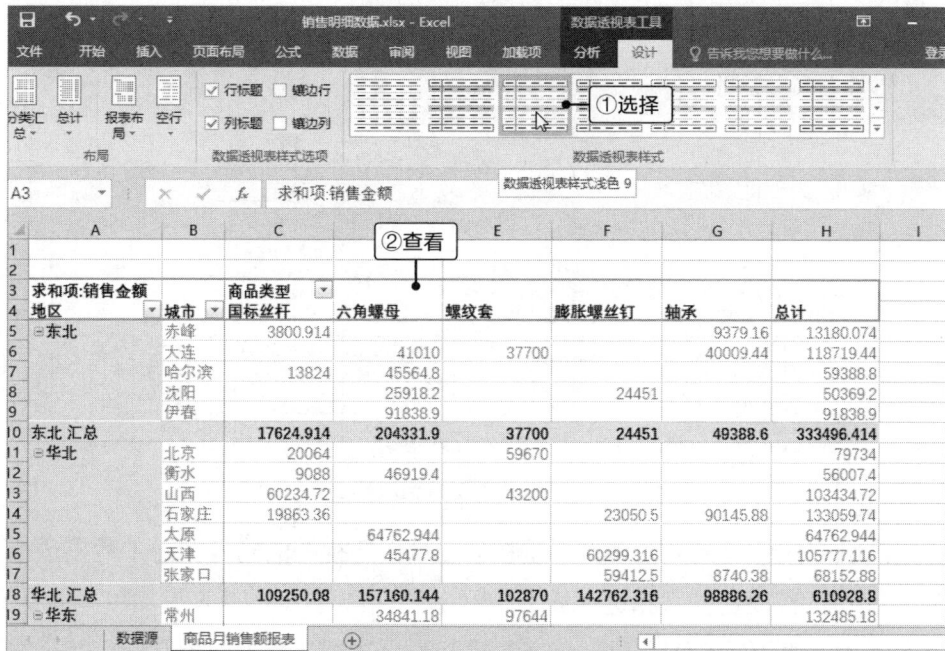

图 10-29 完成报表制作

从以上的效果图中可以看到,程序只挑选了数据源中的地区、城市、商
品类型和销售金额数据,通过透视销售金额数据完成了月销售额报表的制作。

10.2.2 创建透视图直观展示透视结果

数据透视表中的数据也可以图形化,其创建方法与创建图表相似,也是
需要先确定数据源,再选择合适的图表类型。

对于数据透视图的数据来源,可以从数据源到数据透视图,也可以从数
据透视表到数据透视图。

◆ 从数据源到透视图

从数据源到透视图是指直接在工作表的数据源表格中选择需要创建数
据透视图的单元格区域后,再通过"插入"选项卡的"图表"组的"数据透

视图"下拉菜单来创建数据透视图，例如这里选择"数据透视图"命令，如图 10-30 所示。执行命令后程序会打开创建数据透视图的向导，与创建数据透视表一样，依据向导提示即可完成透视图的创建。

图 10-30　创建数据透视图

这种方式创建透视图其实质是在创建数据透视图的同时创建了数据透视表，此时无论是通过"数据透视表字段"任务窗格为数据透视表添加数据字段，还是通过"数据透视图字段"任务窗格为数据透视图添加数据字段，都会在数据透视表和数据透视图中添加对应的数据。

◆　从数据透视表到数据透视图

从数据透视表到数据透视图是指从数据透视表中选择数据源，然后创建数据透视图。

对于数据透视图的操作，其基本的格式设置操作与普通的图表的操作相似，但是创建数据透视图时，程序会自动在图表中添加一些筛选按钮，通过这些按钮可以更加灵活地控制数据分析操作。

下面通过具体的实例讲解创建及格式化数据透视图的相关操作。

实例演示
公司月营业收入结构分析

在数据透视表中选择任意数据单元格，单击"数据透视表工具 分析"选项卡，在"工具"组中单击"数据透视图"按钮，如图 10-31 所示。

图 10-31　单击按钮

在打开的"插入图表"对话框中单击"饼图"选项卡，在右侧选择需要创建的图表的子类型，这里保持默认选择的第一个子类型，单击"确定"按钮即可创建一个饼图数据透视图，如图 10-32 所示。

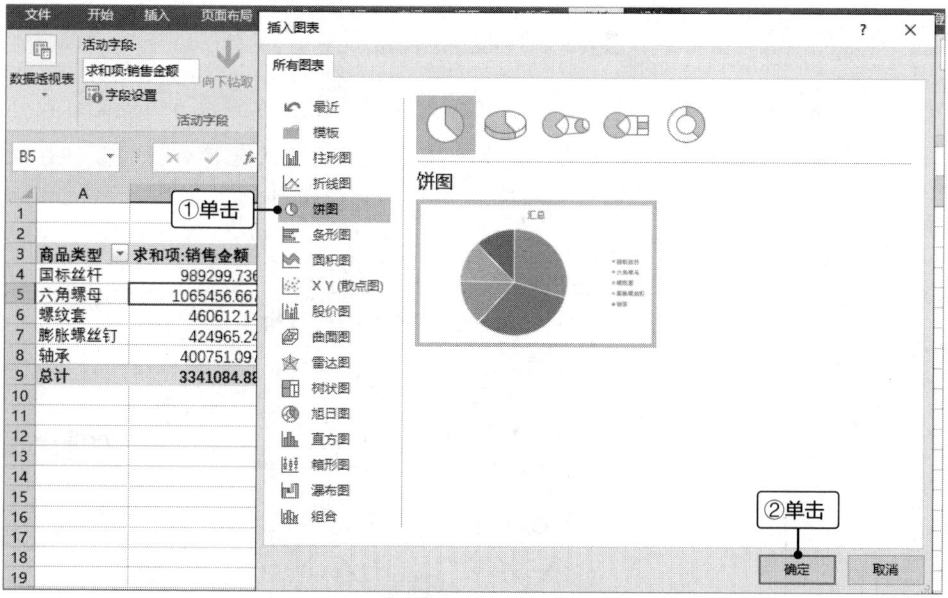

图 10-32　创建饼图数据透视图

将图表标题修改为"公司月营业收入结构分析"，选择图表，单击"数据透视图工具格式"选项卡，在"大小"组的"高度"数值框和"宽度"数值框中分别输入"9厘米"和"19厘米"完成透视图的大小设置，如图10-33所示。

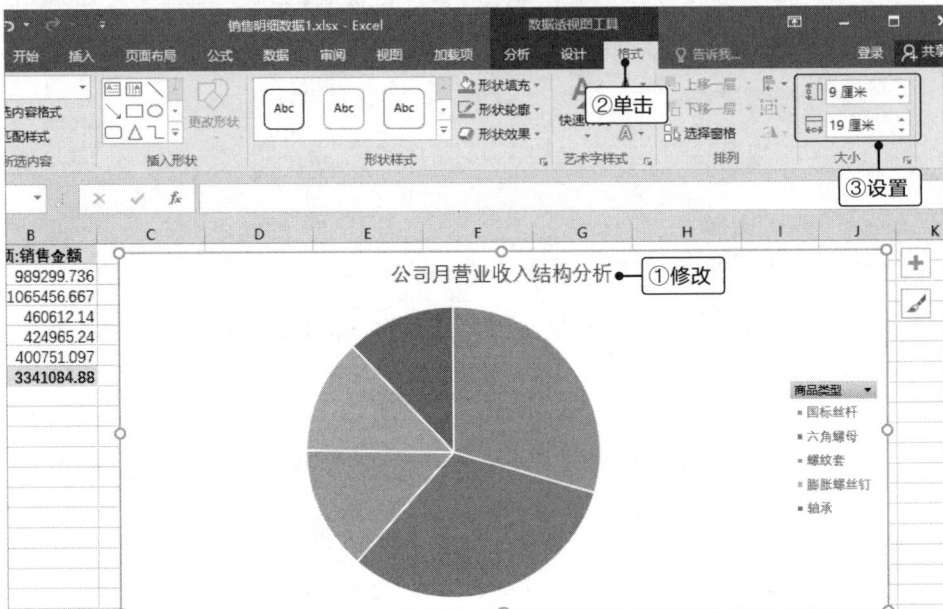

图10-33　设置透视图大小

为数据透视图添加"类别名称＋百分比"的数据标签，并为图表文本设置合适的字体格式与图表外观效果，完成数据透视图的格式化操作，其最终效果如图10-34所示。

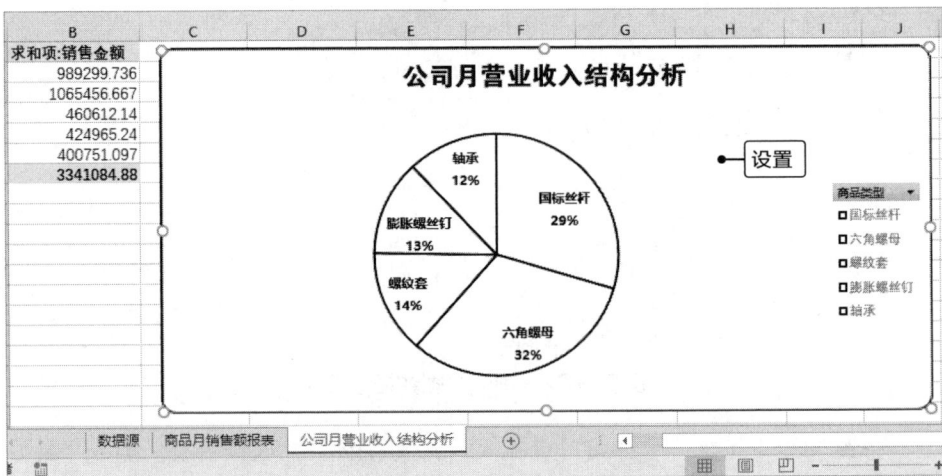

图10-34　最终效果